破局

马六甲之困

中国-中南半岛
经济走廊建设研究

任珂瑶　著

开明书店

　　本书是 2020 年国家社科重大项目《"印太战略下'东盟中心地位'重构与中国－东盟共建'21 世纪海上丝绸之路'研究"》（项目编号 20&ZD145）及 2022 年度江苏高校哲学社会科学研究一般项目《地方参与中国－东盟经贸合作动力机制与优化路径研究》（项目编号：2023SJYB1451）的阶段性成果。

前　言

中国 - 中南半岛经济走廊是"一带一路"倡议提出的六大经济走廊之一。它位于与中国水陆相连的中南半岛地区，濒临世界重要的能源和商贸通道，是"陆上丝绸之路"和"海上丝绸之路"有机连结的重要枢纽区，也是中国海外经济政治利益最密集的地区之一。随着"双循环"新发展格局的提出和域外大国地缘政治博弈日益聚焦于包括中南半岛在内的东南亚地区，中国 - 中南半岛经济走廊建设研究的重要性愈发凸显。中国 - 中南半岛经济走廊建设是中国与中南半岛国家共同开展的促进区域一体化的地缘经济合作。因此，把地缘和经济因素相结合的地缘经济理论能够为分析中国 - 中南半岛经济走廊建设相关问题提供一定的借鉴。但是传统地缘经济理论并不能完全解释中国 - 中南半岛经济走廊建设涉及的全部内容。因此，本书在地缘经济研究范式的基础上，综合借鉴国际政治的建构主义、共生主义、功能主义和区域经济学一般性分析原理，尝试构建了一个互构 - 关联 - 辐射的地缘分析框架，来对中国 - 中南半岛经济走廊建设的实然状态和应然状态进行分析，继而总结得出其建设过程中面临的掣制和继续推进的对策建议。

本书认为，"互构"、"关联"、"辐射"是包括中国-中南半岛经济走廊在内的"一带一路"倡议下的经济走廊在建设过程中三个渐次发生的行为，有先后的逻辑顺序，最终目标是构建命运共同体。首先，"互构"指的是地缘要素和行为体之间是相互建构的关系。特定地理空间内的地缘要素决定了该空间内的行为体的行动，而特定地理空间内的行为体也可通过发挥主观能动性，能动地改善、重构地缘要素，重塑该区域的地理格局。在中国-中南半岛经济走廊建设过程中，中国与中南半岛七国共同克服地理局限，发挥各自的资源禀赋优势，重构互联互通的不利地缘要素，增进彼此间基础设施的互联互通。其次，"关联"指的是对关联利益的重视。在当今互联互通、相互依赖的世界里，关联利益广泛存在。行为体应从相互性的角度思考事物存在的形式和解决问题的办法，应在兼顾各方利益和重大关切的基础上，发挥各自的优势，促进形成共同利益，实现共同发展。共同利益的形成包括整合与创造两种方式。战略对接和基础设施互联互通分别是整合与创造共同利益的两种具体路

径。中国 - 中南半岛经济走廊建设，是中国与中南半岛
七国通过战略对接和基础设施互联互通建设，整合与创
造共同利益，形成共同利益网络的过程。最后，"辐射"
指的是把共同利益网络辐射扩大至更广范围、更宽领
域，形成"广泛的共同利益"，最终实现命运共同体的
构建。在中国 - 中南半岛经济走廊建设过程中，中国与
中南半岛七国积极创造条件，把共同利益网络的范围从
基础设施领域"辐射"扩大到经济、政治、社会、文化、
环境、卫生等功能领域，由点及面，形成"广泛的共同
利益"，最终建成中国 - 中南半岛命运共同体，以谋求中
国与中南半岛乃至东南亚国家之间的共同、包容和可持
续发展。

　　中国 - 中南半岛经济走廊的本质是经济走廊。因
此，开展中国 - 中南半岛经济走廊建设，应遵循其作为
经济走廊的发展演进、发挥作用的一般规律。从区域经
济学视角来看，经济走廊是从交通走廊、物流走廊、贸
易走廊逐步发展演进而成的。经济走廊是最先进、最成
熟的走廊演进阶段。经济走廊建设，首先是开展"硬件"
和"软件"基础设施互联互通建设，促使商品、人员、
信息等要素在经济走廊沿线区域实现自由、便利化流

动。随之，经济走廊沿线会发生经济聚集现象，形成经济增长极。根据区域经济学的"点 - 轴"理论，增长极会相继产生极化和扩散效应，把增长极的经济效益逐渐辐射至经济走廊周边区域，带动周边偏远地区实现经济社会全面发展。

在中国 - 中南半岛经济走廊建设过程中，应充分尊重其作为经济走廊的自身发展演进和发挥作用的规律，全面考虑到建设过程中面临的各方面掣制，从互构、关联、辐射三个维度统筹推进中国 - 中南半岛经济走廊建设。互构方面，应加强中国与中南半岛国家之间的传统和非传统基础设施互联互通。其中内河、港口互联互通尤为重要。此外，还应重视发挥地方政府、私营企业、跨境民族和华人华侨等行为主体的作用，并通过建立集协调、协商、利益分配、安全保障功能为一体的管理机制来保障各行为主体的权益，统筹经济走廊建设过程中涉及的各项地缘重构活动。关联方面，应以第三方市场合作的形式，与经济走廊沿线各国及域外大国创造共同利益，增进战略互信；应发挥 NGO 的力量，澄清西方抹黑言论，让东道国民众切实感受到中国 - 中南半岛经济走廊建设带来的实际收益；应加强与其他国际机制的合作，解决经济走廊沿线各国贸易投资便利化制度水平低的问题。辐射方面，应通过与中南半岛国家共建绿色生态旅游走廊，加强中国 - 中南半岛经济走廊的内外联通，消除经济走廊建设过程中带来的暂时性区域和城乡发展不均衡问题，促进中南半岛国家实现包容可持续的增长；应把老挝、柬埔寨作为优先伙伴，探索共建中老柬三边经济走廊。与此同时，也要警惕部分西方国家在越南和缅甸的动向；最后，要推动中国 - 中南半岛经济走廊实现高质量发展，最重要的是要依托"双循环"新发展格局的建设，做强中国国内自身经济，统筹发展与安全。这样才能更好地发挥经济辐射效应，推动中国与中南半岛实现经济包容性可持续增长和共同繁荣，最终实现中国 - 中南半岛命运共同体的构建。

目　录

第五章　对策建议：多元、多方、多形式

结论与展望

参考文献

附录：案例

图目录

表目录

绪　论

一、研究背景及问题的由来

2013 年 9 月和 10 月，中国国家主席习近平分别提出了"丝绸之路经济带"和"21 世纪海上丝绸之路"倡议，统称为"一带一路"倡议。"一带一路"倡议是中国与沿线国家共同开展的促进互利共赢的国际经济合作倡议，是一个开放包容的国际合作新平台。它通过推动亚欧非大陆三大板块基础设施的互联互通，整合各自资源禀赋和优势产能要素，激发亚欧非大陆新的经济活力和市场潜力，实现亚欧非大陆以点带面、由线到片的联动发展，促进沿线各国实现共赢共享发展和共同繁荣。为了使"一带一路"倡议尽快落地实施，国务院于 2015 年 3 月发布了《推动共建丝绸之路经济带和 21 世纪海上丝绸之路的愿景与行动》（简称《愿景与行动》），提出"一带一路"倡议陆上依托国际大通道，以沿线中心城市为支撑，以重点经贸产业园区为合作平台，共同打造新亚欧大陆桥、中蒙俄、中国 - 中亚 - 西亚、中国 - 中南半岛等国际经济合作走廊；海上以重点港口为节点，共同建设通畅安全高效的运输大通道。[1] 同年 5 月，时任国务院副总理张高丽在重庆出席亚欧互联互通产业对话会开幕式并发表主旨演讲时首次明确提出，中国正与"一带一路"沿线国家一道，积极规划中蒙俄、新亚欧大陆桥、中国 - 中亚 - 西亚、中国 - 中南半岛、中巴、孟中印缅六大经济走廊建设。[2] "一带一路"倡议提出的六条经济走廊将充满活力的亚洲经济圈与发达的欧洲经济圈联系在一起，是"丝绸之路经济带"的物质载体，是推动区域经济合作网络的重要框架，为建立和加强各国互联互通伙伴关系，构建高效畅通的亚欧非大市场发挥了重要作用。

"一带一路"倡议提出的六大经济走廊中，中国 - 中南半岛经济走廊（China-Indochina Peninsula Economic Corridor）尤为特殊。它既是"丝绸之路经济带"提出的六大经济走廊之一，又是形成"21 世纪海上丝绸之路"的重要战略支点。[3] 它位于与中国水陆相连的中南半岛区域，是"陆上丝绸之路"和"海上丝绸之路"有机连结的重要枢纽区，兼具大陆性和海洋性的地缘特征。该区域是中国海外经济政治利益最密集的地区之一，[4] 是中国经略周边重中之重的东南亚的陆上部分，也是中国周边外交优先方向和高质量共建"一带一路"的重点地区。[5] 中国 - 中南半岛经济走廊沿线国家社会总体稳定，与中国地缘相近、人缘相亲，自古经济往来基础良好，是中国周边地区中与中国在"五通"领域合作综合指数平均得分最高的地区。[6] "一带一路"六大经济走廊中，中国与中南半岛地区合作共同构建新型跨国生产网络的条件最为成熟，[7] 共建经济走廊的先天地缘条件非常优越，目前开展建设的可行性和潜力空间也最大。

在中美博弈的当前，中国 - 中南半岛经济走廊建设研究的重要性与紧迫性愈发凸显。面对国内外新的发展形势和环境，中共十九届五中全会提出了构建以国内大循环为主体、国内国际双循环相互促进的新发展格局，作为未来一段时期中国经济发展的战略主轴。"双循环"新发展格局要求在"以国内大循环为主体"的同时，也要加强与世界的交流与合作，开展"国外循环"。充分运用好国内国际两个市场、两种资源，促进多边经贸，推动经济全球化。而中国推动开展"国外循环"的一个重要平台就是"一带一路"倡议。[8]"双循环"新发展格局下，包括中南半岛在内的东南亚地区是"一带一路"与"双循环"新发展格局相结合的融合区，也是疫情后重启"一带一路"的首要之地。[9]即使在新冠肺炎疫情期间，中国与中南半岛国家之间的合作也显示出了强大的韧性，实现了逆势增长。把中国-中南半岛经济走廊建设作为中国与中南半岛国家开展合作的一个务实抓手，加强与中南半岛国家间的互联互通，促进生产网络和生产要素的深度整合，构建畅通、稳定、有韧性的区域产业链供应链。综合利用国内外两种资源、两个市场，通过陆海联动，形成中国西部与东部，东南亚陆上与海上国家的整体联结，是中国推动"双循环"新发展格局在西南方向推进的一个可能突破口，是与中南半岛乃至东南亚国家共建一个强韧、包容、可持续发展的次区域经济的必然选择。此外，随着中国综合实力的上升，美国通过推进"印太战略"，综合运用均势、有限扼制、规制和话语诋毁的混合手段，在多领域、多维度孤立中国，制衡中国崛起。[10]中国-中南半岛经济走廊位于连结印度洋、太平洋和亚洲的中南半岛地区，是海权国家挺进大陆的前哨站，[11]是能源商贸通道和大国利益交汇的中心，无疑将日益成为中美两国地缘政治竞争的核心地区。为了突破美国的地缘政治围堵，中国 - 中南半岛经济走廊建设研究的紧迫性也愈发凸显。

但是，综观"一带一路"六大经济走廊，中国 - 中南半岛经济走廊的建设仍在起步阶段且进度较为缓慢，[12] 仍然停留在倡议阶段，缺乏整体的方案和研究。[13] 是何原因阻碍了地缘政治经济意义如此重要且建设基础如此优越的中国 - 中南半岛经济走廊建设？在当今地缘环境深刻变化的时代背景下，如何才能最大限度发挥中国 - 中南半岛经济走廊的作用，统筹推进中国与中南半岛国家实现共同发展与繁荣？本书将围绕以上问题进行详细讨论。

二、研究意义

（一）理论意义

1. 推进"一带一路"理论建设的需要。十年来，"一带一路"经历了从一国倡议到国际共识，从理念到行动，从立柱架梁的"大写意"到聚焦高质量发展的"工笔画"建设阶段。目前来看,"一带一路"建设的实践工作超前于理论总结和学术研究,学术界的研究远远没有跟上实践前进的步伐,尚没有形成坚实的理论来支撑"一带一路"建设的实践。中国国家主席习近平也提出,"我们要厘清'一带一路'建设的理论内涵,把道理说清楚、讲明白。""要结合构建以合作共赢为核心的新型国际关系,从周边外交、南南合作、全球治理等层面深挖'一带一路'建设的理论内涵,形成一整套的理论成果"。中国 - 中南半岛经济走廊是"一带一路"框架下,中国与中南半岛国家共同开展的地缘经济合作,国内学界目前关于"一带一路"及"经济走廊"的研究多聚焦于讨论宏观性问题,针对性缺乏,特别缺乏对一些具体议题的深入研究和建设机制研究。[14] 有些学者往往从地缘政治、零和博弈的视角出发去认知"丝绸之路经济带"建设,对其背后所蕴含的区域合作思想和共建原则却很少关注。[15] 对于如何推进中国 - 中南半岛经济走廊在内的"一带一路"经济走廊并没有现存的先例和实践经验可以借鉴,也需要从学术研究和实践探索两方面着手,提供一个具有中国特色的适用性分析框架、研究范式来指导、支撑中国 - 中南半岛经济走廊等"一带一路"经济走廊建设，逐步丰富"一带一路"建设理论内涵。

2. 构建与完善符合中国国情的地缘经济理论的需要。中国-中南半岛经济走廊建设既是地缘合作构想，又是经济合作倡议。因此，将地缘和经济因素相结合的地缘经济理论能够为中国-中南半岛经济走廊的建设提供借鉴和启发。但是传统的地缘经济理论受制于地缘政治理论，充满着西方传统地缘经济中的冷战思维、冲突逻辑和现实主义色彩，也忽略了地缘经济本该有的"地缘"这一核心要素变量的重要作用，无法解释中国提出的中国-中南半岛经济走廊这个开放、共享、包容的地缘经济合作模式。这就为丰富与创新传统西方地缘经济理论，构建与完善符合中国国情的地缘经济理论提供了重要的理论契机。我们需要在吸收西方地缘经济理论的基础上，基于中国-中南半岛经济走廊的实践经验，提出一个指导中国地缘经济合作的分析框架，希冀对推动符合中国地缘经济实践的原创性理论的产生有所助益，为学术研究做增量贡献。

（二）现实意义

1. 国家单元层面，首先，是推动"双循环"新发展格局在中国西南方向实现突破的需要。根据国内外的新发展形势，中共十九届五中全会提出了构建以国内大循环为主体、国内国际双循环相互促进的新发展格局。"双循环"的新发展格局不是封闭的国内循环，而是在国内大循环健康发展的前提下，依托中国超大规模市场优势，实施更大范围、更深层次的对外开放，[16] 充分利用国内国际两个市场、两种资源，国内循环与国际循环相互促进发展。受疫情影响期间，全球经济出现了大规模衰退，但中国与中南半岛国家间的经贸合作仍呈现了逆势向好势头。把中国 - 中南半岛经济走廊作为中国与中南半岛国家开展疫后务实合作的一个抓手，构建起中国云南、广西等沿边地区与越南、老挝、缅甸等中南半岛国家之间的贸易通道，形成中国西部与东部，东南亚陆上与海上国家的整体联结。不仅可以带动云南、广西等西部省份的发展，有效盘活西部地区大市场；还可以加速释放中国经济发展对中南半岛国家的"引力效应"，[17] 连结中南半岛和东南亚市场，是推动"双循环"新发展格局在中国西南方向实现突破的必然选择。

其次，是促进"丝绸之路经济带"和"21 世纪丝绸之路"有机连接的需要。中南半岛历史上曾是海上丝绸之路的中枢，拥有独特的地缘区位优势。[18] 与"丝绸之路经济带"建设相比，"21世纪海上丝绸之路"的建设进程相对较慢。中国 - 中南半岛经济走廊是陆上和海上丝绸之路的连结区，沿线国家除老挝外，都濒临海洋，主要节点城市几乎都与重要港口相连。因此，中国 - 中南半岛经济走廊建设既可有陆上的合作，也可以有海上的联动。中国 - 中南半岛经济走廊向北可从中国南宁或昆明方向对接国际陆海贸易新通道，有效衔接我国西部大开发、长江经济带、粤港澳大湾区、海南自由贸易港等重大发展战略，进一步激发我国内生发展和对外合作动力；向南则可在新加坡与"21世纪海上丝绸之路"相衔接，通过陆海互动，成为"一带"和"一路"的中间桥梁。通过形成以铁路、港口、管网为依托的立体互联互通网络，联通东盟、南亚、西亚、非洲、欧洲等各大经济板块，实现亚欧非联动发展。通过"带"与"路"的连接，更好地推进"一带一路"倡议，让共建"一带一路"的成果更好地惠及世界人民。

再次，是践行"亲、诚、惠、容"的周边外交理念，塑造良好周边安全环境的必要举措。"亲、诚、惠、容"的周边外交新理念是于2013年10月召开的周边外交工作座谈会上提出的。[19] 其中，"亲"和"诚"体现的是中国对于周边国家的"态度"，而"惠"和"容"则指的是中在周边外交中的具体"行动"。[20] 以中国 - 中南半岛经济走廊建设为平台，加强与中南半岛国家之间在"五通"领域的合作，实现共同发展，体现了中国与中南半岛国家间地缘相近、人缘相亲的友好情谊。在推进中国 - 中南半岛经济走廊的过程中，中国以丝路基金、亚投行等形式提供了资金支持，为沿线国家学生提供中国政府奖学金等资金、技术、学术资源等方面的支持，体现了中国参与合作的诚意，赢得了沿线国家的信任。通过中国 - 中南半岛经济走廊建设，中国与沿线国家分享经济建设的经验，释放中国改革开放红利，与中南半岛国家共同包容共进、协同发展，也反映了中国开放包容的大国心态和气度。此外，中南半岛是中国在东盟"近邻中的近邻"，[21] 也是中国周边外交的优先方向。中国和平发展的战略依托于周边。在斯皮克曼提出的"边缘地带论"中，中南半岛地区属于中国的周边"边缘地带"。这些"边缘地带"的经济、政治、领土、宗教等问题可能会引发区域矛盾，并激化为国际争端，影响到中国自身主权和安全。以中国 - 中南半岛经济走廊建设为平台，与中南半岛国家之间构建战略伙伴关系，加强经贸合作，增进互信，也是彰显中国正确义利观、协和万邦的国际观，为我国和平发展塑造一个稳定、良好周边安全环境的必要选项。

最后，是应对当前复杂国际环境，维护南海地区和平稳定和能源通道安全的需要。中南半岛东临南海，南接马六甲海峡，地理位置十分重要。马六甲海峡和南海是全世界交通量最高的海运通道，每年大约有五万艘船只经过该海域，世界商品贸易的 40% 和全球石油供应的 25% 要经过此海运通道完成。[22] 与我国在南海有领土争端的国家有越南、马来西亚、菲律宾和文莱等国。其中，越南和马来西亚部分位于中国 - 中南半岛经济走廊沿线。通过中国 - 中南半岛经济走廊这个地缘经济合作平台，加强与相关南海主权声索国的地缘经济关系，可以加深相互间的经济依赖程度，增加共同利益，有助于增进彼此的了解和互信，进而有效抑制摩擦冲突发生的可能性，有利于维护南海地区的和平稳定。通过中国 - 中南半岛经济走廊向西与孟中印缅经济走廊和中巴经济走廊相连，向东与海上丝绸之路相接，维护南海地区安全，可缓解中国"马六甲困局"，改善与印度的关系，弱化和销蚀美国在西太平洋乃至印度洋的影响力，极大优化中国外部安全环境。

2. 区域层面，首先，是助力东盟缩小成员国之间贫富差距，推进东亚区域经济一体化的重要实践。中国 - 中南半岛经济走廊沿线中南半岛七个国家均属于东盟国家，占了东盟国家的大半部分。中南半岛七国中，除新加坡外，其余六国多数处在全球价值链的中低端，基础设施和产能落后，靠丰富的自然资源禀赋和廉价劳动力承接国际转移产业。中国 - 中南半岛经济走廊是中国与东盟较不发达的中南半岛国家之间共建的经济走廊，可以此为平台加强中国与中南半岛国家特别是湄公河流域五国之间的互联互通、经贸及金融合作、加快国家工业化和现代化步伐，将有效帮助东盟缩小成员国之间的发展差距，减少内部发展不平衡现象。此外，中南半岛正在成为全球经济增长的新引擎之一。而中国不仅是"世界工厂"，还是"世界市场"，中国有世界上规模最大、成长最快的中等收入群体，消费增长潜力巨大。[23] 通过中国 - 中南半岛经济走廊建设的辐射和示范效应，带动更多的东盟国家更积极融入"一带一路"倡议，破解亚洲经济合作碎片化的矛盾，引领形成中国与周边区域的大市场，使各种资源要素在更大范围内自由流动和优化配置，极大丰富中国－东盟自由贸易区升级版、RCEP的内涵，推动实现东亚区域经济一体化。

其次，是共建中国－东盟命运共同体，打造人类命运共同体先行先试样板区的需要。中国－中南半岛经济走廊位于与中国水陆相连的中南半岛。该次区域与中国地缘相近、人缘相亲，有着比中国周边其他地区更好、更强烈的经济合作基础和市场合作需求，领土争端、恐怖袭击等区域合作风险小，是中国深化区域合作和构建人类命运共同体最有基础、最有条件且最可能取得实质性成效的区域。[24] 目前该经济走廊沿线国家正与中国通过中国－东盟自贸区升级、大湄公河次区域合作、澜沧江－湄公河合作机制（以下简称澜湄合作）、泛北部湾经济合作区、"两廊一圈"等区域次区域合作，开展密切的经贸、人文合作。"一带一路"倡议下的中国－中南半岛经济走廊，扩大了中国与东盟国家之间的合作领域、增进了共同利益，是对中国与东盟国家现行区域、次区域合作机制的重要补充。对中国－中南半岛经济走廊建设进行研究，探究建成中国－中南半岛命运共同体的路径，可为进一步建成中国－东盟命运共同体、人类命运共同体提供先行先试的榜样。

3. 全球系统层面，首先是应对美国印太战略，制衡美国地缘经济战略的重要选项。随着中美战略竞争的不断升级，中美之间已经从传统的双边议题导向型的关系，转向了以在东亚地区的地缘战略、地缘政治与地缘经济影响力为导向的竞争关系。[25] 中国 - 中南半岛经济走廊所在的中南半岛区域是沟通太平洋和印度洋，连结东南亚和南亚的陆上桥梁。与中国水陆相连，拥有丰富的自然资源，邻近南海丰富的自然资源和重要的海上通道，市场增长潜力巨大。兼具海陆双重地缘战略意义和强劲增长经济潜力的中南半岛势必将会成为区域内外大国围堵、遏制中国的重要区域，也将成为中美两大国博弈的焦点地区，美国在该区域对中国战略施压的可能性和力度都将提升。在此背景下，通过中国 - 中南半岛经济走廊建设研究，厘清中国在该次区域的地缘政治经济利益和面临的威胁，消弥可能出现的周边环境波动。并对一些国家和地区已经获得的优势地位进行有效维持和深度经营，积极谋划中国的地缘经济战略，是应对美国印太战略，稳定地区秩序，打破以美国为主导的地缘政治格局，制衡美国地缘经济战略的重要选项。

其次，是促进区域经济新秩序的建立，重振世界经济的需要。在突如其来的新冠肺炎疫情疯狂肆虐之下，中国是世界主要经济体中唯一能够保持经济正增长的国家。通过中国 - 中南半岛经济走廊建设研究，探索加强与沿线各国交流，开拓经济增长新引擎，释放中国经济发展红利的有效路径，有利于让中国与中南半岛各国的政治、经济联系更为密切，增强各国彼此间的战略互信，实现互惠互利、共同发展。解析中国与中南半岛国家间在中国 - 中南半岛经济走廊建设框架下的政经互动和战略合作，同时也有利于传递和平信息，进而促进以中国为中心的区域经济新秩序的建立。

三、研究综述

本书的主要内容是中国 - 中南半岛经济走廊建设相关问题，因此，采集的参考文献主要集中于"经济走廊"、"中国 - 中南半岛经济走廊"相关研究成果。本部分主要对"经济走廊"和"中国 - 中南半岛经济走廊"两个方面的既有研究文献进行综述。

（一）经济走廊相关研究文献

从亚洲开发银行 1992 年从经济学角度提出"经济走廊"概念近三十年来，学术界不断探索经济走廊建设的机制、原理及面临的机遇与挑战，产生了一批重要的研究成果。对这些研究成果进行批判性地回顾，有助于为建立更具解释力的中国 - 中南半岛经济走廊建设分析框架提供充分的文献基础和学理支撑。

1. 国内研究综述

作者于 2020 年 2 月 15 日在中国知网上以"经济走廊"为关键词进行搜索，得到 824 篇国际核心学术期刊文章。选取其中引用率排名前 500 的文章，利用文献题录信息统计分析软件 SATI 对这 500 篇高引核心文章进行关键词抽取、聚类分析和去重后，计算出这 500 篇高引论文共 86 个节点（nodes）、414 条关联（ties），经 K-Cores 进行共现分析、提炼，生成关键词关联度网络知识图谱如图 1。

据文献题录信息分析可视化软件 SATI 计算结果可知，500 篇有关经济走廊的高引核心期刊文章中，"一带

图 1 国内经济走廊相关的关键词共现网络

注：圆形的大小表示关键词出现频次的多少，线段表示两个关键词同时在一篇文章中出现的次数。

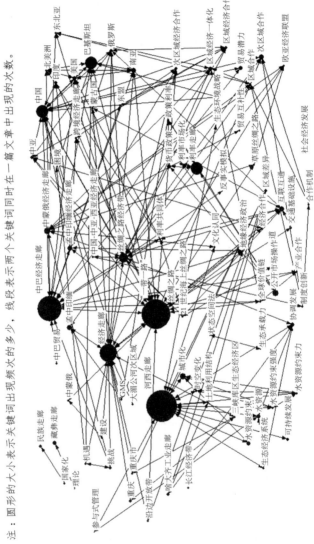

一路"、"丝绸之路经济带"和"丝绸之路"作为关键词
出现的频次最多。此外出现频次比较高的关键词有：河
西走廊、中巴经济走廊、金融、利率货币走廊、生态相
关走廊、城市空间规划相关概念和区域经济合作相关概
念。由此可以得出，目前国内对"经济走廊"的相关研
究中，除了部分学者关注甘肃河西走廊、区域内工业走
廊和民族走廊建设外，其余大部分学者多关注与"丝绸
之路经济带"、"21 世纪海上丝绸之路"相关的"一带一
路"经济走廊。在具体研究对象上，对中巴经济走廊、
中蒙俄经济走廊、孟中印缅经济走廊的研究成果相对较
多。把与"一带一路"经济走廊有关的研究文献分类，
根据学科视角的不同，大致可以分为经济学和国际政治
学两类。

　　从经济学视角来研究"一带一路"相关经济走廊的
研究成果大致分为两类：第一类主要是从经济学角度对
经济走廊的合作内容及动力机制进行定性分析。柳思思
（2014）用区位理论对"一带一路"的动力机制进行了分
析。她认为，孟中印缅经济走廊、中巴经济走廊等"一
带一路"经济走廊都属于跨境次区域合作的一种形式。
跨境次区域合作可使边界从屏蔽效应走向中介效应，发

挥跨境区位经济功能。[26] 梁双陆、梁巧玲（2015）用产业分工理论和点 - 轴理论分析了孟中印缅经济走廊产业的分工及布局情况，提出中小企业生产与分工是欠发达国家之间以及发展中国家与欠发达国家之间的主要分工模式，孟中印缅经济走廊沿线国家与地区应依据本地要素禀赋、产业配套能力和产业定位，建立经济相对发达地区与欠发达地区之间的产业垂直分工体系。同时，可沿着交通通道，在经济走廊沿线的中心城市和次中心城市建立工业园区。以工业园区为建设支点，布局优势产业的不同生产环节和产业链，加速孟中印缅经济走廊的建设。[27] 王金波（2015）则从空间经济学的角度就"一带一路"经济走廊的空间格局、内生动力、发展基础和产生的空间聚集和溢出效应进行了详细的探讨。[28] 李艳芳（2016）和赵秀丽等（2017）选取经济地理重塑的三个指标：经济密度、距离和分割，分别分析了孟中印缅经济走廊[29]和中蒙俄经济走廊[30]沿线国家的经济合作状况。

　　第二类是用定量研究的方法来分析经济走廊沿线国家间的经贸与投资关系。李艳芳、李波（2014）和王喜莎、李金叶（2016）和采用联合国贸易数据，分别对孟中印缅[31]和中巴经济走廊[32]沿线各国双边、多边贸易的竞争性和互补性进行了指标测算。陈继勇、杨格（2018）也利用贸易互补性数测量了中国与新亚欧大陆桥经济走廊沿线七国的贸易互补性，并分析了其中的影响因素。[33]高志刚、张燕构（2015）和刘威、丁一兵（2016）运用引力模型，分别分析了中巴[34]、中蒙俄[35]国家间的贸易情况，并测算了中国与相关国家之间的贸易潜力。李建军（2016）在计算了中蒙俄三国的全球价值链嵌入度的基础上，分析了制约三国融入全球价值链分工体系的主要因素，并提出了中蒙俄经济走廊融入全球价值链分工体系的路径。[36]何文彬（2017）则运用空间经济学中金融地理学的理论，对中国-中亚-西亚经济走廊的金融合作情况进行了定量分析。[37]

国际政治学的现实主义、自由主义和建构主义三大理论流派都有对经济走廊建设进行研究的相关成果，下面将从三大理论视角来分别进行阐述。

首先，现实主义视角。古典现实主义大师汉斯·摩根索从人性恶的角度来解释国际现象和国家行为，认为"政治受到根植于人性的客观法则的支配"，因此，寻求权力的斗争是政治的核心。新现实主义者则从系统-结

构 - 单元，客观国际结构的角度来看待国际政治，认为国际体系是无政府的，国际体系结构对单元互动有影响。国家作为国际关系的重要行为体，主要关注权力和利益。权力是决定国家行为的核心变量，要安全，就必须获得权力。以现实主义范式的地缘政治视角来研究"一带一路"经济走廊问题的研究成果最为常见。张义明（2016）在分析印度、缅甸、孟加拉三国对孟中印缅经济走廊态度的基础上，建议以中印自贸区建设为契机，化解中国与印度在经济走廊建设中的主导权之争，推进孟中印缅经济走廊建设。[38] 罗圣荣、聂姣（2018）从印度的视角分析了印度对孟中印缅经济走廊地缘政治和经济方面的需求及顾虑，指出印度把中国的"一带一路"倡议和孟中印缅经济走廊看作是中国在环印度洋及南亚地区扩张势力的一种手段[39]；黄德凯等（2019）从地缘政治的角度分析了孟中印缅经济走廊建设停滞不前的原因，即孟中印缅地缘政治权力结构从"强 - 弱"模式逐渐向"强 - 强"模式演变，该区域地缘政治权力结构的互动模式趋于对抗化，系统内的矛盾大于合作的动力，导致孟中印缅经济走廊建设停滞不前。[40]

其次，新自由制度主义视角。新自由制度主义者认为国际制度是影响国家行为最关键的变量。他们认为，国际体系的重要特征，除了结构，还包括进程，即国际体系中单元间的互动方式以及互动类型。而结构和国际制度是影响国际进程的两个体系因素。由于体系结构变化得非常慢，因此可以假定为常数。在此情况下，国际制度就成为了国际体系最主要的特征。在无政府状态的国际社会中，国际关系的结构与进程是通过国际制度体现出来的，国际社会的权威不是集中在个别国家手中，而是"越来越转移到国际制度手中"[41]。刘鹏（2014）从国际机制的角度对孟中印缅次区域现有合作机制进行了梳理，分析了现有合作机制的特征及挑战，选取了有效性和合法性作为提升制度化水平的衡量标准，得出了提高孟中印缅次区域合作制度化水平的路径，并提出了孟中印缅经济走廊未来发展的三种模式，亦即提升孟中印缅次区域合作制度化水平的三个方向："次区域经济合作组织"、"自贸区"和"摸着石头过河"不设具体目标，渐进式推进。[42] 卢光盛等（2016）对刘鹏提出的把孟中印缅经济走廊发展为"次区域经济合作组织"的模式进行了深入探讨，在对经济走廊的概念与内涵进行梳理与界定的前提下，总结大湄公河次区域合作（以下简

称 GMS）经济走廊建设的经验和教训，建议借鉴 GMS
经济走廊建设的经验来建设孟中印缅经济走廊。[43] 邹
春萌、杨祥章（2016）则对东盟经济合作和 GMS 中的
"N-X"机制进行了深入分析，建议在孟中印缅经济走廊
建设框架下推行"4-X"机制，通过局部合作先启先行的
方式，逐渐推进孟中印缅经济走廊建设。[44] 然而，刘晓
伟（2019）在具体分析次区域合作特点的基础上，提出了
与刘鹏（2014）不同的观点。他认为，全球合作和区域合
作的一般理论放在次区域层次并不完全适用，对于次区域
合作来说，因其具有灵活性、软制度化和开放性等特征，
机制化水平的提高并不一定会提升次区域合作的水平，
机制化不应成为所有次区域合作追求的目标，与制度导
向的合作相比，问题导向的功能性合作更有利于异质性
较大的国家和地区间开展次区域合作。[45] 西仁塔娜（2017）
也运用次区域合作理论视角分析了中蒙俄经济走廊的建
设问题，她认为，中蒙俄跨境次区域合作是一个以推动
边境地区经济发展为重点，制度化和集中化水平低，合
作议题广、同时灵活性较强的"弱机制"合作。[46]

　　最后，建构主义的视角。建构主义者主张用社会
学的眼光来审视国际政治，认为国际体系是一种社会结

构，是由国家互动所形成的"共有观念"决定的。这些
"共有观念"建构国家的身份和利益，从而决定了行为体
的行为。胡敏等（2016）以建构主义范式来研究经济走
廊建设相关问题，强调心理认同在构建经济走廊中的作
用。提出以旅游外交的形式，增强中巴两国之间的心理
认同，助力中巴经济走廊建设。[47]孙玉华（2015）等从
人文合作的视角，探讨了中蒙俄经济走廊建设中的文化
认同问题，构建了一套中蒙俄人文合作的多元文化认同
理论和实践体系，很好地解释了国家行为体表层合作与
冲突背后的文化博弈问题[48]；程曼丽（2016）则从舆论
环境分析的角度，分析了当事国和相关国对中巴经济
走廊建设的舆论，并提出了中国的舆论对策[49]；焦若
水（2018）以伊斯兰宗教学校为切入点，呼吁对巴基
斯坦社会结构和社会心理进行深入研究，避免掉入西方
学术界制造的话语陷阱，更好推动中巴经济走廊顺利进
行。[50]龙长海（2019）则从信任的角度来分析中蒙俄经
济走廊建设，提出通过以增强非正式制度供给和软法
合作的方式，提高中蒙俄三国民众习俗、习惯和意识
形态的融合进程，化解中蒙俄经济走廊建设中的信任
不足问题，增进中蒙俄三国民众的互信，以此促进经

济走廊的建设。[51]金志远（2018）提出可建立内蒙古高校民族智库，发挥民族教育对中蒙俄经济走廊建设的服务作用。[52]

2. 国外研究综述

作者于 2020 年 2 月 15 日在 Springer link 中以"Economic Corridor"为关键词进行检索，共得到 33612 条记录。西方学者主要从人口地理学、考古学、地理学等社会科学领域（11.9%），生态学、环境管理、水资源管理等生命科学领域（10.7%），政治科学和国际关系（10.1%），经济学（10.07%）和环境学（9.93%）角度对经济走廊开展研究。在搜索得到的研究结果中，选取与中国"一带一路"经济走廊相关的研究成果分析如下：

大多数西方学者基于西方地缘政治百余年发展所形成的思维定式，从地缘政治冲突、竞争的视角来看待中国"一带一路"倡议及经济走廊项目：William A. Callahan（2016）认为，"一带一路"的目标是极具野心的，是想用新治理理念和规则来重构欧亚地区秩序。[53] Muhammad Saqib Irshad 等学者（2015）认为，中国不会把中巴经济走廊项目仅仅局限于中国和巴基斯两国间关系来考虑，而是有着增强其区域影响力方面的考虑。[54] Patricia Uberoi（2016）[55] 和 Ashok Sajjanhar（2016）[56] 认为，孟中印缅经济走廊是中国对印度实施的战略包围。通过推进孟中印缅经济走廊建设，中国不仅能化解"马六甲困境"，而且能将物资顺利绕过中印有争议的边境地区，运送到印度市场，还能把印度实际控制的"阿鲁纳恰邦"纳入中国的势力范围。Jeremy Garlick（2018）在分析经巴基斯坦连结中国和印度洋的石油管道的可行性的基础上提出，"中国为了达到其地缘政治目的而非地缘经济诉求，才决定实施这个充满着地理、经济和安全风险的陆地连结项目。中国实施中巴经济走廊和其他经济走廊项目的初衷实际上是为了在印度洋区域平衡印度的影响力。"[57]Cai Fang 和 Peter Nolan（2018）认为中国 - 中亚 - 西亚经济走廊的互联互通项目不仅改善了中国和中亚、西亚之间的基础设施建设，使他们在供应链方面实现了"无缝对接"；而且中国也成为了中亚和西亚最重要的能源、资源出口地和原材料生产地。中国通过中国 - 中亚 - 西亚经济走廊增强了其在中亚、西亚的影响力。

国外部分研究成果也对"一带一路"经济走廊面临

的风险和机遇进行了分析：Safdar Sial（2014）详尽分析了中巴经济走廊建设面临的政治和经济制约以及在巴基斯坦境内各省面临的安全威胁，解释了巴基斯坦国家的能力及对维护安全法制和秩序所作的贡献。他指出，巴基斯坦国内长期的政治稳定是中巴经济走廊得以顺利推进的一个至关重要的影响因素。[58]Joanicjusz Nazarko 等人（2016）认为，新亚欧大陆桥将会成为一条物流走廊，不仅影响欧亚大陆的交通网络和供应链，而且对参与国在全球劳动力分配中的位置影响也很大。[59]Mohd Aminul Karim 和 Faria Islam（2018）站在南亚和东南亚国家的立场，分析了孟中印缅经济走廊面临的挑战和机遇，得出印度并不把孟中印缅经济走廊看作是一个能给小国带来利好的发展项目。而是认为中国与沿线国家合作取得的基础设施的便利将会提高中国的出口能力，给中国控制亚洲市场的机会。另外，基于印度与巴基斯坦的宿怨，把孟中印缅经济走廊与中巴经济走廊连结的想法也将会引起印度的强烈反对。再加上缅甸与孟加拉关于罗兴亚人的问题，孟中印缅经济走廊建设面临的挑战十分严峻。[60]

3. 评述与反思

综观国内、国外对"一带一路"经济走廊的研究成果，对"一带一路"经济走廊建设的目的、给沿线国家、区域带来的机遇与挑战的研究都颇为成熟，尤其对中国提出"一带一路"经济走廊的目的的剖析更是深入、透彻。这对中国 - 中南半岛经济走廊建设相关问题的研究无疑起到了很好的借鉴作用。总体来看，因为"一带一路"经济走廊是中国首倡的，所以中国国内对"一带一路"经济走廊的研究成果比国外的数量多、视野广、理论深。但是通过分析总结现有研究成果，也有一些需要改进完善的地方：

首先，核心概念界定不清。经济走廊的概念从提出至今，不过短短十几年时间，但因其对区域经济均衡发展的促进，在亚洲开发银行次区域经济合作项目的推进下，经济走廊建设的实践从东南亚到中亚再到南亚逐渐铺开。直到 2015 年中国在《推动共建丝绸之路经济带和 21 世纪海上丝绸之路的愿景与行动》（简称《愿景与行动》）中提出要共同打造新亚欧大陆桥、中蒙俄、中国 - 中亚 - 西亚、中国 - 中南半岛等国际经济合作走廊之后，经济走廊的实践在亚洲地区得到了更大的发展。但综观现有研究成果，仅有卢光盛、何文彬等少数几位专家学者在对经济走廊进行具体分析之前，对经济走廊的概念进行了清晰的界定，同时明确了"一带一路"经济走廊所具有的特殊内涵和建设原则。其余大多数研究成果均出现了不界定"一带一路"经济走廊的理论概念或界定模糊的情况。"一带一路"经济走廊基础知识研究做得不扎实，将导致之后解释的错位、政策建议脱离实际。基础研究是指对某一现象、学科、某一领域或问题的基础性知识、结构、原理和规律等予以全面研究的一种科学方法。没有扎实、全面的基础研究，随后的整体研究和综合研究就如水中月、镜中花。**61**

其次，学理性解释缺乏。在国际关系研究中，存在两种对某一现象进行解释的研究路径：一是表象性的解释，二是学理性的解释。表象性的解释是对现象的表面因素进行观察而得出的解释；而学理性的解释是对一类现象进行深层次的普遍性的思考而后得出超越经验观察的解释。**62** 现有对"一带一路"经济走廊建设的相关国内、外研究，大多着眼于经验性的分析，较少涉及学理探讨和理论建构问题。缺乏把对"一带一路"经济走廊的碎片知识上升到系统知识，特殊认识上升到普遍性认识，规律认识上升到理论性认识的研究。

最后，现有理论对"一带一路"经济走廊解释力不强。"一带一路"经济走廊作为"一带一路"这个新型国际经济合作模式下的地缘经济合作实践，有着其自身的特色。"一带一路"语境下的经济走廊在实践中的具体合作内容绝非仅是一个单纯的经济问题，它涉及到政治、文化、环境等各方面的合作，因而单纯经济学角度的理论研究不能够全面准确反映经济走廊次区域经济合作的实际。西方学者多地缘政治视角看待"一带一路"经济走廊建设，强调"冲突"和"竞争"，强调民族国家是主要行为体。这显然与"一带一路"经济走廊所倡导的和平合作、开发包容、互学互鉴、互利共赢的精神相违背；也与地方政府也在地缘经济合作中扮演了主要行为体的实践不相符。现实主义、自由主义和建构主义者都仅仅从某一个视角对"一带一路"语境下的经济走廊这一地缘经济合作现象进行解读，并不足以解释"一带一路"经济走廊的大部分实践，需要对现有理论进行综合和完善，才能更好地解释"一带一路"经济走廊这一地缘经济合作的规律。

（二）中国－中南半岛经济走廊相关研究文献

1. 国内研究综述

自从 2013 年提出建立"中国－中南半岛经济走廊"以来，对该经济走廊的研究成果与其他"一带一路"经济走廊研究相比，数量甚少。作者于 2020 年 2 月 15 日以"中国－中南半岛经济走廊"为关键词在中国知网进行搜索，仅得到 88 条记录，相比中巴经济走廊（1867条），中蒙俄经济走廊（637 条）、孟中印缅经济走廊（620 条）的研究来说，相形见绌。再从全部 88 篇文章中筛选核心期刊，仅剩 16 篇研究成果。"经济走廊"实际上是一个次区域经济合作的概念，[63] 中国－中南半岛经济走廊也可以看作是中国与中南半岛国家开展次区域经济合作的一种形式，所以中国与中南半岛国家开展经济合作相关研究成果也纳入本书文献分析范围之内。

国内现有对中国－中南半岛经济走廊建设的研究中，以经济学视角的研究成果居多，国际政治学视角的研究成果相对较少。

现有研究成果中，经济学视角主要是通过定量分析方法对中国－中南半岛经济走廊建设的影响因素和建设内容进行分析。屠年松在用定量分析方法分析中国 - 中南半岛经济走廊方面做了不少贡献。他从全球价值链升级的角度，用实证的分析方法测算了中国和中南半岛各国在全球价值链中的分工位置，分析了影响中国 - 中南半岛经济走廊沿线国家全球价值链升级的因素。[64] 此外，他还进一步把中南半岛经济走廊沿线国家分为区域1（中低收入国家）和区域2（中高／高收入国家）两类，运用扩展的引力模型，对中国与这两类国家贸易合作的影响因素进行了实证研究。研究结果表明，无论从整体还是区域层面，经济规模、人口规模和城市化率都对贸易合作有显著正影响，而地理距离对区域1进出口贸易影响显著为负，对区域2则有正向影响。他建议中国在与中南半岛国家进行贸易合作时，对中低等收入国家和中高等收入国家应采取差别化措施，从而推动中国与中南半岛国家贸易协调发展。[65] 梁双陆、申涛（2019）则用空间经济理论分析了中国 - 中南半岛经济走廊沿线国家全域和局域的区域关联特征，得出"空间溢出"效应是经济走廊沿线国家经济增长的重要因素。另外，"市场潜能"这一经济地理变量对经济增长的弹性值超过了资本和技术要素。[66] 胡关子（2018）

则在扩展的贸易引力模型基础上，建立了样本选择模型和 Probit 模型，进一步对中国 - 中南半岛经济走廊的软件基础设施效应进行了研究，得出中国 - 中南半岛经济走廊的软件基础设施总体上发挥着与硬件基础设施相同的作用，提高一国硬件基础设施水平与软件基础设施中边界通达度与运输效率，将会明显有助于该国在本地区贸易中的表现，即便是对于那些收入水平低的国家或地区来说也是如此。[67]

国内部分研究从国际政治的视角对中国 - 中南半岛经济走廊和中国与中南半岛国家的经济合作进行了解读。大体来说，可以分为以下三类：

第一类，对中国 - 中南半岛经济走廊建设的意义和具体内容进行研究。李大陆（2012）提出中国与中南半岛国家的经济合作具有重要的地缘战略意义，既可构建覆盖中南半岛连结北印度洋的运输、能源体系，缓解"马六甲困局"；又有利于维护南海地区的和平稳定。[68]宋效峰（2014）从地缘政治视角来审视湄公河次区域公共产品供给情况。他提出，由于内生发展要素不足，域内中小国家公共产品供给能力有限，给域外力量介入该区域的公共产品供给留下了空间。域外力量参与该区域的公共产品供给，除了有利于促进次区域中小国家的开发外，也造成了区域合作的"外部主导"问题比较突出。中国应有针对性地提高区域功能公共产品供给能力，把资金更多地投向与民生关系更为密切的项目。[69] 卢光盛、段涛（2017）在对战略对接的含义及相关理论进行梳理的基础上，从战略对接的角度研究中国如何与中国-中南半岛经济走廊沿线国家做好战略对接。[70] 许培源、姚尧则研究了中国-中南半岛经济走廊等"一带一路"经济走廊建设中交通基础设施联通带来的经济效应。[71]

第二类，对中国-中南半岛经济走廊推进的具体方式进行研究。卢光盛教授（2016）从国际机制的视角，关注中南半岛区域合作机制供给过剩的问题，提出对接澜湄合作机制以推进中国-中南半岛经济走廊建设取得先期突破。[72] 熊琛然（2016）则从域外大国和中南半岛域内国家两个角度分析了"一带一路"倡议在中南半岛实施的风险与挑战，并提出了以中国为辐射中心构建一个以"一带一路"为主架，以东盟、GMS 为两翼，包括中国-中南半岛经济走廊、孟中印缅经济走廊和中国-东盟"一轴两翼"的"轮轴-辐条"状区域经济合作组织来提升中国与中南半岛国家间的经贸合作空间与水平。[73]
盛叶、魏明忠（2017）提出，经济走廊的建设是由交通
和制度通道建设共同来推动的，具体到中国 - 中南半岛
经济走廊建设，应该以现存经济合作机制为平台推动交
通通道建设，利用与中南半岛国家间的水文地理优势加
快海上交通通道建设，同时，还要制定适用于走廊建设
项目的统一的法律法规和风险评估体系，以减少经济走
廊建设的风险。[74] 梁颖、卢潇潇（2017）把中国 - 中南
半岛经济走廊与打造中国 - 东盟自由贸易区升级版相联
系，提出了要借助中国 - 东盟良好的合作基础，以打造
中国 - 东盟自贸区升级版旗舰项目来推进中国 - 中南半
岛经济走廊建设。[75]

第三类，关注地方政府行为体在中国 - 中南半岛经
济走廊建设中的作用。刘杰等（2017）则梳理了中国 -
中南半岛沿线国家产业园区的概况，提出云南省如何发
挥自身优势，与经济走廊沿线国家重点园区开展合作，
将其建设成为经济走廊合作的重要平台，以推动区域经
济一体化的发展。[76] 刘鑫、黄旭文（2018）提出中国应
以广西、云南等与中南半岛陆路接壤、海路相通的地区
作为推进中国 - 中南半岛经济走廊建设的前沿，有机衔

接国内长江经济带、珠江经济带和沿海城市，形成全域参与、共同推进的中南半岛经贸合作大格局。[77] 陈燕等（2019）则立足于广西南宁市，在分析南宁市与东盟国家间合作存在问题的基础上，为其如何开展中国-中南半岛经济走廊试点示范建设提出了政策建议。[78]

2. 国外研究综述

作者于 2020 年 2 月 15 日分别在 Springer link 和 Google Scholar 两个学术搜索引擎中以"China-Indochina Peninsula Economic Corridor"为主题词进行搜索，并没有发现直接相关的论文研究文献。国外对中国-中南半岛经济走廊的研究多融合在"一带一路"有关书籍之中，以章节形式阐释。泰国学者 Suthiphand Chirathivat 等人（2019）特别关注了"一带一路"在陆上东盟国家中的实施情况。他认为中国与陆上东盟国家间贸易和外商直接投资不断增长，使得陆上东盟的陆地、河流、自然资源和民众都成为了中国大战略的一个部分，中国在陆上东盟的影响力在逐渐增强。与此同时，与中国战略利益在该区域扩大有关的争论也成为热议。东盟在原则上应对中国在该区域不断增强的影响力持欢迎态度，向中国开放参与当地贸易网络、生产链和投资的机会，以此来加快东盟一体化进程。但同时也要注意到，中国在陆上东盟不断增加的影响力可能会削弱东盟作为一个整体一致发声的可能性。东盟必须要预料到，在不久的将来，随着中国与陆上东盟互动的增多，区域认同感的增强，陆上东盟国家可能很难只是根据国别来划分国籍，东盟必须要确保陆上东盟与中国日益增强的关系不会损害到东盟整体的利益。[79] 印度学者 B. R. Deepak（2017）则提出中国在东南亚实施的互联互通项目都是符合中国利益的，而那些真正当地民众所需的重大民生项目却没有得到足够的重视。[80]

　　国外研究中国与中南半岛国家的经济合作的成果，以研究大湄公河次区域（以下简称 GMS）经济走廊的成果居多。由于经济走廊的概念始于 1998 年的大湄公河次区域（GMS）第八次部长级会议，因此关于 GMS 经济走廊的研究成果相对成熟。近年来的相关研究成果可以分为两类：一类是对 GMS 经济走廊的研究不仅停留在现状和作用的描述，而是进入到了比较分析和评估改进阶段。另一类是基于国别的视角对 GMS 经济走廊进行分析。

第一类，对 GMS 经济走廊进行比较分析和评估的研究成果。Masami Ishida（2019）从成本的角度对比分析了"一带一路"倡议在中南半岛实施的公路、铁路项目和 GMS 经济走廊项目，并进一步对老挝、缅甸、越南和泰国与中国进行铁路、公路项目谈判的过程进行了对比。他建议其他国家应像泰国一样从控制政府财政赤字的角度来考虑与中国"一带一路"相关的项目。[81] 日本学者 Ishida 和 Masami（2007）用总人口、人口密度、区域生产总值和区域人均生产总值这几个指标来衡量 GMS 经济走廊的有效性。[82] 而 Ikumo Isono（2019）则用地理模拟模型对湄公河流域次经济走廊发展带来的经济影响进行了分析，得出三个结论：第一，次经济走廊有助于缩短一国境内或湄公河流域内的发展差距；第二，如果公路沿线原来没有制造业基地，那么公路基础设施的改善将会使服务业得到长足发展；第三，公路基础设施加上工业区的发展，对制造业和服务业均影响巨大。[83] 此外，亚洲发展银行也每年都会按国别对 GMS 经济走廊的建设情况进行评估，产生基于国别的研究报告，以更好推进经济走廊项目。

第二类，基于国别审视 GMS 经济走廊建设情况。

Michael B. Dwyer（2019）关注了 GMS 框架下的经济走廊在老挝的实施。他提出，在 GMS 的早期基础设施移民项目中，当地民众权益被严重忽视，建议政策制定者在实施基础设施移民项目时，应制定一个正式的民众安置计划以促进更包容、公平的发展。[84] Truong Ba Thanh（2019）分析了越南丹东作为东西经济走廊的起点之一，如何发挥其独特的地理和物流优势，很好地服务中西经济走廊的建设。[85]Kov Phyrum（2107）等分析了 GMS 南部经济走廊给柬埔寨带来的机遇和带来的挑战。他指出，只有通过增加南部经济走廊沿线的贸易和投资，经济走廊沿线基础设施和规则才能得以改善，才能促进柬埔寨与邻国的贸易，减少国内贸易逆差。[86]

3. 评述与反思

上述国内外的相关研究从不同视角深化了对中南 - 中南半岛经济走廊建设和中国与中南半岛国家经济合作的理解。就国外对 GMS 经济走廊较成熟的研究成果来说，不论是对经济走廊建设的评估指标、评估机制的构建，还是从经济走廊沿线国家的视角来分析如何更好地发挥经济走廊的效用，都为继续深化中南 - 中南半岛经济走廊建设的研究提供了不少启示。

与此同时，现有研究成也反映出了该研究领域尚待完善的一些地方，为继续推进对中国 - 中南半岛经济走廊的研究留下了空间：

一是国内外学者大多忽视了对中国 - 中南半岛经济走廊的研究。由于该区域国家整体经济发展程度不高，受关注程度不及"一带一路"其他经济走廊沿线区域，现有研究多关注中巴经济走廊、中蒙俄经济走廊、孟中印缅经济走廊的建设状况，缺少专门对中国 - 中南半岛经济走廊建设进行研究的成果。而国外的相关研究成果更少，并没有出现以论文形式单独讨论的研究成果，都是将其融合在介绍"一带一路"倡议的有关书籍之中，以章节形式进行简单介绍。

二是研究视角尚待扩宽。现有研究侧重于从经济学的视角，强调开展中南 - 中南半岛经济走廊建设这一地缘经济合作的必要性。偏向于从经济结构的互补性、产业结构优化、全球价值链分工的合理性等国际贸易角度进行分析。少部分研究从国际机制的视角，把中国 - 中南半岛经济走廊与中南半岛现存其他国际机制进行对比分析。但总体来说，还是忽略了政治因素在该经济走廊建设中所起的作用，单纯从资源配置、国际分工或者国际机制视角来分析很难全面抓住中国-中南半岛经济走廊的本质，容易导致认识的片面性。

三是学理提升势在必行。与经济走廊相关研究一样，目前国内对中国-中南半岛经济走廊进行的研究多从政策研读和可行性分析视角切入，从理论层面解读的文章较少。以中国-中南半岛经济走廊为主题的著述多为"编著"，主要目的是向广大读者介绍中国-中南半岛经济走廊建设的概况，是一般的知识性读物，而非学术性著作，缺乏对中国-中南半岛经济走廊建设相关问题的学理提炼。一方面，缺乏用适宜的现成理论去观察与分析经济走廊，另一方面，也缺乏通过对中国-中南半岛经济走廊这一个案的现状进行观察、认识和研究，进而上升到普遍性认识，总结出经济走廊建设一般规律的学理层面的研究成果。国外相关研究也都仅仅停留在对该经济走廊的常识性介绍，并没有进行深入的学理研究。

四是缺乏比较研究。现有对中国-中南半岛经济走廊的研究大多局限于个案研究，缺乏比较视域下的研究成果。"一带一路"六条经济走廊之间，中国-中南半岛经济走廊与中南半岛其他的次区域经济合作机制之间，既有各自的独特之处，同时也有诸多的同质性。通过比较研究，可分辨出每条经济走廊的个性特征，找出其共性规律，用于更好地指导推进"一带一路"经济走廊。

综上，对于中国 - 中南半岛经济走廊建设的相关研究，国内外学界提出的各种观点和解释逻辑，丰富和加深了对这一问题的理解和认识，学界前辈们对此做出了巨大贡献。本书希冀在学界前辈们所做的研究基础上，做出进一步的补充完善。

四、相关概念界定

（一）经济走廊

经济走廊是近三十多年开始流行的，一种促进经济一体化的方式。[87] 关于经济走廊的概念，学界至今仍然没有达成一致的解释。现有解释主要分为两类，一类是围绕着城市发展，从空间规划的角度，把经济走廊用来指代大都市中心的经济联系；另一类则是在经济学领域，1998 年在大湄公河次区域合作（以下简称 GMS）第八次部长级会议上首次提出了"经济走廊"的概念。亚开行的相关研究指出，经济走廊指的是在一个特定的空间或位置内，沿着诸如道路、铁路线路或水运航道等物理交通通道的线状连结。经济走廊不仅可以把生产、分配和消费的各种节点连结起来，而且还可以通过开展和制定各种项目、政策、机制和协定以使得走廊沿线的经济聚集更为便利。[88] Prema-chandar Athukorala 等学者认为，经济走廊是一个促进经济一体化发展的框架。经济走廊是在一个固定的地理范围内，把贸易相关的基础设施建设置于核心地位，此外还包括为了刺激该区域的经济增长和发展而进行的政策、规则等的相互协调。基础设施建设、贸易（物流）便利化改革和改善营商环境是经济走廊的三个主要组成部分。有学者认为经济走廊意味着基于一个有效的交通系统，在相互邻近的区域内吸引投资，产生经济活动。它能使商品配送成本减少，当地房地产的质量得到提高。Frielink 提出，经济走廊的概念是由次区域"增长三角"范式而引申出来的，它包括以下要素：一个固定的地理位置、围绕着经济活动聚集而形成的物理形态的交通基础设施系统、经济活动的开展，还有诸如外商投资规则、制度等在内的软件。[89] Prabir

De 和 Kavita Iyengar 认为，经济走廊是由交通走廊发展而来的。交通走廊是多条连结一国或跨国经济中心的路线。通过改善交通走廊沿线的交通和能源基础设施，将会给该交通走廊区域带来投资。这些投资最初进入的是该区域最具发展潜力的领域，随着基础设施互联互通的增强和区域经济的增长，将会吸引更多的外来投资进入相关领域。随着基础设施和物流的不断完善，交通走廊便发展为了经济走廊。[90] 中国学者认为"一带一路"背景下的经济走廊则是要建立更畅通的运输通道，更紧密的经贸关系，更有序、互惠的贸易规则。[91] 卢光盛教授等人指出经济走廊建设除了交通走廊，还包括相互间的经贸、人文等多领域的交流合作[92]，且经济走廊不仅是一个静态的经济空间状态，而且也是一个相邻国家逐步走向区域经济一体化的不断建设、发展的动态过程[93]；它是次区域经济一体化的初级合作形式，有利于次区域各国基础设施的互联互通；同时也是相邻国家和地区向次区域经济一体化发展的重要途经，有利于有效释放次区域各国的发展潜力。[94] 总的来说，有关经济走廊最初的文献研究没有说明经济走廊是什么样子的，但是从众多的案例研究和实践资料中可以提取出一些被普

遍接受的经济走廊的特征：第一，经济走廊连接了一个
固定地理范围内的经济体；第二，它连接了以城市为中
心的经济节点或中心。这些经济节点或中心聚集了大量
的经济资源和人力资源。第三，经济走廊把市场中的供
给和需求方联系了起来。最后，没有任何一个经济走廊
的特征是与另外一个完全一致的，最好以它各自的特点
来定义经济走廊。[95] 新出现的经济走廊由于能把当地经
济体与国际供应链价值链连结起来，因此将促进全球化
和区域经济一体化的发展。德国海德堡大学的 Siegfried
O. Wolf 教授在中国"一带一路"经济走廊建设实践的基
础上，从社会科学的视角给经济走廊下了一个全面的、
概念性的解释，他认为，经济走廊不仅仅是促进商品流
通的基础设施建设活动，而且是一个全面的发展方法。
它不仅有利于商品运输，而且能提高工业和制造业的能
力，对走廊沿线区域的服务业、贸易和投资均有益，它
会给经济走廊沿线区域带来重要的经济、社会和政治影
响。[96] 为了最大限度地发挥经济走廊的潜力，在定义
任何一条经济走廊时都要考虑到经济、组织、机制、行
为、政治等方面，这些方面也可认为是经济走廊的关键
特征。忽视了这些关键特征，该条"走廊"就不能被认

为是"经济走廊"。另外，这些特征不仅可以用来描述经济走廊，而且可以作为衡量一条经济走廊可行性、功能性、有效性、效能的指标。[97] 他提出经济走廊包括以下18 个特征（或评价指标）：1. 一个明确的地理框架；2. 在该地理框架内的增长区；3. 特别经济区；4. 该地理框架内部的联通；5. 该地理框架外部的联通；6. 共同文化和历史；7. 现代化和工业化过程；8. 社会和社会发展；9. 有效且公平的区域分配机制；10. 既有的经济增长潜力；11. 整体且全面地经济走廊规划；12. 足够的政治意愿；13. 软件基础设施；14. 硬件基础设施；15. 安全的环境；16. 有效的外交；17. 对可持续性、生态和环境的关注；18. 一些关键抑制性因素的排斥（军人经商、市场动乱等）。

本书讨论的中国 - 中南半岛经济走廊既有经济走廊的共性特征，又有"一带一路"倡议下的个性特征。因此，本书将采用 Siegfried O. Wolf 对经济走廊的定义，认为经济走廊不仅仅是开展基础设施建设，它是一个全面的发展方法。它不仅有利于商品运输，而且能提高工业和制造业的能力，对走廊沿线区域的服务业、贸易和投资均有益。它将给经济走廊涉及的区域带来重要的经济、社会和政治影响。

从地理覆盖范围看，经济走廊分为城市走廊／郊区-城市走廊（Urban corridor vs urban-rural corridor）、次国家级走廊（Subnational level corridor）、区域走廊／跨国走廊（Transnational or regional corridor）。区域／跨国走廊存在于两国或更多相互毗邻的国家间。[98] 本书所讨论的中国-中南半岛经济走廊是存在于中国与中南半岛多国之间的区域或跨国经济走廊，后文中不再特指。

（二）中南半岛

中南半岛（Indochina Peninsula）位于中国和南亚次大陆之间，是东南亚的一个半岛，也是亚洲南部三大半岛之一。[99] 因其位于中国的南部，故称为"中南半岛"；又因其位于印度和中国之间，又可称为"中印半岛"或"印度支那半岛"。其中，"印度支那"一词是由法文"Indochine"音译过来的，表示位于印度与中国之间并且受到中、印两国文化影响的区域。新航路开辟后，当时欧洲人普遍认为亚洲只有中国和印度两个国家，因此，就将印度和中国的"结合部"成为印度支那。[100] 但因"支那"有歧视及辱华之意，华人圈中通常使用"中南半岛"，而不用"印度支那"。地理上看，中南半岛位于亚洲大陆南端的突出部分，西临孟加拉湾、安达曼海和马六甲海峡，东临南海、西太平洋，南临新加坡海峡。中南半岛与马来群岛一起构成了东南亚。中南半岛总面积206.5万平方公里，约占东南亚总面积的46%。狭义的中南半岛地理概念包括越南、老挝、柬埔寨、泰国和缅甸五国，其中越南、老挝、缅甸与中国西南部陆上接壤。广义的中南半岛地理概念包括越南、老挝、柬埔寨、泰国、缅甸、西马来西亚部分地区和新加坡七个国家。本书的研究对象是广义的中南半岛。

（三）地缘及地缘要素

"地缘"并非通常意义的"地理"概念。"地缘"强调的"缘"起于地理，但又超越了静态的、强调空间位置和自然资源的地理。[101] 地缘是地理的因果关系、区位边际关系和空间社会关系三者的统称。[102] 地理的因果关系，指的是地球上的各种自然现象和人文现象的形成与发展或多或少、直接或间接都会受制于地理或地理环境的影响，有着一定的地理缘故，与地理环境有着因果联系。区位边际关系指的是基于诸如大陆与海洋的交界、国家间毗邻区域的边境或城乡结合地带这样的边际区位而形成的地理区位方面的关系；而空间社会关系则意指因人群居住在某一地区或民族国家分布在某一区域而形成的关系。

地缘由许多个地缘要素构成。地缘要素至少包括以下方面：自然地理位置，自然资源分布情况，自然生态环境，特定地缘范围内的民族、宗教、文化等人文背景，特定范围内国家间的地缘政治、历史与现实关系，特定范围内的地缘经济发展潜力。然而，随着经济全球化和区域经济一体化的迅速发展，如今地缘经济学中的"地缘"一词的含义从深度和广度都在不断发生着变化。随着数字化信息时代的到来，技术、标准、数据、关键应用和核心能力等成为了新的地缘要素。

五、基本框架与研究方法

（一）基本框架

本书在梳理和总结中西方地缘经济研究的基础上，借鉴国际政治的建构主义、共生理论、功能主义和区域经济学的一般性分析原理，尝试构建了一个基于中国地缘经济实践的互构 - 关联 - 辐射（Mutual Constitution-Relevant- Radiation）的地缘分析框架，用来解释、分析中国 - 中南半岛经济走廊建设的相关问题。各章节的具体内容安排如下：

本书分三大部分展开：绪论、正文、结论和展望。

绪论部分阐述了本书的研究背景及问题、研究意义、文献综述、相关概念界定、基本框架与研究方法、论文创新之处。

正文部分按五章展开论述。

第一章提出了本书的理论分析框架。"一带一路"框架下的中国 - 中南半岛经济走廊建设既是地缘合作构想，也是经济合作倡议。因此，把地缘和经济因素相结合的地缘经济理论能够为中国 - 中南半岛经济走廊建设的分析提供一定的借鉴与启发。但是在梳理中西方地缘经济理论研究成果之后，发现既有的地缘经济相关研究并不能完全解释中国 - 中南半岛经济走廊这一地缘经济合作现象。因此，在借鉴国际政治的建构主义、共生理论、功能主义和区域经济学一般性分析原理的基础上，本书尝试构建了一个互构 - 关联 - 辐射的地缘分析框架，作为本书的理论分析框架，来分析、指导中国 - 中南半岛经济走廊这一中国与中南半岛国家开展的地缘经济合作。

第二章是对中国 - 中南半岛经济走廊建设的实然状态进行分析。运用第一章提出的互构 - 关联 - 辐射的分析框架来审视中国 - 中南半岛经济走廊建设的实践进展。

第三章是对中国 - 中南半岛经济走廊建设的应然状态进行分析。中国 - 中南半岛经济走廊作为经济走廊的一种类型，其建设过程也应遵循经济走廊自发演进、发挥作用的一般规律。本章回归中国 - 中南半岛经济走廊作为经济走廊的本质，引入区域经济学的相关理论，在互构 - 关联 - 辐射的地缘分析框架下，深层次分析了中国 - 中南半岛经济走廊建设过程中应遵循的发展演进规律及作用规律。首先，在厘清经济走廊发展演进规律的基础上，分析得出中国 - 中南半岛经济走廊现在所处的演进阶段。其次，因为作用机制是对作用规律最直接的反映，所以通过解构经济走廊的构成要素，从互构 - 关联 - 辐射的地缘分析框架来解释中国 - 中南半岛经济走廊发挥作用的作用机制，探析中国 - 中南半岛经济走廊的作用规律。

第四章是在前两章对中国 - 中南半岛经济走廊建设的实然状态和应然状态进行分析的基础上，分别从互构、关联、辐射三个维度总结得出了中国 - 中南半岛经济走廊建设过程中面临的掣制因素。

第五章在尊重经济走廊演进规律和作用规律的基础上，充分考虑到中国 - 中南半岛经济走廊建设过程中面临的多方面掣制，并从互构、关联、辐射三个维度提出了继续推进中国 - 中南半岛经济走廊建设的对策建议。

结论与展望部分总结提炼了研究结论和下一步的研究方向。

（二）研究方法

本书具体采用以下研究方法开展研究：

第一，文献研究法。由文献综述可知，目前与"经济走廊"和"中国 - 中南半岛经济走廊"的大部分相关研究均出现了核心概念界定不清的现象。因此，本书首先运用文献研究法搜集与经济走廊和中国 - 中南半岛经济走廊相关的中外文献资料，对研究对象的概念和范围进行准确、清晰的界定，在此基础上才能展开后续的研究。此外，只有在对国内外既有相关研究文献进行学习的基础上，系统把握与中国 - 中南半岛经济走廊建设有关的研究成果，才能发现并确定本书的研究方向。

第二，历史分析法。历史分析法的本质在于按时间顺序认真梳理某一事物的历史，包括其产生的历史背景、发生、发展演进和变革。在与中国 - 中南半岛经济走廊建设有关的现有研究成果中，仅有少部分学者对"经济走廊"的概念进行了界定，其余大多数研究成果均出现了没有界定经济走廊的概念或界定模糊的情况。基本概念界定不清楚，基础知识研究做得不扎实，将导致之后解释的错位、政策建议脱离实际。因此，本书借助历史分析法，详尽梳理"经济走廊"提出的背景、概念及其发展演进过程。

第三，跨学科的研究方法。本书运用了跨学科的研究方法，综合吸收、借鉴国际政治与区域经济学的相关理论来构建全文的分析框架。既有的地缘经济理论并不能完全解释中国 - 中南半岛经济走廊这一地缘经济合作现象。因此，在借鉴国际政治的地缘经济理论、建构主义、共生理论、功能主义和区域经济学一般性分析原理的基础上，本书尝试构建了一个互构 - 关联 - 辐射的分析框架，来分析中国 - 中南半岛经济走廊建设的相关问题。此外，本书也引入了区域经济学的相关理论，进一步深层次探究了经济走廊发展演进规律和作用规律，作为中国 - 中南半岛经济走廊建设的基本遵循。

第四，层次分析法。华尔兹将国际政治体系划分为三个层次：国际体系、国家和个人行为（人性），而布赞则在其基础上结合地区主义的分析形成了四个层次：国内层次、地区层次、地区间层次和全球层次。在此基础上，本书拟从国家、地区、全球三个层次来分析中国 - 中南半岛经济走廊建设过程中相关行为主体的不同利益诉求。

六、论文的创新之处

1. 分析框架的创新。本书综合运用国际政治与区域经济学的相关理论来构建全文的分析框架。本书在地缘经济研究范式的基础上，综合借鉴建构主义、共生理论、功能主义和区域经济学的相关理论，根据中国地缘经济合作实践，提出了一个互构 - 关联 - 辐射的地缘分析框架，用来解释、分析和指导中国 - 中南半岛经济走廊的建设。以中国经验丰富了原有理论，希冀对推动原创性理论的产生有所助益。该分析框架同样也适用于"一带一路"倡议下的其他经济走廊。

2. 研究视角的创新。本书分别从国际政治地缘经济理论的地缘空间视角和区域经济学"点 - 轴"理论两个独特的视角，来分析中国 - 中南半岛经济走廊建设中的相关问题。首先，借助地缘经济的理论分析范式，从独特的地缘空间视角来审视中国 - 中南半岛经济走廊的建设。综合考虑了地理空间、行为主体、地缘政治和地缘文化等因素对中国 - 中南半岛经济走廊建设的影响。其次，借鉴区域经济学的相关理论，清晰界定了经济走廊的概念，并尝试运用"点 - 轴"理论，深层次探究了经济走廊的演进规律和作用规律，进一步得出了既有研究并未发现的中国 - 中南半岛经济走廊建设过程中可能出现的问题，使得对中国 - 中南半岛经济走廊建设的分析更为全面。

3. 发现问题的创新。在独特的研究视角和分析框架下，本书发现了在中国 - 中南半岛经济走廊建设中存在三个方面的主要问题，是既有相关研究成果所未曾关注的。第一，需重视中国－中南半岛经济走廊在建设过程中出现的区域和城乡发展不均衡现象。根据区域经济学的点－轴理论，在中国－中南半岛经济走廊建设过程中将不可避免地会出现极化效应，导致经济走廊通道主轴与周围偏远地区出现城乡发展不均衡现象。此外，中国－中南半岛经济走廊目前忽略了走廊沿线东道国国内"地区的发展"，导致产生区域发展不均衡现象。这些发展不均衡现象如不能得到妥善处理，有可能会产生社会动乱。第二，中国－中南半岛经济走廊建设既可以有陆上的连结，也可以有海上的联动。目前来看，中国－中南半岛经济走廊海上互联互通建设相对薄弱。第三，部分行为主体被忽略。私营企业、中国－中南半岛经济走廊沿线东道国社区居民也是中国－中南半岛经济走廊建设的利益相关者，在经济走廊建设中发挥着极其重要的作用。但是目前来看，二者的地位并没有得到重视，其作用也没有得到有效发挥。此外，跨境民族和华人华侨是中国－中南半岛经济走廊建设过程中可以依靠的两股独特的力量，但其地位和作用目前也没有得到应有的重视和发挥。

注释

1   推动共建丝绸之路经济带和21世纪海上丝绸之路的愿景
与行动 [EB/OL]. 人民网, 2015-03-28, http://finance.
people. com. cn/n/2015/0328/c1004-26764666. html.

2   张高丽出席亚欧互联互通产业对话会开模式 [EB/OL].
新华网, 2015-5-27, http://www. xinhuanet. com/
politics/2015/05/27/c_1115424921. htm.

3   国务院发展研究中心. "一带一路"经济走廊: 畅通与繁荣
[M]. 中国发展出版社, 2018:307.

4   张继业, 钮菊生. 试析安倍政府的湄公河次区域开发援助
战略 [J]. 现代国际关系, 2016 (3): 34.

5   习近平在第十七届中国-东盟博览会和中国-东盟商务与投
资峰会开幕式上致辞 [EB/OL]. 人民网, 2020-11-28, cpc.
people. com. cn/big5/n1/2020/1128/c64094-31947886. html.

6   翟崑, 王继民. "一带一路"沿线国家五通指数报告 [M].
商务印书馆. 2018:29.

7   卢伟, 公丕萍, 李大伟. 中国-中南半岛经济走廊建设的
主要任务及推进策略 [J]. 经济纵横, 2017 (2): 52.

8   董有德, 唐毅, 张露. 东道国腐败治理、基础设施建设与
中国对外直接投资 [J]. 上海经济研究, 2020 (12): 101.

9   翟崑. 东博会上习近平谈"一带一路"背后的深层含义
[EB/OL]. 中国一带一路网, 2020-12-01, https://www.

yidaiyilu. gov. cn/ghsl/gnzjgd/156682. htm.

10　刘鸣，陈永，束必铨．"印太战略"以美印日澳的战略逻辑、利益与策略选择为分析视角 [J]. 东北亚论坛，2021（2）：3.

11　刘卿．美国东南亚政策转向及前景 [J]. 国家问题研究 ,2020（5）：70.

12　盛叶，魏明忠．中国－中南半岛经济走廊通道建设研究 [J]. 当代经济 ,2017（1）：4.

13　卢光盛．澜沧江－湄公河合作机制中国－中南半岛经济走廊建设 [J]. 东南亚纵横 ,2016（6）：35.

14　刘卫东，宋周莺，刘志高．"一带一路"建设研究进展 [J]. 地理学报，2018（4）：621.

15　韦进深．合作性地缘经济战略与丝绸实录经济带建设——兼论中国与中亚的区域合作 [J]. 广西民族大学学报（哲学社会科学版），2016（1）：143.

16　习近平在第三届中国国际进口博览会开幕式上的主旨演讲 [EB/OL]. 新华网 ,2020-11-05，http://www. xinhuanet. com/politics/leaders/2020-11/04/c_1126698327. htm.

17　王睿．澜湄合作与"国际陆海贸易新通道"对接：基础、挑战与路径 [J]. 国际问题研究 ,2020（6）：117.

18　王金波．"一带一路"经济走廊与区域经济一体化：形成机理与功能演进 [M]. 社会科学文献出版社 ,2016（4）：14.

19　习近平．习近平谈治国理政 [M]. 北京：外文出版社，2014:297.

20 卢光盛，熊鑫．周边外交视野下的澜湄合作：战略关联与创新实践 [J]．云南师范大学学报（哲学社会科学版），2018（3）:29.

21 盛玉雪，王玉主．中国－中南半岛经济走廊推进机制 [J]．学术探索，2018（8）:47.

22 Shambaugh, D. The Southeast Asian Crucible [EB/OL], Foreign Affairs, December 17, 2020, https://www. foreignaffairs. com/ articles/asia/2020-12-17/southeast-asian-crucible.

23 习近平在第二届"一带一路"国际合作高峰论坛开幕式上的主旨演讲 [EB/OL]，新华网，2019-04-26, http://www. xinhuanet. com/politics/leaders/2019-04/26/c_1124420187. htm.

24 卢光盛，别梦婕．澜湄国家命运共同体：理想与现实之间 [J]．当代世界，2018（1）:43.

25 范斯聪．美国印太战略的东南亚化及对东盟的影响 [J]．亚太安全与海洋研究，2020（5）:117.

26 柳思思．"一带一路"：跨境次区域合作理论研究的新进路 [J]．南亚研究，2014（2）:9.

27 梁双陆，梁巧玲．"一带一路"新常态下如何加快孟中印缅经济走廊建设——基于产业国际分工与布局的研究 [J]．天府新论，2015（5）: 147.

28 王金波．一带一路、经济走廊与区域经济一体化：形成机制与功能演进 [M]．北京：社会科学文献出版社，2015:45·

29 李艳芳．推进孟中印缅经济走廊贸易投资的战略意义与可行性分析 [J]．太平洋学报，2016, 24（5）: 65.

30　赵秀丽，王锦秋，陈玉和．3D 视角下中蒙俄区域经济网络的经济地理分析——基于四个主要网络节点的数据 [J]．福建论坛（人文社会科学版），2017（10）：35.

31　李艳芳，李波．孟中印缅次区域合作中的经贸关系分析 [J]．亚太经济，2014（6）：84.

32　王喜莎，李金叶．中国与巴基斯坦双边贸易的竞争性和互补性分析 [J]．上海经济研究，2016（11）：68.

33　陈继勇、杨格．中国与新亚欧大陆桥沿线七国贸易互补性测度及影响因素研究 [J]．亚太经济，2018（2）：89.

34　高志刚，张燕．中巴经济走廊建设中双边贸易潜力及效率研究——基于随机前沿引力模型分析 [J]．财经科学，2015，（11）：109.

35　刘威，丁一兵．中蒙俄经济合作走廊贸易格局及其贸易潜力分析 [J]．商业研究，2016（10）：26.

36　李建军．全球价值链分工视角下的中蒙俄经济走廊建设 [J]．社会科学家，2016：61.

37　何文彬．论"中国–中亚–西亚经济走廊"建设推进中的基础与障碍 [J]．经济体制改革，2017（3）：63.

38　张义明．中印自贸区战略视角下孟中印缅经济走廊建设前景探析 [J]．教学与研究，2016（12）：79.

39　罗圣荣，聂姣．印度视角下的孟中印缅经济走廊建设 [J]．南亚研究，2018（3）：14.

40　黄德凯、李博一、朱力轲．孟中印缅经济走廊建设的现状、挑战及前景——以地缘政治权力结构为分析视角 [J]．

南亚研究季刊 , 2019（2）: 101.

41 [美] 玛沙·芬尼莫尔 . 国际社会中的国家利益 [M]. 浙江
    人民出版社 , 2001（1）: 33.

42 刘鹏 . 孟中印缅次区域合作的国际机制建设 [J]. 南亚研
    究 , 2014（4）: 62

43 卢光盛 , 邓涵 , 金珍 . GMS 经济走廊建设的经验教训及其对
    孟中印缅经济走廊的启示 [J]. 东南亚研究 , 2016（3）: 38.

44 邹春萌 , 杨祥章 . 东盟 "N-X" 机制及其对 "孟中印缅经
    济走廊" 建设的启示 [J]. 南亚研究 , 2016（3）: 135.

45 刘晓伟 . "一带一路" 倡议下次区域合作机制化限度研究
    ——以 "孟中印缅经济走廊" 为例 [J]. 南亚研究 , 2019
    （1）: 114.

46 西仁塔娜 . 中蒙俄经济走廊建设探析 : 一种跨境次区域合
    作视角 [J]. 俄罗斯东欧中亚研究 , 2017（2）: 92.

47 胡敏 , 曹兹纲 , 王杰 . 以旅游外交助力中巴经济走廊的心
    理认同 [J]. 新疆社会科学 , 2016（6）: 80.

48 孙玉华 , 彭文钊 , 刘宏 . 中蒙俄经济走廊人文合作中的文
    化认同问题 [J]. 东北亚论坛 , 2015（6: 47.

49 程曼丽 . 中巴经济走廊舆论环境分析 [J]. 当代传播 , 2016
    （2）: 38.

50 焦若水 . 巴基斯坦宗教学校 : 现状、问题与社会风险 [J].
    南亚研究季刊 , 2018（1）: 6.

51 龙长海 . 信任困局的破解路径 : 中蒙俄经济走廊建设的非

正式制度供给与软法合作 [J]. 求是学刊 , 2019（4）： 92.

52 金志远 . "中蒙俄经济走廊" 建设中内蒙古高效民族教育智库创建的思考 [J]. 民族教育研究 , 2018（4）: 105.

53 Callahan, W. A. China's Belt and Road Initiative and the New Eurasian Order[J]. *Norwegian Institute of International Affairs*, 2016（22）: 3 ·

54 Irshad, M. S, Xin. Q & H, Hamza. , One Belt and One Road: Dose China-Pakistan Economic Corridor benefit for Pakistan's Economy? [J]. *Journal of Economics and Sustainable Development*, 2015（24）： 206 ·

55 Uberoi, P. Problems and Prospects of the BCIM Economic Corridor[J]. *China Report*, 2016（2）: 23 ·

56 Sajjanhar, A, Understanding the BCIM Economic Corridor and India's Response[J]. *ORF Issue Brief*, 2016（6）: 5 ·

57 Garlick, J. Deconstructing the China-Pakistan Economic Corridor: Pipe Dreams Versus Geopolitical Realities[J]. *Journal of Contemporary China*, 2018（27）： 526 ·

58 Sial, S. The China-Pakistan Economic Corridor: an assessment of potential threats and constraints[J]. *Conflict and Peace Studies*, 2014（6）: 27 ·

59 Nazarko, J. , Kararzyna. A. K. , & Katarzyna. C. F, . The New Silk Road-Analysis of the potential of New Eurasian Transport Corridor[R]. 9th International Scientific Conference "Business and Management 2016" , 2016（2）: 16.

60　Karim, M. A. & Faria. Islam. Bangladesh‐China‐India‐Myanmar（BCIM）Economic Corridor: Challenges and Prospects[J]. *The Korean Journal of Defense Analysis*, 2018（2）: 288·

61　汪诗明. 国内太平洋岛屿国家研究趋势前瞻 [J]. 太平洋学报, 2017（9）:90.

62　周建仁. 共同威胁存在情况下弱国为什么退出同盟?[D]. 北京:清华大学, 2014:39.

63　李艳芳, 李波. 次区域合作视角下的孟中印缅经贸关系发展 [J]. 南亚研究, 2015（1）:113.

64　屠年松, 薛丹青. 中国–中南半岛经济走廊国家全球价值链升级研究 [J]. 经济问题, 2018（2）:123.

65　屠年松. 中国–中南半岛经济走廊建设下的贸易合作研究 [J]. 企业经济, 2018（4）:5.

66　梁双陆, 申涛. 中国–中南半岛经济走廊沿线国家经济关联与增长的空间溢出效应 [J]. 亚太经济, 2019（5）: 24.

67　胡关子. "一带一路"软件基础设施联通研究——以中国–中南半岛经济走廊方向为例 [J]. 中国流通经济, 2018（4）: 108.

68　李大陆. 中国与中南半岛国家经济合作的地缘战略意义 [J]. 兰州学刊, 2012（12）:181.

69　宋效峰. 湄公河次区域的地缘政治与公共产品供给 [J]. 江南社会学院学报, 2014（2）:8.

70　卢光盛, 段涛. "一带一路"视阈下的战略对接研究——以中国－中南半岛经济走廊为例 [J]. 思想战线，2017（6）：165.

71 许培源，姚尧．"一带一路"交通基础设施联通的经济效应 [J]. 东南学术，2021（2）：123.

72 卢光盛．澜沧江－湄公河合作机制与中国－中南半岛经济 走廊建设 [J]. 东南亚纵横，2016（6）：34.

73 熊琛然，"一带一路"建设在中南半岛面临的挑战与中国地 缘战略重构 [J]. 东南亚纵横，2016（4）：3.

74 盛叶，魏明忠．中国－中南半岛经济走廊通道建设探究 [J]. 当代经济，2017（2）：5.

75 梁颖，卢潇潇．打造中国－东盟自由贸易区升级版旗舰项 目 加快中国－中南半岛经济走廊建设 [J]. 广西民族研究， 2017（5）：165.

76 刘杰，刘振中，李璇．以云南园区跨境合作带动中国－中 南半岛经济走廊建设 [J]. 时代金融，2017（24）：329.

77 刘鑫，黄旭文．中国－中南半岛经济走廊建设的几个要点 [J]. 人民论坛，2018（12）：94.

78 陈燕，黄宁，欧阳红兵．南宁市开展"中国－中南半岛经济走 廊"试点示范对策研究 [J]. 现代商贸工业，2019（12）：13.

79 Chirathivat, S. B. Rutchatorn & A. Devendrakumar. China's Rise in Mainland ASEAN: New Dynamics and Changing Landscape [M], Singapore: Word Scientific, 2019: 3.

80 Deepak, B. R. China's Global Rebalancing and the New Silk Road[M]. India: Springer Nature, 2017: 146.

81 Ishida, M. GMS Economic Corridors Under the Belt

and Road Initiative [J]. *Journal of Asian Economic Integration*, 2019（2）: 183.

82 Ishida, Masami. Evaluating the Effectiveness of GMS Economic Corridors: Why is There More Focus on the Bangkok-Hanoi Road than the East-West Corridor?[J]. *Institute of Developing Economies*, 2007（10）: 14.

83 Isono, I. Economic Impact of New Sub-corridor Development in the Mekong Region, in Ishida, M.（ed.）, Cross-border Transport Facilitation in Inland ASEAN and the ASEAN Economic Community, ERIA Research Project Report FY2017 no. 18[R]. Jakarta: ERIA and IDE-JETRO, 2019: 192.

84 Dwyer, M. B. "They will not automatically benefit": The politics of infrastructure development in Laos's Northern Economic Corridor[J]. *Political Geography*, 2019（12）: 6.

85 Thanh, T. B. & D. H. Hoa,. Measures to enhance the role Da Nang in Development of Logistics on the East-West Economic Corridor[J]. *International Competition & Cooperation*, 2019（9）: 4.

86 Phyrum, K. V. Sothy, & K. S. Horn,. Social and economic impacts of GMS Southern Economic Corridor on Cambodia [M]. Thailand: Research and Learning Resource Center, 2017: 34.

87 Nogales, E. G. Making economic corridors work for the agricultural sector[R]. US: Food and Agricultural

Organization of The United Nations, 2014: 17.

88　Asian Development Bank. The Greater Mekong Subregion Economic Cooperation Program Strategic Framework 2011 - 2012[R]. ADB, 2011: 10.

89　Frielink, b. Shunsuke, B. Increasing Benefits Through Economic Corridor Development in the Lao People's Democratic Republic[R]. ADB Southeast Asia Working Paper Series. 2018: 34.

90　De, P. & Kavita. I, . Developing Economic Corridors in South Asia[R]. Asian Development Bank, 2014: 1.

91　何茂春，田斌."一带一路"的先行先试：加快中蒙俄经济走廊建设 [J]. 国际贸易, 2016, （12）.

92　卢光盛，邓涵. 经济走廊的理论溯源及其对孟中印缅经济走廊建设的启示 [J]. 南亚研究, 2015（2）: 6.

93　卢光盛，邓涵，金珍. GMS 经济走廊建设的经验教训及其对孟中印缅经济走廊的启示. [J]. 东南亚研究, 2016（3）: 36.

94　卢光盛，邓涵，金珍. GMS 经济走廊建设的经验教训及其对孟中印缅经济走廊的启示. [J]. 东南亚研究, 2016（3）: 36.

95　Brunner, H. P. What is Economic Corridor Development and What Can It Achieve in Asia's Subregions? [R]. ADB Working Paper Series on Regional Economic Integration, 2013（8）: 1.

96　Wolf, S. O. The China-Pakistan Economic Corridor of

the Belt and Road Initiative: Concept, Context and Assessment[M]. Berlin: Springer, 2019: 24.

97 Wolf, S. O. The China-Pakistan Economic Corridor of the Belt and Road Initiative: Concept, Context and Assessment[M]. Berlin: Springer, 2019: 23.

98 Nogales, E. G. Making economic corridors work for the agricultural sector[R]. US: Food and Agricultural Organization of The United Nations, 2014: 11.

99 亚洲南部三大半岛分别为：中南半岛、印度半岛和阿拉伯半岛。

100 卢光盛. 中国和大陆东南亚国家经济关系研究 [M]. 社会科学文献出版社, 2014（3）:1.

101 卢光盛. 国际关系理论中的地缘经济学 [J]. 世界经济研究, 2004（3）:14.

102 沈伟烈. 关于地缘政治学研究内容的思考 [J]. 现代国际关系, 2001（7）:58.

第一章

分析框架：
互构－关联－辐射

　　"一带一路"倡议框架下的中国 - 中南半岛经济走廊是中国与中南半岛国家共同开展的促进区域一体化的地缘经济合作。它既是地缘合作构想，也是经济合作倡议。因此，把地缘和经济因素相结合的地缘经济理论能够为中国 - 中南半岛经济走廊建设的分析提供一定的借鉴与启发。但是在梳理中西方地缘经济理论研究的基础上，发现传统的地缘经济理论并不能完全解释中国 - 中南半岛经济走廊这一开放、共享、包容的地缘经济合作现象。因此，在地缘经济研究范式的基础上，综合借鉴国际政治的建构主义、共生理论、功能主义和区域经济学一般性分析原理，本书尝试构建了一个互构 - 关联 - 辐射的地缘分析框架，来分析、指导中国与中南半岛国家共同开展的地缘经济合作 —— 中国 - 中南半岛经济走廊建设。

第一节 地缘经济理论的基本逻辑

地缘经济的基本范式和思想可以追溯到第一次世界大战之前，[1] 但是现代意义上的地缘经济则始于冷战结束之初，诞生于 20 世纪 80 年代末 90 年代初的美国。越南战争后，美国实力一度下降，为了研究美国如何应对后起大国经济战略的威胁，部分美国学者开始反思地缘政治理论的先天缺陷，并提出应运用经济手段而非军事力量来应对后起大国的挑战。他们借助地缘政治思维建构了地缘经济理论的框架，提出了地缘经济理论。

关于地缘经济，目前学界还缺乏一个统一、清晰且明确的定义。卢光盛教授把国内外关于地缘经济的定义归纳为三种：第一种定义认为地缘经济是一门科学，一门"关于国家利益、经济现象和地缘关系的科学。"因此，一切对国家经济发展有影响的地理因素都属于地缘经济学探讨的范围。第二种定义把地缘经济看作是一种战略。认为地缘经济是基于地理因素考虑，来争取国家利益的战略。地缘经济学鼻祖卢特沃克（Edward N.Luttwak）就把地缘经济视为帮助美国在工业霸权争夺战中胜出的一种战略。当把地缘经济视为一种战略或外交政策时，各国学者倾向于基于各国发展需要而加以阐释与使用，各国发展和实施地缘经济战略的路径也是不同的。[2] 第三种定义则把地缘经济看作是一种理论，一种由冷战后的经济 - 生态政治学发展而来，用于解释国际关系的新理论。[3] 地缘经济理论研究的是如何从地理角度出发，在国际竞争与合作中，维护国家的利益。它聚焦于地理特征，以独特的空间视角来研究国家行为和国际政治经济关系，并把经济权力运用的目标限定在特定的区域或空间。它与国际政治经济学不同。国际政治经济学涉及的范围更为广泛，关注国际经济关系，而地缘经济学者的关注的范围相对较窄，仅限于从地理和战略的视角来看待经济权力。[4]

本书把地缘经济视为解释国际政治现象的一种重要理论分析工具，来对中国 - 中南半岛经济走廊这一中国与中南半岛国家之间的地缘经济合作现象进行解释、分析及预测。作为理论分析工具的地缘经济，指的是以国家为主要行为体，以地缘因素为基础，通过在特定空间范围内政治和经济的互动来谋求国家利益。[5] 它突出了经济相互依赖和互联互通世界中经济因素的重要性，强调了国际和国内的互动及其对地缘经济政策的选择和运用。[6]

一、西方地缘经济理论

冷战结束后，随着经济全球化和区域一体化迅速发展，生产的专业化分工打破了民族间、国家间和地区间的地域限制。商品、技术、资本、信息等生产要素跨越国家的界限，在全世界范围内自由流动配置。贸易、投资、金融等领域的经济交往呈爆炸式增长，国家利益更多地依赖于在与他国的交往互动中实现。正如罗伯特·基欧汉和约瑟夫·奈所说，"20 世纪 70 年代，相互依赖的说法不绝于耳；到了 90 年代，耳濡目染皆全球化也。"[7] 国家间相互依赖的经济关系使得一国国内与外部经济连成一体，一国经济利益的实现更加依赖于与国际社会的交往互动。世界各国为了适应世界新趋势，纷纷开始采取行动提升自己的国际竞争力，创建了诸如欧盟、北美自由贸易协定、东盟等新的地缘合作组织。此外，影响国家安全的因素，也从军事、政治等"高级政治"领域，扩展到了经济、科技、生态环境等"低级政治"领域。美国兰德公司的前政治部主任理查德·索罗门认为，科技与经济实力已经与军事力量一样成为界定国家实力和影响力的重要因素。"我们正在进入地缘经济时代，贸易、金融和技术等的流动变化将决定着这个时代国家间力量的对比。"[8]国家安全观正在从传统的军事实力均衡拓展到经济领域，商业力量、技术力量同军事力量一样都是国家实力与影响的重要组成部分。冷战之后的全球政治、经济格局与游戏规则面临着深刻的变革，经济安全的重要性显著提升，世界各国从重视地缘政治转变到了重视地缘经济的阶段。

在上述战略思维模式基础上，为了使美国在两极格局解体后，更好地应对后起的大国经济战略威胁，进行对外经济扩张，美国国防部高级顾问、华盛顿战略与国际关系研究中心的战略专家爱德华·卢特沃克（Edward N. Luttwak）1990 年在《国家利益》上发表了一篇《从地缘政治学到地缘经济学》的论文，首次把"地缘经济"这一术语引入外交政策分析领域。他认为，地缘经济是国家战略性地运用经济权力。[9]地缘经济是在战略的逻辑下运行的。[10]他从三个层面阐释了地缘经济的概念：第一，地缘经济是指国家引导产业投资和资本配置；第二，地缘经济是指国家控制产品的开发；第三，地缘经济是指国家对市场进行干预。他认为，国家出面支持或指导投资、产品开发和开拓市场等经济行为，已不再是纯粹的商业行为而是地缘经济行为。[11] 此外，卢特沃克还在 1993 年出版的著作《面临危险的美国梦》中进一步提出，随着冷战的结束，位于世界舞台的国家间的竞争，已从政治和军事舞台，转移到了经济舞台。与地缘政治时代相比，国家追求国家利益的天性没变，但是国家间竞争的手段已经从军事、政治、外交转变到了通过经济手段占领世界经济版图，提高目标市场的占有率。他认为，"这种国家间竞争的新模式，就是我所说的'地缘经济学'。"[12] 美国应该据此调整外交政策，以应对日益崛起的日本的经济威胁。

继卢特沃克之后，当代西方学者对地缘经济的解释视角是多样的。一些学者以经济结果定义地缘经济，他们认为地缘经济是运用地缘政治或军事力量来实现经济目的[13]；还有学者主要强调地缘经济是对国家贸易和产业进行保护。[14] 而多数现代西方学者都赞同把地缘经济看作是由经济和地缘政治连结而成的一种现象。[15] Blackwill 和 Harris（2016）认为，在美国外交政策的特殊语境下，地缘经济指的是一国利用经济工具来获取和保护其国家利益，能产生有利的地缘政治效益；并基于该国的地缘政治目标，影响其他国家的经济活动。[16] Scott（2019）

提出地缘经济是经济目标和地缘政治目标的结合，也是经济和军事权力投射的战略。[17]亨廷顿（Huntingtong）同样也提出，地缘经济是国际经济、地缘政治和战略的混合。[18]这意味着地缘经济并非如卢特沃克所说，是地缘政治的替代品。亨廷顿认为，地缘经济和地缘政治是两个有区别但又相互联系的概念，他们是地缘战略相互补充的两个方面。

随着时代的发展，西方学界对地缘经济的概念虽然有不同的解读，但是，他们对地缘经济研究却达成了一些共识，主要包括以下几个方面：

第一，地缘经济的理论前提是当今世界已进入地缘经济时代。冷战结束，传统意义上的战争和冲突在很大程度上已经可以避免，以生存为首要目标的国家利益大为淡化，意识形态的差异已不是那么重要。对全球最大的威胁已从核战争危险向经济危机和生态破坏转变。"高级政治"让位于"低级政治"，世界已经从地缘政治为特征的时代，进入到了地缘经济时代。国家间的竞争已经从过去的政治和军事舞台，转移到了经济舞台。虽然追求国家利益的天性没有变化，但国家间竞争的手段已经变为通过各种经济手段，提高目标市场的占有率，从而占领并控制世界经济版图。

第二，强调冲突的逻辑。西方地缘经济理论的一个基本假定是：国家是理性自私的行为体。卢特沃克直接提出，国家本质上就倾向于获取相应优势来抵御潜在的敌人。[19] 西方传统地缘经济理论认为，国家通过经济手段，取得优势地位，追求自身国家利益的最大化，并达到影响、控制其他国家行为的目的。西方地缘经济理论的重点是国家间为了追求本国利益而不顾他国利益的国际竞争行为。此外，地缘经济是在地缘政治的基础上发展起来的，受地缘政治影响较深。因此，西方地缘经济传统观点更加强调竞争、控制、对立、遏制，相对弱化合作、联合等特征，即使是采取合作的形式，强调的也是形成非对称权力合作，以形成对弱势一方的控制，其中竞争性与控制仍然是主要的。[20]

第三，国家利益是地缘经济追求的最终目标。地缘经济是国家追逐权力的重要工具，其最终目标是获取国家利益。[21] 在地缘经济时代，国家利益更多地体现为国家地缘政治战略目标下的经济利益。国家间竞争更多地体现为一国通过高新技术的研究和开发等经济手段提高国家经济竞争力，获取更多地经济利益，以获得和维持一国在世界经济中的相对优势地位。

第四，竞争与合作是地缘经济关系的主要表现。地缘经济时代，经济竞争与合作是形成经济控制、获得和维持在世界经济中的优势地位的手段。但西方地缘经济理论更多的还是强调竞争与冲突。他们认为，地缘经济时代，国家间竞争的手段以经济竞争代替了过去的军事竞争。竞争的主要形式由地缘政治时代的领土扩张和占领改变为围绕原材料、市场、人才、资金、信息科技等生产要素进行经济利益空间的扩张和维持。这种国家间的竞争是无序的、不规则的零和竞争，一方所得即为另一方所失。就地缘经济合作而言，控制方利用自己的资本、技术等优势实现合作的主动性和合作风险的非对等性，从而对被控制方产生经济威慑。无论采用竞争或是合作的方式，如果能控制他国或特定地区，对保障本国在该地区的地缘利益有益都是可行的。

第五，国家是开展地缘经济活动的主要行为体，但并非是唯一行为体。地缘经济理论认为，民族国家是国际关系中的主要行为体，但不是唯一行为体。国际组织、跨国公司、企业、非政府组织甚至个人都可以参与到地缘经济中来。在地缘经济时代，这些非国家行为体将与国家更紧密地结合起来，以实现自身的目的。

第六，地缘经济主要研究的是发达国家之间的经济关系，而不是发展中国家与发达国家之间或发展中国家之间的经济关系。不是所有国家都有实施地缘经济政策的愿望和能力。只有属于"世界事务核心舞台"上的国家才有实施地缘经济战略的能力。卢特沃克也认为，第三世界国家还停留在传统地缘政治领域和议题上，他们还没有能力追求地缘经济战略。

综上，西方学者普遍认为，地缘经济既是一种国家战略，也是一种分析框架。作为国家战略的地缘经济指的是，国家运用经济权力来实现其地缘战略目标，是"经济权力的地缘战略运用"。[22] 其基本逻辑是国家间的敌对与冲突，主要追求对别国的超越和掌控。而作为一种分析框架的地缘经济是归属于国际政治现实主义的。它主要用来解释相关大国是如何通过经济竞争，获得经济竞争主动权，从而达到改变他国行为的目的。

二、中国地缘经济研究

随着地缘经济合作在二战结束后相继兴起，世界经济重心从西欧向北美转移，地缘经济理论在美国完成了理论的创建，并以北美为中心向欧洲地区扩散，形成了俄罗斯学派和意大利学派。当前，世界经济重心与地缘经济合作潮流向亚太地区转移，中国及周边国家的地缘经济合作方兴未艾，地缘经济理论的研究也有望在中国实现完善和创新。

冷战结束后，随着中国与国际社会互动的频率日益增加，中国在此过程中通过学习、借鉴、发展发源于西方的地缘经济理论，也形成了自己关于地缘经济的新理念和新看法。中国的地缘经济研究经过了理论学习、理论深化到理论创造三个阶段。[23] 从 20 世纪 90 年代开始，地缘经济的概念刚在美国提出，部分中国学者就将该理念介绍到了国内，讨论地缘政治与地缘经济的区别与联系，地缘经济的含义和研究范式等。[24] 在理论深化阶段，中国学者主要是应用地缘经济理论来验证中国国家发展的实践，主要研究中国国内省市、主要经济区域的地缘经济关系与区域经济协同发展[25]，中国与东盟地区[26]、周边区域的地缘经济合作[27]，助力国家区域经济发展，制定对外发展战略。目前，中国地缘经济研究正处于由"理论深化"向结合中国经验进行"理论创新"的阶段。中国学者在借鉴国内外研究成果的基础上，以地缘经济为主题，解释当代中国和平外交战略的形成和发展规律，为中国和平发展进行学术论证。特别是中国"一带一路"倡议提出以来，中国在世界范围内开展的注重合作共赢的地缘经济实践极大地促进了地缘经济理论的发展。"一带一路"以开放包容、和平合作、互利共赢、互学互鉴为理念，以共商、共建、共享为原则，强调合作、平等，一种包含合作、包容、开放、共赢理念的地缘经济观逐渐生成。

从具体内容来看，中国学者对地缘经济理论的理解随着研究的深入而逐渐丰富、完整。在理论介绍阶段，吴蕙最先把卢特沃克的《从地缘政治学到地缘经济学——兼论当代世界经济的冲突逻辑与经济规则》一文翻译成中文，介绍到中国。[28] 萨本望指出，21 世纪是"经济第一"的世纪，以经济关系和经济利益取代军事对抗和政治关系作为国际关系主轴的力量即为地缘经济学。[29] 倪世雄教授在其著作《当代西方国际关系理论》中全面介绍了地缘经济学提出的背景、主要内容、特点及发展趋势，指出冷战后战争的概念应重新定义为武装斗争和非武装斗争。为了赢得以获取经济利益为主的非武装斗争，国家间可能会在高技术产业领先地位和经济规则的主导权领域进行争夺。[30] 韩银安认为地缘经济研究是基于地理要素，来分析国家经济竞争的行为模式和国家对外的经济战略。[31] 周骁男指出，地缘经济就是通过在经济、文化、科技、劳务等领域的合作，建立非对称的经济依赖关系，从而制造经济控制。这种控制是相对于地缘政治"硬控制"的"软控制"。[32] 在地缘经济时代，经济利益和经济关系将取代军事对抗和政治关系，成为国际关系的主轴，地缘经济学将取代地缘政治学。卢光盛教授提出，地缘经济既是以国家为主要行为体，以地缘因素为基础，通过在特定空间范围内政治和经济的互动来谋求国家利益的学科，也是用来解释国际关系现象的一种理论。[33] 在理论深化和创新阶段，有中国学者提出，中国的和平发展道路并没有选择以对抗的零和博弈为主要特征的地缘政治思想，也不强调经济上竞争和对抗的西方地缘经济思想，而是在改革开放的实践中，逐渐形成了具有自身特点的地缘经济新思维。[34] "一带一路"提倡以合作为基础，以经济项目合作为核心，有意愿的国家共同参与，在共商共建的基础上，所有发展成果共享。这些特征丰富了地缘经济学理论逻辑和范式，触发了对西方地缘经济理论的审视与发展，丰富、修正了西方地缘经济理论观点，创新形成了以新地缘经济空间、新国际关系理念、新国际经济格局、新合作共赢框架、新要素流动动向为内容的新地缘经济观。[35] 李明江认为，现有大部分关于地缘经济研究文献都是基于三个假设：一是当国家运用经济政策工具时，该国拥有清晰界定的地缘政治目标；二是国家的地缘政治目标会受其他主要行为体战略的影响而保持一致或发生变化；三是起源于地缘经济活动的地缘政治互动是一种零和博弈。[36] 他基于"一带一路"语境下的地缘经济和地缘政治关系，向地缘经济的这三个传统假设提出了挑战。他认为，首先，"一带一路"倡议在初始阶段主要是基于化解国内产能过剩的经济方面的考虑而提出的；其次，"一带一路"倡议的制定和实施过程促使中国决策层提出一个新的地缘战略愿景，并且制定各种新的安全政策和安全目标；最后，"一带一路"倡议是一个包容的经济合作倡议，中国鼓励其他主要行为体与中国在"一带一路"倡议的框架下开展合作。"一带一路"倡议下的国际合作将会减轻其他国家对中国投资安全方面的地缘政治疑虑，减少因该倡议而引发的地缘战略对手。这就证明了对地缘经济的追求，不会引发完全的地缘政治零和博弈。[37] 由此可

得，将冲突逻辑由高级军事、外交领域转入经济领域的
地缘经济理论在中国和平崛起实践和"一带一路"的开
放包容、合作共赢地缘经济实践碰撞下，其理论逻辑、
主体和内涵都发生了变化，形成了中国地缘经济实践下
的具有中国特色的地缘经济研究成果。

　　总的来说，中国学者地缘经济研究有如下共性：

　　第一，地缘经济的逻辑由冲突、控制向非零和的共
赢合作逻辑转变。西方地缘经济理论的逻辑强调冲突和
对抗。他们认为国家间的关系是无序的、不规则的零和
竞争。但是，无论是中国和平崛起还是"一带一路"的
地缘经济实践都证明了，通过武力或经济征服实现经济
扩张的传统地缘经济逻辑已经过时了，取而代之的是通
过国际合作实现经济共享增长，实现命运共同体构建的
新逻辑。[38] 因为，在当今互联互通的世界里，万物相互
联系、相互依存程度前所未有。国家与社会间的关系已
发生了复杂的变化，不同制度、不同类型和不同发展阶
段的国家利益相互交融，人类社会联系越来越紧密，形
成了"你中有我，我中有你"的命运共同体。那种只顾
追求本国利益，不顾他国利益的传统国际政治权力角逐
逻辑已经无法适应当今互联互通、共生共荣的国际社会

的要求。应摒弃西方传统地缘经济二元对立、"零和博弈"的旧思维，以一种全新的关联、共生思维来看待国际社会的现象。当今地缘经济合作应以经济项目合作为核心，有合作意愿的国家共同参与，在共商共建的基础上，所有发展成果共享，最终实现"互利共赢"。

第二，地缘经济的行为主体由一元主体变为多元主体。西方地缘经济的行为主体通常是一个国家，强调一国基于自身的地理区位、资源禀赋、经济结构等采取一系列经济手段来谋求自身的经济利益。强调单个国家为地缘经济主要行为体，轻视或忽视国际组织在地缘经济中的作用。而中国"一带一路"倡议六大经济走廊，除中巴经济走廊外，其他都是至少三个国家共同组成的一组地缘经济主体共同开展经济活动，不是靠一个国家单打独斗，而是多个国家在共同利益、共同责任、共同安全利益的驱使下，共同参与世界经济活动。这就使得地缘经济的行为主体由单个国家上升为参与"一带一路"经济合作的一组国家。再次，跨国组织和跨国公司、地方政府等非国家行为体在地缘经济中的主体作用更加明显。以中国倡导的地缘经济合作"一带一路"来看，"一带一路"是以项目合作为核心的国际合作模式，而跨国公司则是项目合作的具体推进行为体，地方政府、跨国公司等非国家行为体也共同参与其中。

第三，强调地缘经济关系中合作的部分。西方地缘经济理论虽然包括竞争与合作两大部分，但地缘经济是在地缘政治的基础上发展起来的，受地缘政治影响较深。因此，西方地缘经济理论观点更加强调竞争、控制、对立、遏制，相对弱化了合作、联合等特征。即使是采取合作的形式，强调的也是形成非对称权力合作，以形成对弱势一方的控制，其中竞争性与控制仍然是主要的。[39] 西方地缘经济这种倾向于把竞争、遏制、冲突等理念作为解决经济、宗教等复杂问题的指导理念，只会加剧国家间的冲突性，导致非理性后果。而中国的地缘经济思想基于中国传统文化和中国和平崛起的地缘经济实践，不突出竞争和对抗，强调共赢合作，是一种合作型的地缘经济思想。[40] 它强调合作各方基于各自资源禀赋、产业结构、经济技术等方面的互补协同关系来开展地缘经济合作，而经济利益诉求涵盖文化、社会、生态等领域，提倡对经济共同利益的追求同时也谋求在竞争中实现可能的共同安全与繁荣。它以互利共赢为合作基础，使得地缘经济理论中的合作逻辑逐渐被认知和接受。

第四，强调国家合作主体之间的平等。西方地缘经济理论强调只有属于"世界事务核心舞台"上的国家才有能力和愿望实施地缘经济政策，第三世界的国家没有能力追求地缘经济战略。而中国的地缘经济实践强调，世界上的国家都是平等的。任何国家，无论发展程度的高低、不以经济体量为标尺，都有运用地缘经济手段取得发展的权力。随着新兴市场和发展中国家的崛起，巴西、南非、中国、印度、土耳其等新兴经济体也可运用经济手段，增强其区域影响力。[41]

第五，扩展了地缘经济空间的概念。传统的地缘经济空间是指"两个或两个以上位置毗邻、空间相连的地理经济单元，以传统的经济联系为基础，按比较利益来开展较为密切的产业和劳动地域分工。"[42] 它是一国拓展国家利益的载体，是国家行为体在地缘基础上，利用政治、经济和文化的联系整合资源、获取国家利益的空间范围，[43] 同时也是一国在地理边界之外拥有经济利益的领土，是一种特殊的领土形式。"一带一路"框架下的下六大经济走廊突破了地理邻近或相近的边界限制，依托海上铁路、公路、重点港口、物流枢纽、特别经济区等特殊领土形式，扩展了地缘经济空间的概念，形成了非毗邻区域的巨型贸易合作。使"一带一路"的地缘经济空间从东南亚、南亚一直延伸到欧洲。

第二节　传统地缘经济理论的现实脱嵌

任何解释模式支配下的理论都有时代所致的适用性和局限性。[44] 西方地缘经济理论是西方学者在特定的时代背景下、为了特定的目的而提出的强调对抗和冲突的理论，不可避免地存在以西方模式为蓝本、尊崇西方价值观的价值预设。在理论基本逻辑、理论适用范围、理论体现的思维模式等方面都无法科学地解释中国 - 中南半岛经济走廊这一开放、包容、互利共赢的地缘经济合作实践。此外，就中国 - 中南半岛经济走廊作为经济走廊的本质来看，经济走廊是区域经济学视角下空间发展倡议的一种类型，一种促进区域一体化的方式[45]，有着自身的演进和作用规律，中国 - 中南半岛经济走廊的建设要遵循这些规律。但这些规律是作为国际政治理论的地缘经济所不能解释的。因此，亟需构建一个既能反映中国地缘经济合作特性、又能反映经济走廊自身发展演进和作用规律的分析框架，来解释、指导中国－中南半岛经济走廊这一中国与中南半岛国家共同开展的地缘经济合作。

一、理论基本逻辑与时代特征不符

冷战后，世界格局发生重大变化。美国实力衰退，无法继续通过"高级政治"实现对世界格局的把控，而当时市场和经济相互依存的力量正赶上甚至超越了军事、政治的力量。美国学者为了实现国家战略，将国家利益与经济实力相结合，最先提出了地缘经济理论。该理论主张国家通过经济竞争或合作，以实现对国际市场的控制权、国际贸易规则的制定权、行业地位的统治权、价值链分配的话语权等经济主导权的争夺。[46] 西方学者在进行地缘经济的理论构建时，不仅借鉴了地缘政治的相关思想，更是直接参照、沿袭了地缘政治的分析框架，致使西方地缘经济理论强调冷战、对抗、零和博弈的思维。这明显滞后于世界经济发展的现实，必将被互联互通时代开放、合作、共赢的新思维、新理念所取代。当今世界，随着全球化日益深入，在经济和信息技术的推动下，国家与社会间的关系已发生了复杂的变化。国际社会的共生性使各国间相互联系、相互依存程度前所未有。不同制度、不同类型和不同发展阶段的国家利益相互交融，人类社会联系越来越紧密，形成了"你中有我，我中有你"的命运共同体。那种只顾追求本国利益，不顾他国利益的传统国际政治权力角逐逻辑已经无法适应当今互联互通、共生共荣的国际社会的要求，需要以一种全新的关联、共生思维来看待国际社会的现象，处理人类社会面临的全球性问题。

二、理论思维模式与东方思维相异

西方地缘经济理论体现的是西方人的思维模式及以西方为中心的价值观念。但是，政治心理学研究表明，东西方有着截然不同的历史、文化和思维模式，从而导致了各自不同的思考、解决问题的方式。西方人倾向于类属思维，他们习惯于从类属的视角看待事物之间的联系，根据类属对问题的形成进行归因。[47] 这样的逻辑很容易把世界各部分看作是从属关系。遵循这样的逻辑思考世界秩序，很容易从等级、从属关系上考虑，把世界看作是一个等级差序的世界。此外，西方人偏向于"分析"思维，将世界而和社会切割为若干个部分，通过探究各个部分之间的因果联系，进而寻求秩序；而中国人更偏向于关系思维，从关系的角度对问题进行分析。认为世界万物有着并列又相互关联的关系。如此，世界各部分的关系则可能是平等的。中国人倾向于用"合析"思维来看待世界，把世界和社会的各个分散的部分看作是一个紧密结合的共同体来思考世界秩序。把"合析"思维具体运用到地区合作以及地区共同体的构建上来看，则意味着地区共同体的形成并非只有欧洲一体化那样的模式——通过设定严格标准，只将符合标准的周边地区吸纳进去；在差异性很大的地区，通过互联互通实现便利化的合作，也是可以采取的一种合而治之的方式。[48] 中国 - 中南半岛经济走廊是中国与中南半岛国家之间开展的一种地缘经济合作，是异质性较大的国家之间开展地缘经济合作模式。它遵循中国的思维模式，强调的是通过互联互通实现与中南半岛国家之间的便利化合作，这是体现西方思维模式的西方地缘经济理论所解释不了的。

三、理论适用面狭小

正如加拿大学者罗伯特·考克斯（Robert W. Cox）

指出，"理论总是为某些人、某些目的服务的。"[49] 地缘经济理论一开始提出就是为实现美国等欧美发达国家利益服务的。西方传统地缘经济理论认为只有属于"世界事务核心舞台"上的大国、强国才有运用地缘经济手段的意愿和能力。然而，世界上的所有国家都是平等的。任何国家，无论发展程度高低，不以经济体量为标尺，都有运用地缘经济手段获得发展的权力。当前，随着世界经济重心向亚太地区转移，很多发展中国家与新兴经济体通过自身的努力实现了长足的发展，自身力量不断壮大，已成为国际社会中一股新兴力量，扮演着越来越重要的作用。它们也有融入世界市场的愿望，也具备了在国际社会中实现自身地缘经济利益、追求地缘经济地位的能力，因此也想通过与其他国家通过经济政治互动来谋求国家经济利益，获得发展。目前不少学者也认为中国、巴西、土耳其等新兴经济体也同样正在运用经济手段增强其区域影响力。[50] 这些发展中国家与新兴经济体和世界各国开展的地缘经济合作具有其独特的特点，其合作主体、合作内容及合作方式都是西方传统地缘经济理论所不能解释的。

四、理论解释力有限

在学习借鉴西方地缘经济理论的基础上，结合中国优秀传统文化和中国地缘经济合作实践，中国地缘经济研究取得的既有成果很好地阐释了中国开展地缘经济合作的价值旨趣、行为主体及理论逻辑。但就"一带一路"框架下的中国－中南半岛经济走廊建设这一地缘经济合作来说，作为经济走廊的一种类型，中国－中南半岛经济走廊同时也具有经济走廊的共性，其建设过程遵循经济走廊发展演进、发挥作用的普遍规律。从区域经济学视角来看，经济走廊是空间发展倡议的一种类型，是一种促进区域一体化的方式。其自身发展演进和发挥作用的规律，是作为国际政治理论的地缘经济所不能解释的。现有地缘经济研究并不能很好地诠释中国－中南半岛经济走廊的作用机制，分析预测其可能带来的影响；也不能完整地解释始于基础设施建设的互联互通如何能促进贸易、金融、文化、环境等领域的合作等问题，需要借助区域经济学的相关理论来帮助分析解答。

综上，西方地缘经济理论只有部分与中国经验相符，大部分存在着明显的差异。如果用西方以冲突、对抗逻辑为主的地缘经济理论来解释中国－中南半岛经济走廊建设相关地缘经济合作实践，往往会陷入解释力不足的困境。同时，随着时代背景的变化，互联互通的时代，国家的关系，世界权力结构都发生了重大改变，西方地缘经济理论也不断遭受来自新的经验实践的检验和挑战。大量地缘经济研究文献也表明，没有一个相同的地缘经济分析框架适用于各个国家。关于地缘经济工具的范围和哪些因素决定了一国能有效开展地缘经济至今也没有达成一致性意见。[51]此外，中国－中南半岛经济走廊作为经济走廊的一种类型，其建设过程必须要遵循其作为经济走廊的发展演进和作用规律，这是作为国际政治理论的地缘经济所解释不了的。因此，随着中国－中南半岛经济走廊等"一带一路"经济走廊的建设的推进，迫使我们思考和探索对这些地缘经济合作现象更具解释力的分析模式，构建一个既能反映中国地缘经济合作特性，又能反映经济走廊自身发展规律的分析框架，来解释、指导中国－中南半岛经济走廊这一中国与中南半岛国家共同开展的地缘经济合作。

第三节 互构－关联－辐射的地缘分析 框架

基于以上分析，国际政治的地缘经济理论并不能全面地解释中国－中南半岛经济走廊这一中国与中南半岛国家共同开展的、具有中国特色的地缘经济合作现象，需要构建一个新的分析框架来解释、指导中国－中南半岛经济走廊建设的相关问题。国际政治的建构主义、共生理论、功能主义和区域经济学的一般性理论为本书分析框架的构建提供了极大启发。本书在借鉴、吸收这些理论基本原理的基础上进行了融合与创新，提出了一个相对全面的互构－关联－辐射的实用性分析框架来解释、分析和预测中国－中南半岛经济走廊建设相关问题。以中国经验丰富了原有理论，希冀对推动原创性理论的产生有所助益。

一、互构－关联－辐射地缘分析框架的构建

基于中国－中南半岛经济走廊这一中国主导下的地缘经济合作，重新审视地缘经济理论中的关键要素"地缘"及其与主要行为体之间的关系、开展地缘经济合作

所处的时代背景和地缘经济合作可能产生的影响三方面的内容，本书提炼出了互构、关联、辐射三个关键要素组成的分析框架，来分析中国 - 中南半岛经济走廊建设相关问题。

（一）互构（Mutual Constitution）

从地缘经济理论的关键要素"地缘"及其与主要行为体之间的关系来看，西方地缘经济理论不仅忽略了"地缘"这一地缘经济研究中的关键变量，而且认为"地缘"与行为主体之间的关系仅是简单的单向决定关系。"地缘"与"地理"不同，"地缘"强调的"缘"起于地理，但又超越了静态的，强调空间位置和自然资源的地理。但是，现有大多数地缘经济相关研究忽视了地缘经济中"地缘"这个最重要的核心变量。卢特沃克在提出"地缘经济"这一术语时就没有把地理条件视为解释地缘经济现象的一个解释变量，也没有提出地理条件对国家经济或政治的潜在影响。目前，学术界对于"地缘"（Geo）有两种定义：对国际关系学者来说，地缘经济的核心是一国如何通过运用经济因素来构建和实施权力，而非通过地理因素。而对地理学者来说，地缘经济理论的主要来源之一"古典地缘政治"就是关于地理条件是如何影响国际政治的。[52] 古典地缘政治学中，无论是是拉采尔、契伦、豪斯霍弗，还是麦金德、斯皮克曼均强调空间的重要性。他们认为空间是国家生存、生长和发展的物质基础，赋予了国家在国际社会中的权力。而在当前大多数地缘经济的相关研究中，学者们关注的仅是资源或经济要素的全球配置对国家政治、经济地位的影响，并没有把地理空间因素作为解释变量，而是当成了一种背景性因素来进行分析，有时甚至不需要提起。[53] 但是，毕竟"地缘"是"地缘经济学"区别于"经济学"和"国际政治经济学"的重要特征。国家之间的互动是不可能脱离地缘环境而发生的。基于地缘的空间视角研究探讨国家间政治经济关系和国家间行为模式，不仅能够引导地缘经济理论的发展，还能提升国家地缘战略决策的实践价值。所以，现有一些西方地缘经济研究成果已经开始关注"地缘"这一地缘经济的核心变量。Scholvin 与 Draper 在研究巴西和南非的区域经济关系时，主要关注了物质结构对地理空间的影响；Mikkola 解释了地理条件让国家间倾向于合作而非竞争的原因。[54] 此类把地缘经济看作是地理条件塑造的经济结果的研究与中国根据各个国家或地区的地理区位、资源禀赋、经济结构、政治关系等地缘要素，来确定合作领域和合作方式以实现互联互通的地缘经济实践逻辑上非常接近，可作为中国地缘经济研究的借鉴。

地缘经济理论还应重视地缘要素与行为主体之间相互建构的关系。因为，特定的地缘要素决定了该地缘空间内的行为体的行动，特定空间资源成为了国家力量的支撑。同样，现实主义、自由主义也认为山脉、石油等物质实体会对结果产生一种直接影响，这种影响不受人的主观意识而改变。[55] 但与传统的国际关系主导理论重视物质决定社会行为不同，建构主义更强调社会活动及其思想与文化的作用，认为社会和世界是人们通过实践构建起来的，施动者和结构之间是"互构"（Mutual Constitution）的关系。[56] 人创造环境，环境也创造人[57]，人和环境是相互建构的关系。同理，在地缘经济研究中，行为主体和地缘之间也是相互建构的"互构"关系。（见图 2）特定区域和空间的地理特征决定了该区域的自然资源禀赋、产业结构和对外战略；而人类可以通过修筑公路、铁路，开通航线、数据信息联通等方式，把在地理上原本相隔万里的国家、区域连结起来，重塑该区域的地理

图 2 地缘要素与行为主体"互构"关系图

图表来源：作者自制

格局。巴拿马运河的修建联通了太平洋与大西洋，使美国获得了进入太平洋的直接入口。若没有巴拿马运河的修建，美国的太平洋沿岸部分在全球经济版图上的重要性将大大下降。国家作为地缘经济分析中的行为主体，通过发挥其主观能动性也能在一定程度上改变和重塑地缘空间环境，使国家和地缘之间呈现动态关系。[58] 特定的地缘要素决定了该地缘空间内的行为体的行动，而特定地缘空间内的行为体也可发挥主观能动性，能动地改善、重构地缘要素，重塑该区域的地理格局。因此，地缘与行为主体之间呈现的是双向"互构"关系，而非单向的建构关系。

（二）关联（Relevant）

从开展中国 - 中南半岛经济走廊这一地缘经济合作所处的时代背景来看。当前，全球化虽然遇到了一些曲折，但是各国走向开放与合作的大趋势没有改变。人、财、物、智在世界各地的流动速度及规模达到了前所未有的程度，全球化、互联互通仍然是不可逆转的时代潮流。全球化的核心是关联性的增加和成本的大幅下降。[59]在全球化、互联互通时代里，几乎所有一切事物都会呈现出关联的特点。人类已经成为"你中有我，我中有你"的命运共同体，利益高度融合，彼此相互依存。[60]

地缘经济理论认为，地缘指的是基于特定地理要素产生的缘起。而这种"缘起"就意指要素之间一定的"关联"关系。共生理论也认为，全球化的深入发展形成了国际社会中的共生网络，关联共生成为了当代国家社会的基本存在方式。[61]"关联"即"事物相互之间发生牵连和影响"。[62]互联互通产生的事物之间的彼此牵连和影响的特性改变着人们对事物和问题的看法及国家对权力、利益、责任的界定。个人之间、国家之间、个人与国家之间不再是孤立、隔离、对立的关系，而是相互关联、共生、协调的关系。在关联共生的关系结构中，如果仅从个体角度、个人的利益出发去思考问题，而忽视了个体的存在都是以他人的存在为参照的这一事实，那么，个体视为理性的行为很容易会对他人产生非理性的后果。关联性改变了利益和责任的界定方式，它将一部分原本专属于个体的权利和利益分离出来，以关联利益、关联权利和关联责任的形式表现出来。[63] 对国家来说，在一个关联共生的关系结构中，也应意识到国家间彼此关联利益、关联权利和关联责任的存在。国家权利不再是为所欲为的，而是有所约束的；以往从排他性角度定义的国家利益必须要兼顾到因彼此关联而产生的国际社会的相容性利益；各国在全球问题上的责任不再是可以逃避或豁免的，而是承担关联责任。一国在实现自己国家利益的同时，应考虑到别国的权益和利益，以实现共同发展。互联互通所产生的关联或关联性扩大了国家之间的共同事务领域。新的时代背景下，必须用一种新的思维来思考人类社会所面临的各种问题，应从"关联利益"、相互性的角度去解释、预测事物，思考解决问题的办法。

在"关联利益"中，部分利益之间存在共性或者趋同，呈现正向关联，可称为"共同利益"；有部分利益是趋异的，呈现负向关联，可称为"互斥利益"。其中，共同利益指的是相互依赖状态下国家利益存在共性或趋同的部分，它是国际合作的基础和前提。在地缘经济合作中，应努力减少互斥利益的干扰，尽可能构建共同利益，扩大共同利益的范围。共同利益的建构有整合和创造两种路径。[64] 整合共同利益，主要是将相互具有共性的利益实现关联，以最低成本构建共同利益。创造共同利益，指的是将相互趋同的利益实现关联。以创造的方式构建共同利益的前提是，关联利益之间原本具有某种程度上的趋同，呈现的是间接关联的关系。可能因为特殊障碍阻隔了本应该有的直接关联。此时可通过发挥人的主观能动性，通过基础设施建设、提升贸易畅通度、扩大资金融通、增设民心相通渠道等方式，使得原本间接关联的利益直接关联起来，创造共同利益。（详见图3）

（三）辐射（Radiation）

从开展中国 - 中南半岛经济走廊这一地缘经济合作可能产生的影响来看。中国 - 中南半岛经济走廊是中国

图3 "关联"特性与共同利益建构逻辑图

图表来源：作者自制

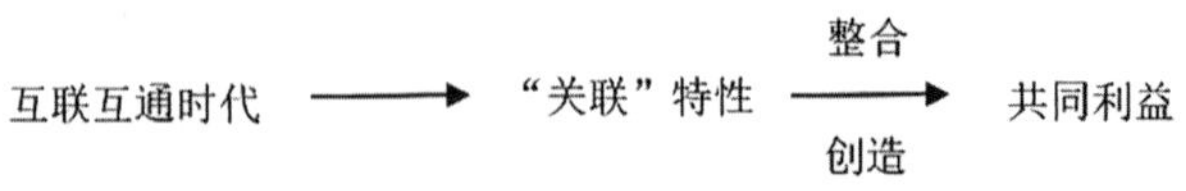

互联互通时代 ──→ "关联"特性 ──整合/创造──→ 共同利益

与中南半岛国家共同开展的一种地缘经济合作，也应遵循经济活动的基本规律。区域经济学认为，经济活动会产生一定的辐射效应。[65] 基于地缘而开展的地缘经济合作也不例外。辐射最初是物理学中的一个概念，用来表示能量高的物体和能量低的物体之间，通过一定的媒介相互传送能量的过程。后来，区域经济学从物理学中引入辐射的概念，用来解释现代化和经济发展中的辐射问题。区域经济学中的辐射指的是经济发展水平和现代化程度相对较高的地区与经济发展水平和现代化程度较低的地区进行资本、人才、技术、信息等流动和观念、思维方式、生活习惯等的传播。最终促进周边地区的经济、社会水平得到发展。[66] 经济辐射是以空间和产业为途径，以自然资源、资本、技术、劳动等资源的流动为纽带来实现的。其中，经济发展水平和现代化程度较高的地区称为辐射源。交通条件、信息传播手段和人员等就是辐射的媒介。经济辐射的特点主要表现在五个方面：第一，是经济对外开放和资源能够自由充分流动；第二，是经济辐射具有双向性。发达国家或地区向落后的国家或地区传递先进的技术、管理经验、信息和观念等资源，而落后的国家或地区向发达国家或地区提供自然资源、劳动力和市场等资源。由于前者向后者传递了先进的生产资源，能够逐渐缩小二者在经济发展水平上的差距。第三，辐射的速度和程度与距离和关系有关。经济发达国家或地区与落后国家或地区的地理距离越近，关系越好，辐射就越充分。

辐射可分为地缘关系辐射、功能辐射和地理辐射三类。（详见图 4）首先，地缘关系包括地缘经济、地缘政治和地缘文化等关系。[67] 国家开展地缘经济合作带来的影响并不仅是经济单一维度的，它还会引起地缘政治、地缘文化相应的变化，会产生地缘关系辐射。（见图 5）其一，地缘经济和地缘政治是一个硬币的两面。地缘经济合作定会产生一定的地缘政治影响。比如，当一国通过地缘经济手段，使国内经济得到稳健发展后，其增大的经济体量会对现存国际权力格局和国际秩序造成一定

图 4　辐射分类图

图表来源：作者自制

图 5　地缘关系辐射图

图表来源：作者自制

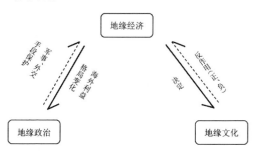

冲击，随之会引发地区地缘政治格局也发生相应变化。
而国家、地区间的地缘经济关系很大程度上取决于地缘
政治关系；地缘经济上的合作或对立，也会造成地缘政
治的合作或政治、军事上的冲突。[68] 其二，地缘文化附
着于地缘经济存在，与地缘经济相伴而行。[69] 地缘经济
决定地缘文化，同时地缘文化又会对地缘经济产生强大
的正向或负向的反作用。处于不同地理环境中的不同民
族，形成了不同的经济生产方式，产生了不同的经济关
系和社会关系。而文化则形成于社会人与自然界的这些
经济和社会关系之中。不同地缘条件下产生的经济生产
方式，决定和影响了各民族的物质文化形态，即地缘文
化。先进的地缘文化，将有助于增强区域认同感，发现

和释放出地缘经济巨大的潜能，推动优势互补、共同发展、互利共赢的地缘经济格局的形成，引领合作性地缘经济关系的发展；落后的文化则会阻碍地缘经济合作的开展，对地缘经济合作起反作用。此外，国际政治功能主义认为，某一领域的合作成功会不断向外进行辐射，刺激其他领域的合作需求，激发其他领域的合作意愿，从而使合作在更大范围和更深层次上展开，最终实现全方位和全领域的合作。[70]因此，最初基于地缘开展的经济合作也会激发行为主体在其他领域的合作意愿，自动扩展到政治、文化、环境等其他领域。因此，辐射有功能辐射。最后，从区域经济学视角来看，经济辐射可看作是一个由点到线，由线及面的地理辐射过程。点辐射是最简单的一种辐射形式；大量的点辐射排列成一条线，就形成了线辐射；而点辐射和线辐射最终将表现为面辐射，即一个地理范围由小到大慢慢扩大的过程。

二、互构－关联－辐射地缘分析框架的审视

经由以上对地缘经济理论中的关键要素"地缘"及其与行为主体的关系、开展地缘经济合作所处的时代背景和地缘经济合作可能产生的影响三方面的分析，可得

出一个互构 - 关联 - 辐射的地缘分析框架，用于解释、指导中国 - 中南半岛经济走廊建设这一中国与中南半岛七国共同开展的地缘经济合作。

　　首先，"互构"指的是"地缘"与行为主体之间的互相建构。"地缘"与行为主体之间的关系并非简单的单向决定关系，而是双向的"互构"关系。"地缘"是国家之间的能动变量，在某种程度上，可以通过技术等人为手段来进行重新建构。各大洲的相对位置、资源与能源的地理分布、山川、森林的分布、自然气候条件以及国际运输必须的地质、地理条件都深刻地影响到人类社会的发展，人类无法改变，这些都是地缘环境难以改变的限制性约束。而地理大发现、人口规模的扩大、人口素质

图6　互构 – 关联 – 辐射的地缘分析框架

图表来源：作者自制 [71]

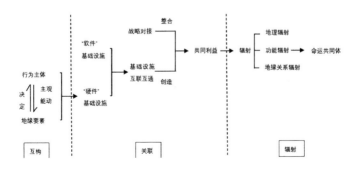

的提高、产业结构的升级、技术进步等因素，则是人类对地缘环境主动改造的产物。人类的发明创造、科技进步和管理方式的变革都会改变原有的地理条件，形成新的地理缘由。[72] 在中国 - 中南半岛经济走廊建设过程中，中国与中南半岛国家间基于不可变的、天然互补的地缘要素开展合作，同时通过重构互联互通的不利地缘要素，增进彼此之间的"硬件"基础设施互联互通。因此，地缘要素和行为主体之间是双向"互构"的关系。

其次，"关联"指的是对关联利益的重视。关联利益是一种把世界看作是由各种关系构成的关系思维，是从相互性的角度思考事物存在形式和解决问题的办法。[73] 地缘经济理论中强调的"地缘"的"缘"，也即指的是这一关联关系、关联利益。关联利益在实践中意味着国家应在兼顾各方利益和重大关切的基础上，发挥各自的优势，促进共同利益和共同发展。要重视国际社会中"关联利益"的存在，通过构建共同利益关系网络，形成"广泛的共同利益"，进而推动中国 - 中南半岛命运共同体、人类命运共同体的形成。整合和创造是构建共同利益的两种路径。[74] 战略对接是通过整合的方式，形成共同利益。它指的是通过对沿线国家、国际组织的发展战略和发展规划的对接，将行为体间具有共性的部分利益整合起来，以最低的成本实现共同利益的构建；基础设施互联互通是通过创造的方式，形成共同利益。基础设施可分为公路、铁路等"硬件"基础设施和制度、规则等"软件"基础设施。通过"软件"和"硬件"基础设施互联互通建设，把行为体之间趋同的部分间接利益直接关联起来，形成共同利益。

最后，"辐射"在这里指的是把共同利益辐射扩大至更广范围、更宽领域，形成"广泛的共同利益"。国家和地区基于这些"广泛的共同利益"，进而形成真正的人类命运共同体，谋求全人类共同发展。辐射包括地缘关系辐射、功能辐射和地理辐射三个方面。地缘关系辐射指的是一国开展地缘经济实践带来的影响并不仅仅是经济单一维度的，还会引起地缘政治、地缘文化相应的变化。地缘政治和地缘文化附着于地缘经济存在，与地缘经济相伴而行。[75] 地缘经济实践不可避免地会带来经济安全、海外利益、因经济体量增大而引发别国的疑虑等一些地缘政治考虑。此外，地缘经济决定地缘文化，同时地缘文化又会对地缘经济产生强大的正向或负向作用。功能辐射指的是中国 - 中南半岛经济走廊建设初期以基础设施互联互通建设为重点合作内容，之后再逐渐辐射蔓延到贸易、产能、政治、金融、人文、环境、安全等其他功能领域的合作。地理辐射指的是通过以点带面的形式，让地缘经济合作产生的效益由一地辐射扩散至另一地，形成由小到大的范围，最终覆盖全世界。

综上所述，"互构""关联""辐射"是三个渐次发生的行动，有先后的逻辑顺序，最终目标是构建命运共同体。首先，认识到地缘要素和行为主体之间的"互构"关系是开展地缘经济合作的前提。国与国之间共同克服地理局限，发挥各自的资源禀赋优势，重构互联互通的不利地缘要素，增进相互间基础设施的互联互通。其次，在意识到"关联"利益广泛存在的基础上，国家之间通过战略对接和基础设施互联互通建设整合与创造共同利益，形成共同利益网络。最后，通过逐渐把共同利益网络的范围辐射扩大到经济、政治、社会、文化等功能领域，由点及面，形成"广泛的共同利益"，进而形成利益共同体；在利益共同体的形成过程中，行为主体之间逐步建立起责任共同体；在利益共同体、责任共同体的基础上，形成真正的命运共同体，以谋求全人类共同发展，而不是形成对他国的地缘控制。

注释

1　叶成城. 从全球主义到现实主义 [J]. 国外社会科学, 2019 (1): 120.

2　Csurgai, G. The Increasing Importance of Geoeconomics in Power Rivalries in the Twenty-First Century[J]. *Geopolitics*, 2018 (1): 45.

3　卢光盛. 国际关系理论中的地缘经济学 [J]. 世界经济研究, 2004 (3): 15.

4　Sören, S. & Mikael. W,. Power politics by economic means: geoeconomics as an analytical approach and foreign policy practice[J]. *Comparative Strategy*, 2018 (2): 16.

5　卢光盛. 国际关系理论中的地缘经济学 [J]. 世界经济研究, 2004 (3): 14.

6　吴泽林. "一带一路"倡议的功能性逻辑 [J]. 国际政治经济学, 2018 (9): 133.

7　[美] 罗伯特·基欧汉, 约瑟夫·奈. 权力与相互依赖 [M]. 门洪华译. 北京: 北京大学出版社, 2012: 3.

8　萨本望. 新兴的"地缘经济学" [J]. 世界知识, 1995 (5): 3.

9　Wigell, M. Conceptualizing Regional Powers' Geo-economics Strategies: Neo-imperialism, Neo-mercantilism, Hegemony, and Liberal Institutionalism[J]. Asia Europe Journal, 2016

（2）：136.

10　AnttO, V. Geo-economic Analysis and the Limits of Critical Geo-politics: A New Engagement with Edward Luttwak[J]. Geopolitics, 2018（1）：4.

11　Luttwak, E. N. From Geopolitics to Geo-economics: Logic of Conflict, Grammar of Commerce[J]. *National Interest*, 1990（20）：19.

12　Luttwak, E. N. *The Endangered American Dream: How to Stop the Suited State from Becoming a Third World Country and How to Win the Geo-economic Struggle for Industrial Supremacy* [M]. Simon and Schuster, 1993: 34.

13　Baldwin, D. A. & Harris. *War by other means*[M]. USA: Belknap Press, 2016（4）：261.

14　法国学者多持有该观点。

15　Wigell, M., Sören. S, &Mika. A, . *Geo-economics and Power Politics in the 21st Century*[M]. New York: Routledge, 2019: 203.

16　Baldwin, D. A. & Harris. *War by other means*[M]. USA: Belknap Press, 2016（4）: 20.

17　Scott, D. The Geoeconomics and Geopolitics of Japan's 'Indo-Pacific' Strategy[J]. *Journal of Asian Security and International Affairs*, 2019（8）：17.

18　Huntington, S. Why International Primacy Matters[J]. *International Security*, 1993（4）：70.

19 Luttwak, E. N. From Geopolitics to Geo-economics: Logic of Conflict, Grammar of Commerce[J]. *National Interest*, 1990（20）:20.

20 丁云宝. "一带一路" 视域下的新地缘经济观 [J]. 同济大学学报（社会科学版）, 2019（4）:40.

21 周骁男，陈才. 论地缘政治与地缘经济的研究范式 [J]. 东北师大学报（哲学社会科学版）, 2007（2）:79.

22 Wigell, M. 'Conceptualizing Regional Powers' Geo-economic Strategies: Neo-Imperialism, Neo Mercantilism, Hegemony, and Liberal Institutionalism[J]. *Asia Europe Journal*, 2016（2）: 137.

23 陈锴. 中国 – 东盟地缘经济关系研究 [D]. 上海：世界经济研究所；2009（5）:17.

24 许嘉. 关于地缘经济学的思考 [J]. 解放军外国语学院学报, 1999（5）；张丽君. 地缘经济学导论：从民族经济到地缘经济 [M], 中国三峡出版社, 2000；韩银安. 浅析地缘经济学 [J]. 外交学院学报, 2004（3）；周骁男. 地缘政治与地缘经济的研究路径比较 [J]. 长春工业大学学报（社会科学版）, 2005（4）；周骁男、陈才. 论地缘政治与地缘经济的研究范式 [J]. 东北师大学报（哲学社会科学版）, 2007（2）等。

25 张亚明，李新华等. 竞合视域下京津冀区域地缘经济关系测度分析 [J]. 城市发展研究, 2012（5）；何琪. 珠三角城市群地缘经济关系分析 [J], 统计与决策, 2103（7）；张怀志，武友德. 滇中城市群空间经济联系与地缘经济关系匹

配研究 [J]. 地域研究与开发,2014（2）；许露元. 北部湾城市群各城市的经济联系与地缘经济关系 [J]. 城市问题,2016（10）等。

26　梅学惠,卢光盛. 地缘经济学及其对中国经济安全的启示——以中国与东盟区域经济合作为例 [J]. 亚太经济,2005（1）；邱丹阳. 中国－东盟自由贸易区：中国和平崛起的地缘经济学思考 [J]. 当代亚太,2005（1）；苏东辉,骆华松,蔡定昆. 区外大国与东南亚地缘经济关系测度分析 [J]. 世界地理研究,2013（1）；卢光盛. 湄公河航道的地缘政治经济学：困境与出路 [J]. 深圳大学学报（人文社会科学版）,2017（1）等。

27　徐海燕. 俄罗斯"东向"能源出口战略与中俄油气合作——基于地缘政治经济学的分析 [J]. 复旦学报（社会科学版）,2004（5）；张学波,武友德,骆华松. 地缘经济关系测度与分析的理论方法探讨——以云南省为例 [J],地域研究与开发,2006（4）；潘忠岐. 地缘学的发展与中国的地缘战略 [J]. 国际政治研究,2008（2）；李继东. 泛珠三角经济圈与中国南向地缘战略——泛珠三角经济圈的地缘经济学分析 [J]. 经济地理,2008（2）；杨丽娟. 启动克拉地峡运河的地缘经济学分析 [J],世界地理研究,2018（6）；陈霖. 中国边疆陆权利用的地缘经济学思考 [J]. 华东经济管理,2009（12）；洪菊花,骆华松. 地缘政治与地缘经济之争及中国地缘战略方向 [J]. 经济地理,2015（12）等。

28　卢特沃克. 从地缘政治学到地缘经济学－兼论当代世界经济的冲突逻辑与经济规则 [J]. 吴蕙译. 现代外国哲学社会科学文摘,1991（4）:9.

29　萨本望.新兴的"地缘经济学"[J].世界知识,1995（5）:4.

30　倪世雄等.当代西方国家关系理论[M].上海：复旦大学出版社,2001:405.

31　韩银安.浅析地缘经济学[J].外交学院学报,2004（3）:74.

32　周骁男、陈才.论地缘政治与地缘经济的研究范式[J].东北师大学报（哲学社会科学版）,2007（2）:77.

33　卢光盛.国际关系理论中的地缘经济学[J].世界经济研究,2004（3）:14.

34　韦进深.合作型地缘经济战略与丝绸之路经济带建设——兼论中国与中亚的区域合作[J].广西民族大学学报（哲学社会科学版）,2016（1）:143.

35　肖洋.跨境次区域合作与丝绸之路经济带——基于地缘经济学的视角[J].和平与发展,2014（4）；科林.弗林特,张晓通."一带一路"与地缘政治理论创新[J],外交评论（外交学院学报）,2016（3）；侯利民."一带一路"倡议的地缘政治经济学分析[J].西安财经学院学报,2017（2）；李红梅.地缘政治理论演变的新特点及对中国地缘战略的思考[J].国际展望,2017（6）；吴泽林."一带一路"倡议的功能性逻辑——基于地缘经济学视角的阐释[J].世界政治与经济,2018（9）；丁云宝."一带一路"视域下的新地缘经济观.同济大学学报（社会科学版）,2019（2）.

36　Li, M. J. The Belt and Road Initiative: geo-economics and Indo-Pacific security competition[J]. *International Affairs*,

2020（1）：173.

37　Li, M. J. The Belt and Road Initiative: geo-economics and Indo-Pacific security competition[J]. *International Affairs,* 2021（1）：173.

38　潘忠岐，黄仁伟．中国的地缘经济战略 [J]．清华大学学报，2008（23）：116.

39　丁云宝."一带一路"视域下的新地缘经济观 [J]．同济大学学报（社会科学版），2019（4）：40.

40　韦进深．合作型地缘经济战略与丝绸之路经济带建设——兼论中国与中亚的区域合作 [J]．广西民族大学学报（哲学社会科学版），2016（1）：143.

41　Wigell, M. Conceptualizing Regional Powers' Geo-economics Strategies: Neo-imperialism, Neo-mercantilism, Hegemony, and Liberal Institutionalism[J]. *Asia Europe Journal*, 2016（2）：130.

42　张丽君，等．地缘经济时代 [M]．北京：中央民族大学出版社，2006：54·

43　陈迎春．论海外利益与中国的地缘经济空间 [J]．发展研究，2013（3）：19.

44　陆俊元．新地缘政治结构理论探索——解释模式视角 [J]．国际关系学院学报，2008（5）：9.

45　Nogales, E. G. Making economic corridors work for the agricultural sector[R]. US: Food and Agricultural Organization of The United Nations, 2014: 17.

46 丁云宝."一带一路"视域下的新地缘经济观［J］. 同济大学学报（社会科学版）,2019（4）:37.

47 潘忠岐. 中国人与美国人思维方式的差异及其对构建"中美新型大国关系"的寓意［J］. 当代亚太,2017（6）:47.

48 苏长和. 从关系到共生——中国大国外交理论的文化和制度阐释［J］. 世界经济与政治,2016（1）:14.

49 G. John Ikenberry and Micheal Mastanduno. The United States and Stability in East Asia［J］. *International Relations Theory and the Asia-Pacific*,2003（1）:421.

50 Wigell, M. Conceptualizing Regional Powers' Geo-economics Strategies: Neo-imperialism, Neo-mercantilism, Hegemony, and Liberal Institutionalism［J］. *Asia Europe Journal*,2016（2）:131.

51 Blackwill, R. D. & Jenniffer. M. H,. *War by Other Means*［M］. England: The Belknap Press of Harvard University,2016:28.

52 AnttO, V. Geo-economic Analysis and the Limits of Critical Geo-politics: A New Engagement with Edward Luttwak［J］. *Geopolitics*,2018（1）:5.

53 吴泽林."一带一路"倡议的功能性逻辑［J］. 国际政治经济学,2018 年（9）:131.

54 Sören, S. & Mikael. W,. Power politics by economic means: geoeconomics as an analytical approach and foreign policy practice［J］. *Comparative Strategy*,2018（2）:16.

55 ［澳］克里斯蒂安·罗伊-斯米特.牛津国际关系手册 [M].方芳等译,南京:译林出版社,2019:327.

56 ［美］亚历山大·温特.国际政治的社会理论 [M].秦亚青译,上海:上海世界出版集团,2019:161.

57 马克思,恩格斯.德意志意识形态(节选本)[M].北京:人民出版社,2009:545.

58 吴泽林."一带一路"倡议的功能性逻辑 [J].国际政治经济学,2018年(9):135.

59 ［美］罗伯特·基欧汉,约瑟夫·奈.权力与相互依赖 [M].门洪华译,北京:北京大学出版社,2012:262.

60 习近平.共担时代责任,共促全球发展 [EB/OL].中华人民共和国中央人民政府,2020-12-15,http://www.gov.cn/xinwen/2020-12/15/content_5569594.htm.

61 郭树勇.中国国际关系理论建设中的中国意识成长及中国学派前途 [J].国际观察,2017(1):21.

62 中国社会科学院语言研究所词典编辑室.现代汉语词典(修订本)[M].北京:商务印书馆,1996:462.

63 苏长和.从关系到共生——中国大国外交理论的文化和制度阐释 [J].世界经济与政治,2016(1):17.

64 肖晞,宋国新.共同利益、身份认同与"一带一路"建设 [J].吉林大学社会科学学报,2019(11):158.

65 高洪深.区域经济学 [M].北京:中国人民大学出版社,2019:76.

66 高洪深.区域经济学 [M].北京:中国人民大学出版

社,2019:106.

67 宋长青,葛岳静等.从地缘关系视角解析"一带一路"的行动路径[J].地理研究,2018(1):5.

68 陆大道,杜德斌.关于加强地缘政治地缘经济研究的思考[J].地理学报,2013(3):724.

69 文魁.地缘经济与地缘文化——京津冀协同发展理论启示[J].前线,2019(11):63.

70 秦鹏,刘焕.成渝地区双城经济圈协同发展的理论逻辑与路径探索——基于功能主义理论视角[J].重庆大学学报(社会科学版),2020(11):6.

71 特别感谢肖晞和宋国新的《共同利益、身份认同与"一带一路"建设》及吴泽林的《"一带一路"倡议的功能性逻辑》两篇文章,为本书理论分析框架的构建提供了极大的启发。

72 文魁.地缘经济与地缘文化——京津冀协同发展理论启示[J].前线,2019(11):62.

73 吴泽林."一带一路"倡议的功能性逻辑[J].国际政治经济学,2018年(9):135.

74 肖晞,宋国新.共同利益、身份认同与"一带一路"建设[J].吉林大学社会科学学报,2019(6):159.

75 文魁.地缘经济与地缘文化——京津冀协同发展理论启示[J].前线,2019(11):63.

第二章

实践观察：地缘禀赋及开发

中国-中南半岛经济走廊建设是中国与中南半岛国家基于各自的地缘优势，以打造中国-中南半岛命运共同体为目标的地缘经济合作。它是在中国与中南半岛国家之间得天独厚的地缘优势的基础上，通过战略对接和互联互通建设，整合和创造共同利益，打造共同利益网络，实现中国-中南半岛命运共同体构建的目标。通过中国-中南半岛经济走廊建设，力图把原本处于地缘政治视野下的边缘地带，打造成连结各方的枢纽、物流集散的中心，地缘经济发展的前沿地带，并逐渐把这种地缘经济增益辐射到更广地理范围和合作领域，使中南半岛及东南亚其他地区广泛受益。本章将从互构-关联-辐射的地缘分析框架来对中国-中南半岛经济走廊的实然状态进行分析，探析其建设的地缘禀赋优势及建设现状。

中国-中南半岛经济走廊是"一带一路"倡议提出

的六大经济走廊之一。2015 年 3 月在《推动共建丝绸之路和 21 世纪海上丝绸之路的愿景与行动》（以下简称《愿景与行动》）中首次提出"一带一路"要在"陆上依托国际大通道，以沿线中心城市为支撑，以重点经贸产业园区为合作平台，共同打造新亚欧大陆桥、中蒙俄、中国 - 中亚 - 西亚、中国 - 中南半岛等国际经济合作走廊；海上以重点港口为节点，共同建设通畅安全高效的运输大通道。"[1]2015 年 9 月中国 - 中南半岛国际经济走廊（南宁 - 新加坡）合作发展圆桌会就该经济走廊的发展前景、机遇和合作范围、重点领域进行了讨论。2016 年 5 月，在第九届泛北部湾经济合作论坛暨第一届中国 - 中南半岛经济走廊发展论坛上，中国与柬埔寨、缅甸、马来西亚、老挝、泰国、新加坡、越南等国共同发布了《中国 - 中南半岛经济走廊建设倡议书》，明确了中国 - 中南半岛经济走廊建设的目的、原则与具体路线："为进一步深化与中南半岛国家的合作，共促经济繁荣、共筑地区和平、共享发展成果，我们愿在尊重各国主权和领土完整、互不侵犯、互不干涉内政、平等互利、和平共处的基础上，坚持共商、共建、共享原则，积极推进与区域内国家间的联系和对接，共同打造以中国广西壮族自治区、云南省为主要门户，向北延伸至中国广大内陆腹地和东部发达地区，向南经越南、老挝、柬埔寨、缅甸、泰国延伸至马来西亚和新加坡的中国 - 中南半岛经济走廊。"[2] 这标志着中国 - 中南半岛经济走廊建设正式进入全面落地实施阶段。2018 年召开的第十届泛北部湾经济合作论坛暨第二届中国 - 中南半岛经济走廊发展论坛提出，今后要继续常态化召开中国 - 中南半岛经济走廊发展论坛，将逐渐形成"一带一路"框架下的多边合作新机制，促进中国与走廊沿线各国之间政策沟通、设施联通、贸易畅通、资金融通、民心相通。让中国 - 中南半岛经济走廊成为连结中国与中南半岛之间的大陆桥和中国与东盟国家经贸往来的重要"桥梁"，为中国 - 东盟自贸区升级版建设提供新平台、增添新动力。[3]

　　事实上，早在 2015 年《愿景与行动》提出之前，中国 - 中南半岛经济走廊构想就已于 2006 年在首届环北部湾经济合作论坛上以南宁 - 新加坡经济走廊（以下简称"南新经济走廊"）[4] 的形式提出了。南新经济走廊是中国 - 中南半岛经济走廊的重要组成部分，[5] 而中国 - 中南半岛经济走廊是在大湄公河次区域经济走廊和昆明 -

曼谷以及南新经济走廊的基础上发展形成的一条经济走廊。[6]2014年，来自中国、东盟10国、印度等国家的专家学者在广西南宁提出关于携手共建中国 - 新加坡经济走廊的"南宁共识"，构筑中国 - 东盟合作大通道。[7]在此基础上，为顺利推进"一带一路"建设，中国于2015年发布了《愿景与行动》。中国 - 中南半岛经济走廊作为单独概念被正式提出。中国 - 中南半岛经济走廊的提出体现了中国从区域层面重视东南亚国家的地位与合作，并从实际出发推动与中南半岛国家深化合作的意愿。[8]

中国 - 中南半岛经济走廊以亚洲公路网、泛亚铁路网[9]在东南亚地区交通物流基础设施为依托，目前主要规划了三条线路，分别从三个方向连结中国到新加坡：东线从南宁出发，经越南、柬埔寨至泰国；中线从昆明出发，经老挝到达泰国；西线从昆明出发，自瑞丽出境，经缅甸到达泰国。三条线路在泰国汇合后，继续向南延伸至新加坡。[10]

中国 - 中南半岛经济走廊是中国 - 中南半岛命运共同体建设的重要抓手、载体和实质性体现，而中国 - 中南半岛命运共同体则是中国 - 中南半岛经济走廊建设的

图7 中国-中南半岛经济走廊路线图

资料来源：BRI-Economic Corridors and Key Operational Investment[R]. 上海：上海国际问题研究院，2018（3）：10.

最终目标。中国-中南半岛经济走廊在中国与中南半岛之间良好地缘合作优势的基础上，通过战略对接与互联互通建设，推动两个区域间形成更高水平的贸易、投资及产能合作，创造若干经济发展引擎与创新高地，带动水陆相连的两地产生强大地缘经济效益，使中国与中南半岛国家间实现共同发展与繁荣。

第一节　中国 - 中南半岛经济走廊建设
　　　　的地缘禀赋

　　"地缘"是地缘经济研究的核心变量。所以在对中国 - 中南半岛经济走廊建设这一地缘经济合作现象展开分析时，首先得对其合作的基础"地缘"展开分析。"地缘"并非通常意义的"地理"概念，"地缘"强调的"缘"起于地理，但又超越了静态的、强调空间位置和自然资源的地理。[11]地缘要素至少包括以下方面：自然地理位置，自然资源分布情况，自然生态环境，特定地缘范围内的民族、宗教、文化等人文背景，特定范围内国家间的地缘政治、历史与现实关系，特定范围内的地缘经济发展潜力。地缘要素是域内外行为体发生地缘互动的驱动因素，也是发生地缘互动的主要媒介，更是地缘体之间地缘互动程度的限制条件。地缘要素在各国的经济发展中起着非常重要的作用：一方面，一国的对外开放方式、程度和市场布局等经济状况会受其地缘要素制约；另一方面，一国的经济结构、产业政策、贸易和金融政策等也会对该国国内经济产生重要影响。西方学者认为，地缘是权力政治的决定性因素。[12]特定区域的地理特征不仅分配了国家间的权力，而且影响了一国对外政策，塑造了国际关系。而"地缘优势"，指的是一个国家或它的某一部分地区所具备的、与国家安全利益及对外关系的发展密切相关且作用特别突出的地理要素特征。[13]它是一种存在于跨国家的地理空间上的、体现在国际交往领域的一种优势。

中国与中南半岛国家水陆相连，地缘相近、人缘相亲。早在"一带一路"倡议依托中国 - 中南半岛经济走廊在中南半岛落地之前，中国与中南半岛之间历史上就一直保持着密切的商贸往来和人文交流，开展中国 - 中南半岛经济走廊建设的地缘优势得天独厚。

一、水陆相连：有利于开展地缘重构

中国与中南半岛国家之间在陆路、内河、海运三方面天然联通，使行为体能更为便利地开展对互联互通不利地缘要素的重构活动，加强区域之间的基础设施互联互通。中国不仅与缅甸、老挝、越南三国直接陆路相连，有 4060 公里的共同边界，[14]而且还经发源于中国青藏高原的澜沧江 - 湄公河由北至南把缅甸、老挝、泰国、柬埔寨、越南从内河水上连结了起来。中国与湄公河流域五国是共饮一江水的命运共同体。此外，北部湾、南海、泰国湾、马六甲海峡、安达曼海和孟加拉湾由东至西把中南半岛与中国从外围海域环绕起来，形成了天然的蓝色海洋纽带。由此，在中国-中南半岛经济走廊的建设过程中，既可以借助陆路相通，与中南半岛国家开展陆上的公路、铁路、输油管道等形式的陆路联通；也可以借由澜沧江-湄公河的天然水道，构建内河航运联通；还可依托北部湾国际门户港，与除老挝外的越南、泰国、马来西亚等有出海口的国家通过港口相连，开展海上联通互动。

此外，中国与中南半岛国家山水相连，其间并无高山阻隔，从地缘视角来看是一个整体，具有地理上的延伸性，属相近的自然地理单元。两个区域之间拥有 4060 公里漫长的边境线[15]且地理位置邻近，非常有利于经济活动的开展。首先，传统来说，边境地区一般具有屏蔽的功能。一方面，它是国家政权安全和领土安全最敏感的地带，承担着维护国家"安全"和"生存"的重任，一般防守严密；[16]另一方面，由于边境地区普遍位于一国内陆偏远落后地区，远离该国中心，基础设施建设迟滞，交通可达性差。受制于较高的运输成本和边界两侧不同货币等因素，跨境贸易成本偏高，限制了商品的流动，也会对商品贸易产生"屏蔽效应"。然而，冷战结束后，在全球化进程和各国对外开放政策的影响下，边界逐渐形成了一个独特的空间场域。不同国家、地区的资源、人员、文化等要素通过边界地区进行跨境流动。边界通过自身的地理优势，弱化了其传统的屏蔽效应，中介效应凸显，使边境地区承载了安全与发展并举，并以发展为主导的新功能。新地缘区位理论也认为，边境区有独特的区位特性，通过政府政策支持，搭建基础设施互联互通网络，可增进其空间可达性与辐射能力，促使生产要素跨境顺畅流动，变资源优势为经济优势，激活边境地区的市场潜力，吸引众多的企业和人力到临近国外市场的边境区集聚，从而打破边境内陆地区封闭滞后状态，产生"中介效应"，使闭塞的内陆边境地区由"边缘区"转化为次区域合作的"核心区"，成为开放的前沿地带。中南半岛七国中，缅甸、老挝、越南与中国云南省、广西壮族自治区接壤。云南和广西位于中国西南边陲，属边境省份。而缅甸、老挝、越南与中国接壤的区域也属偏远地区。这些区域经济基础、基础设施建设相对落后，当地居民普遍生活水平不高。但通过修建公路、铁路等形式的"硬件"基础设施建设，使两个区域之间实现互联互通，可降低国际贸易成本并减弱边界对劳动力、资本等生产要素自由流动的影响，促使生产要素向边界聚集，使边界"屏蔽效应"向"中介效应"转变，使边境"边缘区"成为次区域合作的"核心区"，加速云南、广西和缅甸、老挝、越南偏远边境地区的经济社会发展。其次，区域经济学认为，经济发达国家或地区与落后国家或地区的地理距离越近，关系越好，辐射效应就会越充分。中国经过四十多年的改革开放建设，已成为世界第二大经济体，对中南半岛国家有绝对的经济优势。空间上的邻近更便于中国向中南半岛国家释放改革开放带来的经济红利，发挥辐射效应，带动其实现共同发展。再加上地理空间距离越小，区域合作的运输、贸易成本越低，区域间经济合作的强度就越大。中国与中南半岛国家之间水陆相连，空间距离相对较近，开展区域经济合作的物流成本相对较低，经济合作的强度大。

二、要素互补：有利于构建共同利益

地缘要素在世界各个地方的分布是非均衡的。各大洲的相对位置、气候条件、自然资源禀赋、山川、森林的分布等这些地缘要素深刻地影响着人类社会的发展，人类无法改变。这些自然地理条件决定了一国所拥有的自然资源、人口、经济结构和产业政策等地缘要素，进一步决定了该国与其他国家之间开展合作的可能性及难度。资源的相互依存与互补，是经济全球化和区域经济一体化得以实现的基础，也是各个国家进行经济合作的基础。中南半岛国家自然资源丰富、经济发展潜力巨大、经济韧性强，且与中国在人口结构、产业结构和数字数字信息建设等方面互补共赢趋势明显，有利于双方通过基础设施建设、贸易交流、资金融通、民心相通等方式加强关联利益，创造更多彼此之间的共同利益。

自然资源丰富，开发利用潜力巨大。中南半岛是世界农业、旅游和能源资源的富聚区，且绝大部分资源仍然处于未开发的状态，具有广阔的发展前景。中南半岛位于北回归线和赤道之间，属热带季风、热带雨林气候。高温多雨，降雨量充沛，非常适合各种农作物生长。其中，泰国就是世界上最大的稻米出口国，约占全球稻米出口总量的40%。[17] 除农作物生产外，中南半岛还富产橡胶、棕榈油、咖啡等经济作物。马来西亚和泰国的橡胶出口位居世界前列。缅甸、马来西亚的石油、天然气储量巨大。而中国人口众多、人均油气储备低。随着人口持续增加，经济持续快速发展，中国对粮食和能源的需求量将不断扩大，资源消耗空前增加。面对国内能源的缺乏，中国已成为并且将继续成为能源和其他资源性产品的进口大国。中南半岛国家与中国相邻且自然资源丰富，与其开展合作可一定程度上减少交通运输对商品贸易的压力，大大节约交易成本，是中国农业、能源合作的最优选择。

人口红利优势显著。中国 - 中南半岛经济走廊国家人口占全球的 22%，劳动力占全球的 27.5%。[18] 根据 1956 年联合国《人口老龄化及其社会经济后果》确定的标准，当一国或地区 65 岁以上老年人口数量占据总人口比例超过 7% 时，则意味着该国或地区进入了老龄化。中南半岛七国中，老挝、缅甸、柬埔寨、马来西亚等国 65 岁和 65 岁以上的人口占总人口比例均在 7% 以下（详见表 2），人口红利明显，劳动力成本低廉。而中国自 2000 年开始迈入老龄化社会后，中国人口老龄化程度持续加深，制约了社会经济的发展。中南半岛国家的人口红利优势和中国老龄化趋势对劳动人口的需求形成了强互补。

表 1　中南半岛七国基本情况一览表（一）

国家	GDP增长率	人均GDP（现价美元）	人口总数	农村人口（占总人口）	65岁和65岁以上的人口（占总人口的百分比）	GDP增长预测（2021）
新加坡	0.7	65233	5703569	0	12.4	5.8
马来西亚	4.3	11414	31949777	23.393	6.9	6.9
泰国	2.4	7807	69625582	49.308	12.4	4.1
柬埔寨	7	1643	16486542	76.195	4.7	6
越南	7	2715	96462106	63.372	7.6	6.8
缅甸	2.9	1407	54045420	69.148	6	6
老挝	4.7	2535	7169455	64.355	4.2	4.6

数据来源：世界银行数据库（Word Development Indicators），https：//databank.shihang.org/reports.aspx?source=world-development-indicators#

经济增长速度快，经济韧性强。在进行经济走廊规划选址时，不论是总体的地理框架覆盖的范围还是具体节点的选择，都要考虑到该区域既有的和潜在经济增长能力。[19] 应选择经济增长潜力巨大，或长期保持高速经济增长的地区作为经济走廊建设的经济节点。中南半岛各国历年来经济总体保持高速增长且经济增长潜力巨大，是合作开展经济走廊建设的极佳区域。（详见图

8）2019 年，全世界 GDP 平均增长率为 3.4%，而中南半岛国家经济增长率均值为 4.7%。其中柬埔寨、越南、缅甸、老挝 GDP 增长率分别为 6.8%、6.5%、6.3%、5.0%，[20] 远高于世界平均增速。中南半岛正在成为全球经济增长的新引擎之一。2020 年，受新冠疫情影响，全球经济出现了大规模衰退，但中国与中南半岛国家间的经贸合作仍逆势增长，呈现了向好势头。中国与中南半岛七国合力开展抗疫合作，协商开通"快捷通道"和"绿色通道"，积极推动复工复产。2020 年上半年，中国对

图 8　2014-2019 年中南半岛国家 GDP 增长率

注：2014-2018 年中南半岛国家 GDP 增长率数据来自中国商务部《对外投资合作国别（地区）指南》。2019 年数据来源于国际货币基金组织（IMF），https://www.imf.org/external/datamapper/NGDP_RPCH@WEO/OEMDC/ADVEC/WEOWORLD

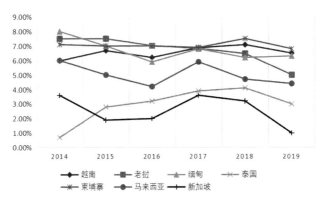

湄公河国家贸易、投资额分别增长 8.7% 和 33.5%，湄公河国家对华农产品出口同比增长 21.2%。[21] 中国与新加坡合作的国际陆海贸易新通道规模也出现了逆势大幅增长。2020 年前 10 个月，国际陆海贸易新通道海铁联运班列累计开行 3655 列，同比增长 113%[22]，规模效应、货物集聚效应凸显，充分彰显了中国 - 中南半岛经济走廊沿线各国间的巨大发展潜力和极强的经济韧性。

经济结构互补、产业转移梯度明显。地缘经济关系包括对立、遏制的竞争关系和互补、联合的合作关系。如果两个区域由于经济产业结构、资源结构上的差异性而互通有无、取长补短，就会形成互补关系；而两个地区如国经济产业结构、资源结构等相似就会相互争夺资金、市场、人才，形成竞争关系。[23] 中国与中南半岛区域各国经济结构互补、产业转移梯度明显，呈现互补合作型的地缘经济关系，具有开展经济产业合作的客观基础。首先，中国 - 中南半岛经济走廊沿线八国中，新加坡在金融保险、生物医药等新兴行业具有比较优势；中国在基础设施建设、市场规模、一般制造业和装备制造业有比较优势；马来西亚和泰国在橡胶、棕榈油等经济农作物和旅游业方面有比较优势；而缅甸、老挝则在初级农产品、能源资源等方面形成了比较优势（详见表2）。中国 - 中南半岛经济走廊沿线各国可以基于各自的比较优势，互通有无、取长补短，形成互补的地缘经济关系，有利于地缘经济合作的开展。其次，梯度转移理论认为，由于各地、各区域的地理环境、自然条件、历史文化等各不相同，因此，社会与经济技术在区际间的发展是不平衡的，客观存在着经济技术梯度。这个经济技术梯度会从高梯度发达地区转向低梯度落后地区，发生经济技术的空间梯度转移，从而使地区间的差距缩小，实现一国或不同区域间经济分布的相对均衡。中国 - 中南半岛经济走廊沿线八国之间由北至南总体上呈现出"两头高中间低"的地缘经济格局：北部是处于工业化后期到信息化转型阶段的中国，南部是处于后工业化时期以技术密集型为主的新加坡和处于工业化后期以资本密集型为主的马来西亚和泰国。中部则是包括缅甸、老挝、越南、柬埔寨的处于工业化前期资源密集型和劳动密集型为主的国家，形成了经济凹陷带。[24] 中国 - 中南半岛经济走廊南北两端处于后工业化时期和工业化后期的新加坡、中国、马来西亚及泰国正好可以通过产业梯度转移，带动中间处于经济凹陷带的发展。中间处于经

表 2　中南半岛国家重点／特色产业一览表

国家	重点／特色产业
新加坡	石化工业：新加坡是世界第三大炼油中心和石油贸易枢纽之一，也是亚洲石油产品定价中心。精密工程业：新加坡半导体引线焊接机和球焊接机的全球市场占有率为 70%。金融保险业：新加坡目前是全球第三大金融中心、第三大外汇交易市场和第六大财富管理中心，是亚洲美元中心市场，也是全球第三大离岸人民币中心。生物医药业：新加坡近年重点培育的战略性新兴产业。旅游业：2017 年，中国是新加坡旅游业收入第一大来源国。
马来西亚	服务业：2018 年，马来西亚服务业产值占 GDP 的 55.5%。其中，旅游业是服务业的重要部门之一。制造业：2018 年，马来西亚制造业产值占 GDP 的 23.0%。产业部门包括电子、石油、机械、钢铁、化工及汽车制造等行业。采矿业：马来西亚采矿业以开采石油、天然气为主。农业：马来西亚农产品以有棕榈油、橡胶等经济作物为主。马来西亚是为世界第二大棕榈油生产国和出口国，仅次于印尼。
泰国	农业：农业是泰国的支柱产业。泰国是世界第一大橡胶生产国和出口国，以及第一大木薯和大米出口国。旅游业：旅游业是泰国服务业的支柱产业。制造业：2018 年，泰国制造业占 GDP 比重约为 27.5%，是东盟最大的机动车生产地。
越南	农林渔业：水稻、玉米、甜薯是其主要作物。电力工业：越南以水力和火力发电为主，电力总容量在东盟国家中排名第二。汽车工业：越南汽车企业以进口部件进行组装为主，国产化率较低。

续表

国家	重点／特色产业
缅甸	农业：农业是缅甸国民经济基础，也是民盟政府优先发展的重要产业之一。近年，豆类已超过大米成为缅甸出口创汇的最主要农产品。能源：2017/2018 财年，缅甸天然气出口额约占缅甸出口总额的 14%。加工制造业：以纺织制衣业为代表的劳动密集型加工制造业在缅甸蓬勃发展。旅游业：缅甸风景优美，名胜古迹多，缅甸政府大力发展旅游业，积极兴建旅游设施。
柬埔寨	农业：柬埔寨政府将农业列为优先发展的领域，高度重视稻谷生产和大米出口。工业：制衣业和建筑业是柬埔寨工业的两大支柱。服装和鞋类产品仍是柬埔寨最重要的出口产品。旅游业：柬埔寨是旅游资源丰富的国家。2018年，中国成为柬埔寨第一大国际游客来源国。
老挝	农业：2018 年农业占国家经济结构比重 15.73%。电力行业：老挝自然资源丰富，太阳能、生物能源、煤炭、风能和水电丰富。采矿业：采矿业是政府重点扶植的产业。旅游业：旅游业是老挝经济发展的新兴产业。

资料来源：作者根据中国商务部《对外投资合作国别（地区）指南（2019 年版）》整理而得

济凹陷带的老挝、缅甸、柬埔寨等国可以通过不同密度产业的承接和转移，实现产业结构的升级。此外，老挝、柬埔寨、缅甸等国家处正于工业化、城镇化、信息化的进程中，工业化初期带来的发展空间巨大，基础设施项目需求量大，居民对教育、健康、医疗、文化等服务型消费需求的潜力巨大。[25] 中国、新加坡等国可以通力合作，以两头带中间，为中南半岛处于工业化初期的国家提供基础设施建设的资金、技术及产业转型升级的契机。

传统地缘要素被技术、标准、数据、关键应用和核心能力等新的地缘要素所取代。[26] 当前，以 5G、人工智能、生物医药、量子信息科学等为特征的"第四次工业革命"正在发生。中国与东盟国家间基于数字、信息等新地缘要素的互补共赢趋势明显，为丰富中国 - 中南半岛经济走廊的内涵提供了契机。为进一步支持数字化转型，东盟正在制定"第四次工业革命综合战略"，以解决第四次工业革命在经济、社会和治理等方面面临的问题。而中国目前数字经济发展总体水平位于世界前列 [27]，在发展数字基础设施和实现数字经济监管框架方面具有很高的水平，是东盟在推动本地区数字经济发展方面的珍贵伙伴。[28] 此外，新加坡连续两年成为全球仅次于美国的数字竞争力排名第二的国家，[29] 现正打造成为全球数字金融中心。通过共建中国 - 中南半岛经济走廊，中国和新加坡在 5G 部署、智慧城市建设、网络安全、金融科技、电子商务等方面的成功经验，也将为包括中南半岛在内的东南亚国家及世界各国带来发展机遇。

三、人文同源：有利于发挥辐射效应

亨廷顿提出，只有在地理与文化一致时，区域才可能作为国家之间合作的基础。离开了文化，地理上的邻近不会产生共同性。[30] 中国与中南半岛国家地理位置上的邻近，不仅赋予了国家之间共同的历史文化渊源，带来交往的便利，而且地理邻近会刺激密集的社会关系网络的产生，社会主体在反复的社会交往活动中将会逐渐形成共同的认知方式，[31] 有利于经济、社会和文化等交流的开展。中国与中南半岛国家间宗教价值观趋同、跨境民族与中国部分少数民族同根同源，华人华侨与中华民族有着相同的血脉，这些共有知识和文化的存在，不仅促进了中国与中南半岛国家之间的"民心相通"，使经济合作、外交、协商和沟通等过程成为顺畅；而且还让中国与中南半岛国家在开展合作时多了一层边界无法阻隔的特殊的文化和血缘关系，还会在一个地理框架内创造出对政治和经济的忠诚感[32]，推进中国-中南半岛经济走廊的建设。

中国与中南半岛国家之间友好交往历史源远流长。中国与中南半岛国家的交往始于秦朝。自汉武帝以后，西方殖民者进入东南亚地区之前，中国与该地区的许多国家就以不带征服性质的"朝贡"方式联系着。这种"朝贡"方式反映的并非是一种中国谋求把其政治经济权力强加于弱小的南方邦邻的关系，而是"假朝贡之名，行贸易之实"。[33] 中国与中南半岛国家之间这种不带征服性质的"朝贡"关系，使得两个区域之间自古就有着友好的官方关系，为后来各国间的民间交往，奠定了良好基础。特别是 1997 年的金融危机之后，中国与该区域国家间的政治与经济关系更是迈上了一个新的台阶。金融危机之后，中国鼎力支持包括中南半岛在内的东南亚国家在金融危机后慢慢实现了经济的恢复，此后，中国与中南半岛国家之间的政治关系与经贸合作进入了一个全新的友好发展阶段。

经济合作的根源在于文化的共性。[34] 宗教、语言文化及族群相近的国家或地区间的关系，往往会走得较近，经济联系也会更为紧密。由于宗教哲学上的一致，中国在与受佛教和儒家影响较深的中南半岛地区国家开展合作时，更易理解彼此行为模式，能更好地开展经济、政治、文化等多方面合作。所有东南亚国家中，越南浸染中国文化最为明显，儒家理论和价值观在越南有非常大的影响。[35] 正因为如此，即使与中国在南海主权问题上有争议，越南在国内政治制度和经济发展等方面也仍然更多地寻求与中国合作。缅甸是传统的佛教国家，佛教人口占总人口的 85% 以上。（详见表 3）中缅之间也经常在宗教领域开展诸如中国佛牙巡礼等宗教交流活动。佛教在老挝也占主导地位，65% 的老挝人信奉佛教。中老两国间的佛教交往也源远流长，一直以来，中老两国通过互访、互派僧侣学习等形式开展两国宗教部门、佛教界的交流与合作，增进相互了解，为民心相通融入宗教力量。[36] 柬埔寨与中国的云南地区同属南传佛教文化，两地之间的宗教文化交流也非常频繁。除了文化、习俗艺术等领域，佛教和僧侣在柬埔寨的政治生活中也占据着重要地位，在佛教影响下甚至还衍生出了"佛教社会主义"这一意识形态。[37] 柬埔寨与中国在宗教哲学和价值体系方面高度契合。[38] 泰国也是南传佛教国家，目前佛教信众占总人口的 90% 以上。

表 3　中南半岛七国基本情况一览表（二）

国家	民族	语言	宗教	政治制度
新加坡	新加坡是一个移民国家，华人占74% 左右，其余为马来人、印度人和其他种族。	马来语为国语，官方语言为马来语、华语、泰米尔语和英语。	新加坡为多宗教国。佛教是全国第一大宗教，佛教信徒占人口的33.19%，其余还有道教、伊斯兰教、基督教和印度教。	议会共和制
马来西亚	马来西亚是个多民族的国家，全国有 32 个民族。马来人 69.1%，华人 23%，印度人 6.9%，其他种族1.0%。	马来语为国语，通用英语，华语使用较广泛。	伊斯兰教为国教，属逊尼派。其他宗教有佛教、印度教和基督教等。马来人信奉伊斯兰教，华人信奉佛教和道教，印度人信奉印度教。	君主立宪联邦制
泰国	全国共有 30 多个民族。泰族占人口总数的 40%	泰语为国语。官方语言为泰语和英语。	90% 以上的民众信仰佛教，此外还有伊斯兰教，天主教和印度教。华人在人数上仅次于泰族，占总人口的14% 左右。	君主立宪制
越南	有 54 个民族，京族（也称越族）占总人口86%	官方语言为越南语，部分居民会讲英语。	佛教占主导地位，此外还有天主教和好教与高台教。	实行社会主义制度，越南共产党是越南唯一合法政党

国家	民族	语言	宗教	政治制度
缅甸	共有 135 个民族，缅族约占总人口的 65%	官方语言为缅语、英语	全国 85% 以上的人信奉佛教，约 8% 的人信奉伊斯兰教。缅甸佛教是上座部佛教（俗称小乘教）。	总统制的联邦制国家，实行多党民主制度。
柬埔寨	共有 20 多个民族，高棉族占总人口 80%。	官方语言为柬埔寨语（又称高棉语），英语在政府部门较通用。	信仰小乘佛教的人占全国人口的 85% 以上。此外还有基督教和伊斯兰教。华人华侨约 110 万。	君主立宪制
老挝	50 个民族	官方语言为老挝语，英语正逐步普及，部分人会法语。	65% 的老挝人信奉佛教。老挝佛教是小乘佛教。华侨华人约 7 万多人。	实行社会主义制度，人民革命党是老挝唯一政党。

资料来源：外交部网站国别资料，更新于 2020 年 9 月，https://www.fmprc.gov.cn/web/gjhdq_676201/gj_676203/yz_676205/

地理位置的邻近使得两地边民自古就在反复的社会交往活动中逐渐形成了共同的认知方式，形成了具有相似语言、文化和价值观的跨境民族，为中国 - 中南半岛经济走廊的建设打下了深厚的认同基础。"跨境民族"在地理分布上较"跨界民族"和"跨国民族"广泛，它意指分别在两个或两个以上的国家里长期居住，但又保留了原来共同的某些民族特色，彼此有着同一民族的认同感的民族。[39] 它具备三个特征：一是基于族群渊源而保留一定的文化认同；二是基于地缘和文化的相近而保留一定的互动与交流；三是基于清晰的国界，具有明确的国籍。[40] 中国 - 中南半岛经济走廊所在的中国西南地区是中国跨境民族最为集中的地区。在云南与缅甸、老挝、越南交界的地区是这些国家少数民族（其中大部分是跨界民族）聚集的地区，少数民族占该区域总人口的 70% 以上。[41] 这些跨境民族虽然分属不同的国家和地区，但是因地域和文化相近而保持着一定的交往和互动，在与周边的经贸往来中发挥着重要作用；其次，境外部分与境内部分民族同源、宗教文化相同，语言相通，绝大多数都亲近、认同中华文化。这就使他们成为了各自所在国间文化交流的内在关联和重要动力。这些跨境民族在促进中国与中南半岛国家间经济、文化合作方面有着特殊的优势，可以减少双方在语言、文化方面交流的障碍，是中国-中南半岛经济走廊建设中可以借助的宝贵资源。

　　除了跨境民族以外，华人华侨也是促进中国与中南半岛国家经济合作的一股独特而强劲的力量。从汉朝以来，随着中国海外交通的发展，越来越多的中国人到东南亚从事海外贸易，形成了因贸易关系而"住蕃"的华人，即第一代华侨。[42]"华侨"是一个历史内涵非常复杂的概念，不同时期"华侨"概念的具体内涵差异是极大的，总的来说，可从以下三个层面来定义"华侨"：一是泛指中国古代海外移民；二是特指近代有中国意识和中国倾向的中国海外移民；三是专指1955年后侨居国外，但仍有中国国籍的中国海外移民。[43]而"华人"的含义要比"华侨"宽泛得多，它指的是一定程度上保持中华文化、中国人血统的非中国公民。[44]目前，东南亚地区是华人华侨最多的地区。截至2018年底，有2000多万华人华侨旅居中南半岛国家。[45]在大多数东南亚国家，华人是各国经济生活中最有活力的一个族群，直接或间接影响着这些国家的对华政策。[46]新加坡和马来西亚相对湄公河流域国家的政治民主化、现代化程度较高，华人参与政治生活的渠道也相对顺畅，华人能通过正常渠道实现政治参与。其中,马来西亚华人占比较高,占其总人口的 23% 左右。虽然马来西亚宪法中存在对马来族群的照顾,但是,华人华侨仍在马来西亚经济和政治领域占据着重要地位,对马来西亚的国内政治稳定有着决定性的影响。[47] 新加坡是除中国外唯一以华人为主体民族的国家。华人在新加坡的政治生活中占主导地位[48],且对中华文化有深厚的认同,这使得华人成为了促进中新两国经济、政治等关系发展的内部动力。除泰国外,湄公河流域国家的华人政治参与度相对来说不高,发挥作用有限。老挝有 50 个民族,有华侨华人约七万人。[49] 较在其他东南亚国家中数量少,政治作用有限。柬埔寨的华人华侨只占其总人口的 0.3%,更多是在经济领域发生作用。[50] 老挝和缅甸的华人华侨群体数量也不多,难以形成较大的政治或经济影响力。泰国华人占其人口总数的 14% 左右,仅次于泰族。泰国实行较为温和的华人华侨政策,因此,华人华侨能较好地融入泰国社会。在泰国,华人与当地民族融合的程度相当高,华人华侨在泰国政治、工商、金融、旅游业、传媒业中有着举足轻重的位置和影响。[51] 华人华侨群体很好地促进了中国与华人华侨所在国的经济交往,可以作为推进中国 - 中南半岛经济走廊建设的重要生力军。新加坡原总理李光耀非常精辟地总结了华人华侨在与中国大陆打交道时的优势："我们都是华人，我们共有某些由共同的祖先和文化而产生的特性……人们自然而然地移情于那些与自己有共同生理特征的人。当人民又拥有相同的文化和语言基础时，这种亲密感得到了加强。这使得他们很容易建立起亲密的关系和信任，而这是一切商业关系的基础。"[52]

第二节　中国 - 中南半岛经济走廊建设的禀赋开发

中国与中南半岛国家之间开展中国 - 中南半岛经济走廊建设的地缘禀赋优势得天独厚，密切的经贸、人文往来古已有之。自中国 - 中南半岛经济走廊提出以来，区域内国家、地方政府等多元行为主体积极参与共建，通过战略对接、"软件"和"硬件"基础设施互联互通建设等方式整合与构建共同利益，打造共同利益关系网络，在基础设施、跨境经济合作区建设等方面取得了显著成效。这些基础设施的成效进一步促进了中国 - 中南半岛经济走廊沿线各国在经贸、金融、文化等领域的合作，增进了彼此间的战略互信，并逐步惠及东南亚各国，逐渐产生了地理辐射、功能辐射和地缘关系辐射效应。

一、地缘重构：多元行为体积极参与

中国 - 中南半岛经济走廊建设是由中国和中南半岛七个国家组成的一组国家行为体与其他非国家行为体一道，在共同利益、共同责任的驱使下，重构互联互通的不利地缘要素，增进区域间互联互通的地缘经济合作。通过中国 - 中南半岛经济走廊建设，使欧亚大陆内陆与边缘共振，让过去位于地缘破碎地带的中南半岛国家获得发展机会，促使形成陆海联动，东西互济，南南合作的新局面。

中南半岛七国地缘异质性较大，政治、经济、文化、宗教情况各异，为了便于分析，本书按照河流、经济发展程度、产业化阶段和宗教四个地理要素，把中南半岛七国大致分为两类：I 类国家包括位于中南半岛最南端马来半岛上的新加坡和马来西亚。与中南半岛其他五国相比，发源于中国的澜沧江-湄公河没有流经新加坡和马来西亚两国。所以，Ⅰ类国家又可成为非湄公河流域国家。该类国家总体经济发展水平较高，都处于后工业化或工业化中期，以工业和服务业发展为主，且国内宗教信仰较为多元。因马来西亚和新加坡的对外活动区域集中于海洋，因此，两国归为海岛东南亚国家之列。[53] Ⅱ类国家包括澜沧江-湄公河由北至南贯穿的缅甸、老挝、越南、泰国、柬埔寨五国，又可称为湄公河流域国家。该类国家总体经济发展水平较低，除泰国外，均处于工业化初期，工业基础薄弱，以传统农业经济为主，且国内大多数民众都信奉佛教。湄公河流域五国同属大陆东南亚国家。（详见表4）

自2015年3月中国通过《愿景与行动》首次正式提出要打造中国-中南半岛经济走廊以后，中南半岛七国就积极响应，依托大湄公河次区域合作、澜湄合作、中国-东盟自贸区升级版等次区域合作机制，以推进中老、中缅等双边经济走廊和开展具体项目建设的形式，积极推进中国-中南半岛经济走廊建设走深走实。

表 4   中南半岛国家分类一览表（按地理要素分）

类别	国家	湄公河是否流经	经济发展程度	产业化阶段	宗教
I 类	新加坡	否	高收入	以现代服务业为主导的后工业化国家	新加坡为多宗教国。佛教是全国第一大宗教，佛教信徒占人口的 33.19%，其余还有道教、伊斯兰教、基督教和印度教。
	马来西亚	否	中高等收入	工业化中期，农业占国民经济比重较低，工业基础较好	伊斯兰教为国教，属逊尼派。其他宗教有佛教、印度教和基督教等。马来人信奉伊斯兰教，华人信奉佛教和道教，印度人信奉印度教。
II 类	泰国	是	中高等收入		90% 以上的民众信仰佛教，此外还有伊斯兰教，天主教和印度教。华人在人数上仅次于泰族，占总人口的 14% 左右。
	越南	是	中低等收入	工业化初期，以传统农业经济为主，工业基础薄弱	佛教占主导地位，此外还有天主教、和好教与高台教。

续表

类别	国家	湄公河是否流经	经济发展程度	产业化阶段	宗教
II类	缅甸	是	中低等收入	工业化初期，以传统农业经济为主，工业基础薄弱	全国85%以上的人信奉佛教，约8%的人信奉伊斯兰教。缅甸佛教是上座部佛教（俗称小乘教）。
	柬埔寨	是	中低等收入		信仰小乘佛教的人占全国人口的85%以上。此外还有基督教和伊斯兰教。华人华侨约110万。
	老挝	是	中低等收入		65%的老挝人信奉佛教。老挝佛教是小乘佛教。华侨华人约7万多人。

资料来源：中国商务部《对外投资合作国别（地区）指南（2019年版）》

湄公河流域国家方面，中国和老挝率先开始共同探索中国 - 中南半岛经济走廊在中南半岛落地的双方合作模式。2017年11月，中老双方发表了《中老联合声明》，一致同意共同打造牢不可破的具有战略意义的命运共同体，并正式提出要建立以中老铁路为依托，途经若干重要节点地区，抵达老挝南部的中老经济走廊。[54] 推动中国-中南半岛经济走廊建设迈上了新台阶，具有重要里程碑意义。此外，老挝还通过颁布《投资法》《劳动法》《土地法》及《管理货币和货币流通法》等一系列法律法规发展对外经济，为中老经济走廊的建设提供制度支持。2019年4月，借中老建立全面战略合作伙伴关系10周年之机，中老双方共同签署了《构建中老命运共同体行动计划》，[55] 推动了中老两国具有战略意义的命运共同体建设落地生根、开花结果。中国-中南半岛经济走廊建设提出后，缅甸的态度也比较积极。2018年9月，中缅双方签署了《中华人民共和国政府与缅甸联邦共和国政府关于共建中缅经济走廊的谅解备忘录》，从官方层面确定了共建"人字形"中缅经济走廊的倡议。[56] 同年12月，缅甸还专门成立由昂山素季任主席，第一副总统吴敏瑞担任副主席的"一带一路"指导委员会，积极推动落实与中国的"一带一路"合作项目。合作级别之高，足见其重视程度。2020年初，中缅双方发表了《中华人民共和国和缅甸联邦共和国联合声明》，一致同意以建交70周年为契机，继续深化两国全面战略合作伙伴关系，打造中缅命运共同体。并正式宣布"中缅人字形经济走廊"从概念规划转入实质建设阶段。[57]柬埔寨政府及社会各界对积极参与"一带一路"相关项目建设也有着高度共识。2018 年 1 月，时任总理李克强访问柬埔寨时，提出中柬两国携手打造具有战略意义的命运共同体的主张，得到了柬方高度赞同。泰国政府也积极响应"一带一路"相关项目倡议，主动将国家发展战略与澜湄合作等区域合作机制对接。而越南早在 GMS 南北经济走廊和"两廊一圈"战略框架下就开始了与中国云南、广西的次区域合作。

非湄公河流域国家方面，新加坡是"一带一路"相关项目建设的较早参与者和强有力支持者。现在，高质量共建"一带一路"已成为中新合作主线。新加坡凭借在东南亚优越的地理位置、一流的营商环境、强大的基础设施和高素质的劳动力，在 2019 年世界经济论坛发布的《全球竞争力报告》中超越美国，成为全球最具竞争力的经济体。在 IMD2020 年发布的全球数字竞争力排名中，连续两年位列第二，仅次于美国之后。[58]目前，中新两国签署了《关于共同推进"一带一路"建设的谅解备忘录》等多项合作协议，联手打造互联互通、金融支持、第三方合作三大平台，[59]重点推动法律司法合作和科技创新合作。2020年12月，在中新两国建交30周年之际，中国与新加坡共同宣布启动自贸协定升级后续谈判，双方将基于负面清单模式开展自贸协定项目下服务和投资领域自由化的相关后续谈判，进一步提升两国间的服务和投资自由化便利化水平，携手推动两国和地区经济的复苏和发展。在推进"一带一路"相关项目建设过程中，马来西亚也积极响应并参与，成为"21世纪海上丝绸之路"的重要节点国家。马来西亚商界人士参与区域共建合作的态度尤为积极，他们专门成立了"一带一路"总商会，加强马来西亚与"一带一路"沿线国家的合作。马来西亚华人还成立了100多个与"一带一路"相关的团体，积极关注"一带一路"建设的各方面进展。

除了国家行为主体外，地方政府行为体在中国-中南半岛经济走廊建设中也发挥了重要的作用。云南和广西凭借与中南半岛国家水陆相连的地缘优势，成为了中国-中南半岛经济走廊建设中的主体省份。此外，重庆也积极加入，一起为中国-中南半岛经济走廊建设做出地方贡献。云南省借助与越南、老挝和缅甸三国相邻的区位优势，通过云南-缅甸合作论坛、云南-老北合作工作组、中越五省市经济走廊合作会议、云南-泰北合作工作组等机制加强与中南半岛国家之间的合作。2020年6月，云南省专门印发了《云南省服务和融入中老经济走廊建设实施方案（2020-2025）任务分解》，进一步把云南省参与中老经济走廊建设的任务细分落地，推动中老经济走廊建设落地、走实。在2020年底发布的《中共云南省委关于制定云南省国民经济和社会发展第十四个五年规划和二〇三五年远近目标建议》中，云南省还明确提出要对外主动参与中国-中南半岛经济走廊、孟中印缅经济走廊、中缅、中越、中老经济走廊建设。[60]广西位于中国和东盟两大板块的结合部，是中国与东南亚唯一水陆相交的省区。它占据了沿海、沿江和沿边三大独特区位优势，沟通中国与东盟两大市场，在构建中国-东盟开放新格局中具有重要战略地位。在独特的区位优势支持下，广西肩负起中央赋予的构建"面向东盟的国际大通道，打造西南中南地区开放发展新的战略支点，形成'一带一路'有机衔接的重要门户"的重任，积极参与到中国-中南半岛经济走廊的建设中。早在2006年，广西就提出了"一轴两翼"的区域经济新格局的合作构想，以"南宁-新加坡"经济走廊为主轴，联合GMS和北部湾经济合作，加强与中南半岛国家的合作交流。广西以中国 - 东盟博览会、中国 - 东盟商务与投资峰会、中国 - 东盟信息港、西部陆海新通道北部湾国际门户港等合作平台，加强与中南半岛国家的物流、贸易、信息与金融合作。随着 2019 年 8 月广西自由贸易试验区和云南自由贸易试验区的设立，为对接国际贸易投资新规则，进一步促进贸易投资便利化，深化中国与中南半岛国家之间的贸易投资合作又提供了新的平台。重庆市则以国际陆海贸易新通道建设为平台，积极融入中国 - 中南半岛经济走廊的建设。

二、共同利益：整合与创造并行建构

互联互通世界中，关联利益普遍存在。将这些关联利益通过整合与创造的方式，就为形成国家间的共同利益成为了可能。共同利益是国家间合作启动的前提。共同利益与国家间的合作意愿成正比关系，国家间的共同利益越多，其合作的意愿就越强烈，并愿意采取积极的合作行为，以获得共同收益，减少共同威胁。受益于东亚完善的区域生产网络，有效的产业分工体系和中国 - 东盟自贸区的制度性红利，中国 - 中南半岛经济走廊建设六年多来，依托大湄公河次区域合作、中国 - 东盟自贸区升级版、澜湄合作、中国-东盟博览会、中国-东盟投资峰会等合作平台，中国-中南半岛经济走廊沿线国家积极推进战略对接与基础设施互联互通建设，整合与创造共同利益，打造共同利益关系网络，取得了显著成效。

战略对接是各个国家行为体将国家利益中具有共性的部分整合，形成共同利益，以最低的成本实现共同利益的构建。一般来说，战略对接主要以双边对接为主，但当多个国家在某一时间段内都具备同样的利益诉求时，多国间也可以形成一种战略对接关系，但这种多边的战略对接，还是建立在双边战略对接的基础上的。[61]中国-中南半岛经济走廊提出六年来，中国与中南半岛国家之间目前就建设中国-中南半岛经济走廊还未形成多边的官方框架性共识。[62]仅发布了《中国-中南半岛经济走廊建设倡议书》，提出了四点合作倡议，并没有形成实质性的制度安排或规划具体的落地项目。但是，在共同发展意愿、维护地区繁荣稳定的共同利益、相似文化渊源的良好战略对接基础上，中国与中南半岛国家间也在"一带一路"框架下，采取了以国家间双边协商为基础，进而形成多国间战略对接的方式，形成了以宏观层面的"大战略"对接为指引，以基础设施互联互通、经贸合作、人文交流等功能领域发展战略作为对接接口，推动国家战略落地对接的局面。

宏观"大战略"层面，"一带一路"倡议与越南"两廊一圈"发展战略、老挝变"陆锁国"为"陆联国"战略、柬埔寨"四角战略"以及《2015—2025工业发展计划》、缅甸"东西走廊和南向走廊"计划、"泰国4.0"战略和"东部经济走廊"等发展战略、中国-马来西亚双边经贸合作、中国-新加坡"战略联通倡议"、《东盟互联互通总体规划2025》、《东盟愿景2025》等发展战略和规划内容上存在很多契合点。"一带一路"倡议刚一提出，老挝、柬埔寨等中南半岛国家和国际组织就宣布支持并加入"一带一路"倡议，积极进行战略对接。仅有"大战略"对接的宣示，而没有落到操作层面，无异于浪费有限的外交资源。[63] 在具体操作层面，中国与中南半岛各国在设施联通、产能合作、次区域合作和跨境经济合作区建设方面也达成了多项具体协议。[64] 在中国-东盟自贸区、GMS、澜湄合作等现有合作机制的基础上，中国与中南半岛国家优先在互联互通、产能合作等领域开展合作。通过《大湄公河次区域交通发展战略规划（2006-

2015）》、《大湄公河次区域便利货物及人员跨境运输协定》、《中国 - 东盟交通合作战略规划》（修订版）、《澜沧江 - 湄公河国际航运发展规划》、《澜沧江 - 湄公河国家产能合作联合声明》、《中国 - 东盟产能合作联合声明》等制度加强顶层设计，指导中国 - 中南半岛经济走廊基础设施互联互通项目建设。

互联互通建设是把国家间不同领域相互趋同的关联利益实现直接关联，形成共同利益。在经济走廊建设中，多元行为体突破自然地理条件的束缚，重构互联互通的不利地缘要素，使原本不直接连通的区域通过各种形式畅通连结起来，将原本只是呈现间接关联的利益直接关联起来，创造共同利益。具体来说，经济走廊通过"软件"和"硬件"的基础建设，使得特定区域内的经济活动更为顺畅。[65] 经济走廊建设初期最先开展的是基础设施的互联互通建设，包括两个方面：一是"硬件"基础设施互联互通，指的是交通、能源和通信基础设施方面的联通。二是"软件"基础设施互联互通，意指通过制度建立、协议鉴定以及交流合作平台的建立，实现运输、贸易和投资便利化。目前，"软件"和"硬件"基础设施互联互通建设正逐步改变着中国与中南半岛国家之间地理条件中诸多互联互通不利因素，使这些地区的地缘优势得以显现和提升。

　　首先，"硬件"基础设施互联互通是推进中国 - 中南半岛经济走廊建设的重中之重。它为经贸畅通、资金融通和民心相通等其他互联互通建设提供物质基础，发挥着"先导性"的作用。Pradeep Srivastava 也提出，经济走廊建设的核心就是通过一条公路把两个或多个节点连结起来而形成的物理通道[66]，即基础设施的连结。基础设施建设能推动生产和人口向城市集中，进而带动经济活动在地理上相对集中，产生规模经济和社会福利效应。它对一国或地区的经济发展具有"乘数效应"，能带动几倍于投资额的社会总需求，加速社会经济活动，使一国或地区的经济实现持续发展。依托大湄公河次区域合作、中国 - 东盟自贸区等合作机制，中国与中南半岛国家之间已形成了交通基础设施、能源和信息基础设施组成的立体综合性基础设施互联互通网络。

　　交通运输基础设施建设包括陆路、水陆和航空基础设施建设三个方面。公路是综合运输体系中服务范围最广、发展速度最快的地面交通运输工具。在地形复杂、经济欠发达的地区，公路是最便捷、最经济甚至是唯一的运输方式。中国 - 中南半岛经济走廊沿线，老挝万万高速公路顺利竣工通车，结束了老挝境内没有高速公路的历史。昆曼公路全线贯通，会晒 - 清孔大桥正式完工，车辆可无障碍地通过湄公河，大大降低了国际大通道的运输成本。中国境内，云南省已基本建成从东、中、西三个方向连结 GMS 国家的铁路、公路、航空、水运立体综合体系和信息通道。云南省"五出境"通道中，除猴桥和清水河通道外，省境内段已实现高速化。[67] 目前，广西已建成出省出海出边高速公路通道28条，基本上形成了内通外畅的出省出边出海高速公路布局。[68] 现广西正加快推动建设由广西凭祥，向南经越南河内、老挝沙湾拿吉、柬埔寨金边、泰国曼谷、马来西亚吉隆坡至新加坡的陆路大通道。广西至中南半岛跨境公路运输班车已实现常态化开行，跨境运输大幅增长。铁路是国民经济大动脉。不仅能保障物流畅通，解决资源分布不均衡问题；还能为旅客提供快速出行的保障，促进经济发展。中国 - 中南半岛经济走廊沿线，中老铁路、中泰铁路进展顺利，中缅印铁路通道正开展前期工作，中越铁路通道境内段已实现全线准轨电气化，雅万高铁也已经进入全面实施阶段，泛亚铁路建设正在加快推进。2020 年 12 月，京津冀首列"中国 - 东盟多式联运国际班列"正式开行，从河北保定京津保国际智慧港出发，经云南自贸区红河片区出境，把货物分发到东盟各国，比公路货运用时减少了 30 小时，为中国内陆地区与东盟国家贸易往来打开了新通道。水路运输建设主要体现在航道和港口基础设施建设两方面。澜沧江至湄公河现已实现中老缅泰四国通航，其中国内段 259 公里为五级航道。[69]中老缅泰澜沧江－湄公河航道二期整治工程前期工作业也已启动。中国与包括中南半岛在内的东盟国家之间的港口合作重点集中在广西北部湾经济区。[70]目前，广西北部湾航线网络布局不断加密，已有 52 条集装箱班轮航线，覆盖东北亚、东南亚主要港口，延伸至南美和南非。[71]缅甸皎漂深水港、中国 - 东盟港口发展与合作论坛是中国与东盟进行港口合作的交流平台。在中国 - 新加坡（重庆）战略性互联互通示范项目框架下，中国与新加坡共同提出的互联互通的具体实施方案——国际陆海贸易新通道以跨境海铁多式联运为主要运输方式，同时发展跨境铁路运输、公路运输和公铁海联运等复合运输，大大强化了中国与中南半岛区域的互联互通网络和经济贸易合作。2020 年 8 月澜沧江 - 湄公河第三次领导人会议发表了《澜沧江‐湄公河合作第三次领导人会议关于澜湄合作与"国际陆海贸易新通道"对接合作的共同主席声明》，正式提出要将"国际陆海贸易新通道"[72]与澜沧江‐湄公河合作机制（以下简称"澜湄合作"）相对接，形成合力，共同促进澜湄各国、中南半岛次区域乃至更大范围、更深层次的互联互通和经济合作。航空运输对于一个整体的海陆空一体化网络的形成也是至关重要的。中国与中南半岛国家主要城市之间已形成了比较完善的航空航线网络和运输体系。[73]中国昆明是通往东盟和南亚的一个主要的空运枢纽，昆明一半以上的国际航线的目的地都是东南亚国家。目前，云南省的客货运航已基本实现了对东南亚南亚国家首都和重点旅游城市全覆盖。[74]目前，广西南宁也已实现了对东盟国家主要城市的航线全覆盖。广西南宁面向东盟的门户枢纽机场建设已初步成型。[75]

　　能源基础设施。中国与中南半岛国家之间的能源合作正处于日益密切的阶段，在原油管道、电力和新能源合作三个方面成效突出。中缅原油和天然气管道合作项目已取得了巨大突破，并产生了巨大的社会效益。截至2018年7月，作为中国第四大能源通道的中缅油气管道累计向中国境内输送原油量突破一千万吨。[76] 电力合作方面，由中国电力建设集团有限公司投资建设的老挝南欧江项目截止至 2020 年底已发电装机容量达 1062 兆瓦，累计发电超 63 亿千瓦时。待该水电站全部建成后，将保障老挝全国 12% 的电力供应，促进老挝北部电网升级和输送互联。新能源合作方面，由于中南半岛国家的地理位置优势，当地风能资源丰富，但整体开发程度较低。中国与泰国、缅甸、越南等国开展了多层次的新能源合作项目，为中国 - 中南半岛经济走廊的建设提供了稳定的能源保障。

信息基础设施建设。信息基础设施建设拥有强大的信息交流功能，可方便快捷传递信息，降低贸易相关成本，未来将成为互联互通建设的重要内容。为实现信息互联互通，中国与中南半岛国家以共商共建中国 - 东盟信息港为平台，旨在打造以人工智能、云计算、大数据为主的信息技术特色园区，辐射和服务东盟。跨境海缆工程方面，中国与泰国共建新海底光缆项目实现了中泰宽带联通。中越国际光缆扩容完成，亚太直达、亚非欧 1 号等国际海底光缆相继投入运营。陆缆工程方面，中国企业与柬埔寨、印尼、菲律宾合作，共同推进当地 5G

网络建设。

其次，"软件"基础设施互联互通是相对于"硬件"基础设施互联互通而言的，它指的是促进货物与服务贸易，增加对外直接投资以及保证各国人员之间的自由流动的一系列国际性或区域性协定。[77] 仅仅依靠"硬件"基础设施互联互通建设，建成交通走廊，是不可能达到促进经贸活动的增加和实现区域经济一体化目的的。只有通过持续不断的采取贸易便利化措施，创造一个"贸易"或者"物流"走廊，才可以使这条交通走廊更快向经济走廊演进。所以，贸易便利化措施是促进交通走廊向经济走廊转变的催化剂。[78] 各种促进贸易便利化的"软件"基础设施互联互通为中国-中南半岛经济走廊的推进提供了一个自由、便捷的经贸环境，为中国与中南半岛区域实现一体化提供了制度和法律保障。它主要包括三个方面：运输便利化、贸易便利化和投资便利化。[79] 中国通过双多边合作，借助区域内现存国际机制，多渠道加强与中国-中南半岛经济走廊沿线国家的"软件"互联互通建设。首先，中国与包括中南半岛在内的东盟国家通过签订《中国-东盟交通合作谅解备忘录》《中国与东盟航空合作框架》《中国-东盟货物贸易协议》《服务贸易协议》等一系列协定来促进各方之间运输、贸易与投资的便利化；此外，中国还依托澜湄合作机制，通过边境合作、改革口岸管理、升级技术手段等方法提升中国与湄公河流域国家间货物的通关便利化程度。[80]2019年云南、广西设立自由贸易试验区设立，更是提高了中国与越南、老挝等国在口岸通关和跨区通关的协作能力。目前，澜湄国家正致力于统一标准，加强海关和质检合作；依托"互联网＋"升级通信基础设施，提升通关效率。2020年，随着全球涵盖人口最多、经济总量最大、贸易额最多的自贸协定《区域全面经济伙伴关系协定》（简称RECP）的签署，中国与包括中南半岛国家在内的东盟国家及日本、韩国、澳大利亚和新西兰等15国一致同意将通过协调跨境贸易和投资规则，加强"软件"互联互通，随之带来的关税的降低和市场的整合，将为中国-中南半岛经济走廊的贸易与投资提供极大便利。

三、辐射效应：三类辐射效应渐显

中国-中南半岛经济走廊建设六年多来，作为促进中国与中南半岛之间实现区域一体化的一个重要手段，其在"软件"和"硬件"基础设施互联互通建设方面推进顺畅，随之产生的功能、地理和地缘关系三个类别的辐射效应也逐渐显现。

第一，功能辐射效应渐显。国际政治功能主义认为，某一领域的合作成功会不断向外进行辐射，激发其他领域的合作需求和合作意愿，从而使合作在更大范围和更深层次上展开，最终实现全方位和全领域的合作。[81]从2015年3月《愿景与行动》提出要建设中国-中南半岛经济走廊作为"一带一路"倡议在中南半岛尽快落地的重要依托以来，该走廊前期在基础设施互联互通、跨境经济合作区建设等基础设施方面取得了积极进展，其效益也逐渐辐射到了经贸、产能、金融和人文等其他功能领域。

随着"软件""硬件"基础设施建设的不断发展，中国-中南半岛经济走廊沿线各方贸易投资合作也得了到显著提升。贸易和直接投资是刻画地缘经济联系的两个最主要的指标。首先，贸易方面。目前，中国已经成为缅甸、泰国、柬埔寨、越南最大的贸易伙伴。[82]在中国-东盟自贸区架构下，中国与中南半岛国家的进出口贸易得到了快速增长。2009-2016年双方进出口额增长

了 70%，增速明显高于同期中国对外贸易增速。《中国 -
东盟全面经济合作框架协议》生效后，中国和湄公河流
域国家超过 90% 的产品实现零关税，极大降低了关税壁
垒，促进了次区域内贸易往来和国际投资。[83]2020 年，
东盟一跃成为中国第一大贸易伙伴。2020 年前 11 个月，
中国对东盟进出口同比增长 6.7%。2021 年中国与东盟又
将迎来建立对话伙伴关系 30 周年，加上 RCEP 已签署并
将正式生效，中国与包括中南半岛在内的东盟国家之间
合作动力十足。

　　除贸易外，直接投资方面。中国对中南半岛各国
直接投资流量与存量近 9 年来均呈上升趋势。（详见图
9）中国 - 中南半岛经济走廊提出后 4 年与提出前 4 年相
比，中国对中南半岛国家的投资增加了 100.9%。[84] 除
新加坡外，老挝是 2019 年中国对中南半岛国家直接投
资存量最高的国家。（详见表 5）。2020 年，中国企业在
"一带一路"沿线对 58 个国家的非金融类直接投资主要
投向新加坡、印尼、越南、老挝、马来西亚、柬埔寨、
泰国、阿联酋、哈萨克斯坦和以色列等国家。排名前十
位的国家中，中国 - 中南半岛经济走廊沿线国家就占了
六席。

图9 2011-2019 年中国对中南半岛国家直接投资流量及存量情况图（单位：万美元）

数据来源：2019 年度中国对外直接投资统计公报 [EB/OL]，中华人民共和国商务部，http://www.mofcom.gov.cn/article/tongjiziliao/dgzz/202009/20200903001523.shtml

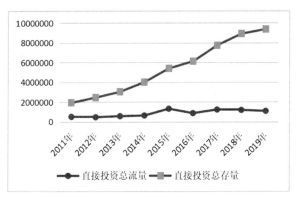

当前，新一轮科技革命、产业变革正在进行。中国与中南半岛国家的贸易合作，也正在以新的方式，阔步向前。中国与中南半岛国家正积极开展数字经济合作，在数字技术研发应用和新业态、新模式的开发方面也取得了令人瞩目的成绩。在数字技术研发应用方面，新加坡国立大学与苏州工业园区共建"新国大人工智能创新及育成中心"，泰国与中国企业迅雷合作，发展区块链产业，马来西亚则与中国企业携手打造了大马首座人工智能产业园。在新业态、新模式方面，新加坡企业与

表 5 2011—2019 各年中国对中南半岛国家直接投资存量情况表（单位：万美元）

国家	2011 年	2012 年	2013 年	2014 年	2015 年	2016 年	2017 年	2018 年	2019 年
新加坡	1,060,269	1,238,333	1,475,070	2,063,995	3,198,491	3,344,564	4,456,809	5,009,383	5,263,656
马来西亚	79,762	102,613	166,818	178,563	223,137	363,396	491,470	838,724	792,369
泰国	130,762	212,693	247,243	307,947	344,012	453,348	535,847	594,670	718,585
越南	129,066	160,438	216,672	286,565	337,356	498,363	496,536	560,543	707,371
缅甸	218,152	309,372	356,968	392,557	425,873	462,042	552,453	468,006	413,445
柬埔寨	175,744	231,768	284,857	322,228	367,586	436,858	544,873	597,368	646,370
老挝	127,620	192,784	277,092	449,099	484,171	550,014	665,495	830,976	824,959
	1,921,375	2,448,001	3,024,720	4,000,954	5,380,626	6,108,585	7,743,483	8,899,670	9,366,755

数据来源：2019 年度中国对外直接投资统计公报 [EB/OL]，中华人民共和国商务部，http://www. mofcom. gov. cn/article/tongjiziliao/dgzz/202009/20200903001523. shtml

微信、支付宝等中国支付平台合作；京东智能物流中心也在泰国建成。数字经济也成为了疫情之下，中国与中南半岛国家恢复经济的重要推动力，加速了中南半岛国家的数字化进程。当前，中国与中南半岛国家正抓住数字经济带来的新机遇，培育科技创新、电子商务、智慧城市等经济新增长点，积极推动次区域经济复苏发展。

随着贸易投资量的增加，中国与中南半岛国家交易的本币结算和金融便利需求也不断增长。2013 年，中国授权云南和广西作为改革先锋，在这两地开展贸易和投资便利化活动，以促进人民币在中国 - 中南半岛经济走廊和孟中印缅经济走廊的使用，减少交易成本，为区域经济提供便利。近年来，人民币在中南半岛的国际化进程加快。马来西亚、泰国和柬埔寨已将人民币列为官方储备货；中国已与泰国、马来西亚、新加坡签订了双边货币交换协议；而且，人民币对马来西亚吉林特和越南盾可以直接挂牌交易。此外，中国 - 中南半岛经济走廊沿线国家都是亚洲基础设施银行的创始成员国，各方在投资银行和金融监管方面的合作也进一步夯实了双方开展经贸合作的基础。

　　"产能合作"是中国 - 中南半岛经济走廊合作的重心。[85] 产业园区是中国与中南半岛各国推进产业合作的重要平台。近年来，中国与中南半岛国家积极落实《中国 - 东盟产能合作联合声明》和《澜沧江 - 湄公河国家产能合作联合声明》，推动一批国际产能合作重大项目落地。中国企业在中南半岛国家投资建设的境外产业园、跨境经济合作区数量不断增多，进展喜人。在商务部 2018 年确认考核的 20 家境外合作区中，有 1/3 的境外合作区位于东南亚，集中在越南、泰国、柬埔寨等国。[86] 中老磨憨 - 磨丁跨境经济合作区、中泰（崇左）产业园区、中越东兴园区和凭祥园区已经启动；中马"两国双园"、老挝万象赛色塔综合开发区、泰中罗勇工业园、柬埔寨西哈努克港经济特区等进展顺利，已有很多企业入驻。（详见表 6）目前，中国与中南半岛国家之间的境外产业园、跨境经济合作区的合作内容正在从传统能源、农业、基建等领域向新能源、制造业和高新产业等领域延伸，呈现多元化和深层次发展趋势。

表6　中国－中南半岛经济走廊沿线园区名录

序号	国家	园区名称	实施企业
1	柬埔寨	西哈努克港经济特区	西哈努克港经济特区有限公司
2	柬埔寨	柬埔寨山东桑莎（柴桢）经济特区	诸城服装针织进出口有限责任公司
3	柬埔寨	柬埔寨桔井省斯努经济特区	中启海外（柬埔寨）实业有限公司
4	柬埔寨	华岳柬埔寨绿色农业产业园	华岳集团有限公司
5	柬埔寨	柬埔寨齐鲁经济特区	齐鲁（柬埔寨）经济开发有限公司
6	柬埔寨	斯努经济特区	中启控股集团股份有限公司
7	柬埔寨	福隆盛中柬工业园	福建中柬投资有限公司
8	柬埔寨	柬埔寨-中国热带生态农业合作示范区	海南顶益绿洲生态农业有限公司
9	老挝	老挝万象赛色塔综合开发区	云南省海外投资有限公司
10	老挝	老挝云橡产业园	云南农垦集团
11	老挝	老挝磨丁经济开发专区	老挝磨丁经济专区开发集团有限公司
12	老挝	老挝-中国现代农业科技示范园	深圳华大基因股份有限公司
13	老挝	老中甘蒙钾盐综合开发区	四川省开元集团有限公司
14	马来西亚	马中关丹产业园	广西北部湾东盟投资有限公司

续表

序号	国家	园区名称	实施企业
15	马来西亚	江西（马来西亚）现代农业科技产业园	江西省华美食品工业有限公司
16	泰国	中国 - 东盟北斗科技城	武汉光谷北斗控股集团有限公司
17	泰国	泰中罗勇工业园	华立产业集团有限公司
18	泰国	泰国湖南工业园	邵东隆源贸易有限责任公司
19	缅甸	缅甸皎漂特区工业园	中信集团
20	越南	越南北江省云中工业园区	富华责任有限公司
21	越南	越南龙江工业园	前江投资管理有限责任公司
22	越南	中国 - 越南（深圳 - 海防）经贸合作区	深越联合投资有限公司
23	越南	圣力（越南）经贸合作区	圣力（福建）投资发展有限公司
24	越南	越南铃中加工出口区和工业区	中国电气进出口有限公司

数据来源：境外产业园区信息服务平台（https://oip.ccpit.org/ent/parkNew/138）

中国与中南半岛国家之间的人文交流成果也非常丰硕。2017 年，中国 - 东盟职教合作联盟正式成立，更好满足中南半岛国家发展对技能劳动力的需求，为深化中国与中南半岛国家之间的教育合作交流提供了一个良好平台。2006-2016 年之间，东南亚国家来华留学的学生人数一直位"一带一路"沿线国家前列，尤以泰国、越南表现较为突出。老挝和缅甸来华留学生增长速度较快。[87] 目前，中国与中南半岛国家已互为重要旅游客源国和目的地。中国已经成为缅甸、泰国和越南最大的旅游客源国，中南半岛国家也是中国游客最喜爱的旅游目的地之一。截至 2020 年，中南半岛五国的中国文化中心已全部揭牌，分别开设孔子学院 18 所，孔子课堂 27 所。[88] 新冠肺炎疫情发生以来，中国同中南半岛国家守望相助，互施援手，开展公共卫生合作，不但有效扼制住了疫情的蔓延，而且还与包括中南半岛国家在内的东盟国家一道，率先开展了复工复产合作，有序扩大"快捷通道""绿色通道"的适用范围，带动整个东亚成为全球抗疫的示范区，经济复苏的领头羊。

第二，地理辐射效应逐步发挥。目前，中国 - 中南半岛经济走廊正以沿线国家共建双边经济走廊的形式开展。待时期成熟，再把双方共建的经济效益辐射至三方或多方。2017 年下半年，"中国 - 中南半岛经济走廊"进入重点区域、重点领域建设阶段，由多方合作到双方合作。中国和老挝率先开始共同探索发展模式。[89] 2017 年 11 月中老两国发表了《中老联合声明》，提出要"共建起自中国云南，以中老铁路为依托，途经若干重要节点地区，抵达老挝南部的中老经济走廊。"[90] 把中老经济走廊作为中国"一带一路"倡议和老挝变"陆锁国"为"陆联国"战略对接的重要抓手，推进"中国-中南半岛经济走廊"和"一带一路"倡议在老挝具体落地并实施。2018 年 9 月，中缅两国签署了《关于共建中缅经济走廊的谅解备忘录》，达成了共同推进中缅经济走廊建设的共识。2020 年初，中国国家主席习近平访问缅甸，中缅双方签署《中华人民共和国和缅甸联邦共和国联合声明》，正式宣布"中缅人字形经济走廊"从概念规划转入实质建设阶段。[91] 中缅经济走廊是继中老经济走廊后，中国第二次提出与单个国家建立经济走廊。加强中老经济走廊和中缅经济走廊建设，将二者打造为中国-中南半岛经济走廊的重要支撑，对于推动中国-中南半岛经济走廊建设走向深化务实有着重要意义。

此外，国际陆海贸易新通道的建设也成为了中国-中南半岛经济走廊建设的重要抓手。国际陆海贸易新通

道 [92] 是中国与新加坡在中国 - 新加坡（重庆）战略性互联互通示范项目框架下，共同提出的互联互通的具体实施方案。它以重庆为运营中心，以广西、贵州、甘肃为关键节点，向外可有机连结"丝绸之路经济带"和"21世纪海上丝绸之路"，向内协同衔接长江经济带。是中国西部地区与东盟及其他国家实现区域联动和国际合作的平台，也是促进交通、物流和经济深度融合的综合运输通道。2019 年 8 月，国家发改委印发了《西部陆海新通道总体规划》，该通道上升为国家战略。国际陆海贸易新通道连结中国西北和西南地区，打通了西部地区基础设施建设及经济运行的南北"大动脉"，在中国境内形成了一个三角形的战略红利覆盖区。国内来看，它有效衔接了我国西部大开发、海南自由贸易港、粤港澳大湾区、长江经济带等四大战略，进一步激发我国内生发展和对外合作动力，形成东西互济、陆海内外联动的开放格局。国外来看，国际陆海贸易向北可连结丝绸之路经济带，联通中亚和欧洲；向南可连结 21 世纪海上丝绸之路和中南半岛。2020 年 8 月召开的澜沧江 - 湄公河第三次领导人会议发表了《澜沧江 - 湄公河合作第三次领导人会议关于澜湄合作与"国际陆海贸易新通道"对接合作的共同主席声明》正式提出要将"国际陆海贸易新通道"与澜沧江 - 湄公河合作（以下简称"澜湄合作"）机制相对接，要加强二者在互联互通、贸易投资、产能合作、数字经济、人力资源与中小微企业等领域的合作。[93] 国际陆海贸易新通道与澜湄合作的对接将从陆路、内河水运和海上航运三方面加强中国与中南半岛国家之间的基础设施互联互通，有利于激活中国西部市场与东盟市场协同发展的巨大潜力，增强产业链供应链的稳定性，极大推动中国 - 中南半岛经济走廊基础设施互联互通建设和产能合作。

作为中国 - 中南半岛经济走廊的重要组成部分，中老经济走廊和中新国际陆海贸易新通道的建设已取得实质性进展。展望未来，陆上方面，中老经济走廊可继续向西南延伸，分别与泰国、柬埔寨相连，建设中老泰、中老柬经济走廊，各双边、三边经济走廊在泰国汇聚，并继续向南延伸至马来西亚及新加坡。海上方面，中缅经济走廊可与马来西亚、新加坡和国际陆海贸易新通道从海上相连结，并在新加坡与"21 世纪海上丝绸之陆"衔接，把经济增长效应辐射到印度尼西亚、菲律宾等东南亚国家。通过陆海连接互动，使中国 - 中南半岛经济走廊成为"一带"和"一路"的中间桥梁，形成以铁路、港口、管网为依托的立体互联互通网络。向西辐射对接孟中印缅经济走廊、中巴经济走廊，辐射联通东盟、南亚、西亚、非洲、欧洲等各大经济板块，为商品、资金、技术和人员流通提供更强劲的动力和更广阔的空间，实现亚欧非联动发展。

第三，地缘关系辐射效应初现。地缘经济理论认为，行为体之间地缘经济的合作或对立关系，会造成地缘政治的合作或政治、军事上的冲突。[94]中国 - 中南半岛经济走廊是中国与中南半岛之间基于各自资源禀赋、产业结构、经济技术等方面的互补协同关系来开展地缘经济合作，是强调合作型地缘经济关系的地缘经济合作。因此，地缘经济效益辐射到政治和军事领域，也起到了正向的作用。随着与中南半岛基础设施建设的开展、经贸投资往来的增多和各种形式人文交流活动的增加，增进了中国与中南半岛各国的友好关系，增加了共同利益，夯实了构建中国 - 中南半岛命运共同体、中国 - 东盟命运共同体的基础。此外，中国 - 中南半岛经济走廊框架下与中南半岛国家共同开展的基础设施和物流运输服务，增强了中国在次区域和全球供应链价值链中的地位，推动了以中国为中心的区域经济秩序的形成。最后，中缅油气管道正式建成通气并产生了巨大的社会效益，缓解了中国的"马六甲困境"，一定程度上突破了美国在亚太地区对中国进行的围堵。

注释

1　推动共建丝绸之路经济带和 21 世纪海上丝绸之路的愿景与行动［EB/OL］. 新华网，2015-03-28，www. xinhuanet. com/world/2015-03/28/c_1114793986. htm.

2　共建中国－中南半岛经济走廊倡议书，中国一带一路网，2016-06-01，https：//www. yidaiyilu. gov. cn/zchj/sbwj/10456. htm.

3　第二届中国－中南半岛经济走廊发展论坛成功举办［EB/OL］. 人民网，2018-5-24，http：//gx. people. com. cn/n2/2018/0524/c179430-31623039. html.

4　南宁－新加坡经济走廊以中国广西南宁为起点，向南经越南、老挝、柬埔寨、泰国、马来西亚一直到新加坡的南新。

5　中国－中南半岛国际经济走廊（南宁－新加坡）合作发展圆桌会举行［EB/OL］. 广西南宁市人民政府门户网站，2015-9-19，http：//www. nanning. gov. cn/ywzx/nnyw/2015nzwdt/t17336. html.

6　卢光盛，段涛."一带一路"视阈下的战略对接研究——以中国－中南半岛经济走廊为例 [J].思想战线，2017（6）：166.

7　Wolf, S. O. *The China-Pakistan Economic Corridor of the Belt and Road Initiative: Concept, Context and Assessment* [M]. Berlin: Springer, 2019: 34.

8　李晨阳，孟姿君，罗圣荣."一带一路"框架下的中缅经济走廊建设：主要内容、面临挑战与推进路径 [J].南亚研究，2019（4）：116.

9　泛亚铁路是 1960 年由联合国亚洲和远东经济理事会提出的一个贯通欧亚大陆的货运铁路网络，由北部通道、南部通道、北南通道和东盟通道构成。参见吴本健，肖时花，王海南等.中国－中南半岛经济走廊 [M]，北京：中国经济出版社，2018（3）：54.

10　翟崑.一带一路沿线国家五通指数报告 [M].北京：商务印书馆，2018：51.

11　卢光盛.国际关系理论中的地缘经济学 [J].世界经济研究，2004（3）：14.

12　Sören, S. & Mikael. W,. Power politics by economic means: geoeconomics as an analytical approach and foreign policy practice [J]. *Comparative Strategy*, 2018（2）：15.

13　文云朝.关于地缘研究的理论探讨 [J].地理科学进展，1999（6）：174.

14　张公瑾.云南与中南半岛跨境民族在社会转型时期的文化走向 [J].中央民族大学学报（哲学社会科学版），2000（3）：27.

15　张公瑾. 云南与中南半岛跨境民族在社会转型时期的文化走向 [J]. 中央民族大学学报（哲学社会科学版），2000（3）：27.

16　刘雪莲，欧阳皓玥. 从共存安全到共生安全：基于边境安全特殊性的思考 [J]. 国际安全研究，2019（2）：8.

17　王永春，汤敏，李洪涛."一带一路"沿线国家群组划分与节点国家农业合作研究 [M]. 北京：中国农业科学技术出版社，2019：67.

18　推进中国－中南半岛经济走廊建设的思路和建议 [EB/OL]. 国务院发展研究中心，https://www.drc.gov.cn/DocView.aspx?chnid=1&leafid=224&docid=2897182.

19　Wolf, S. O. *The China-Pakistan Economic Corridor of the Belt and Road Initiative: Concept, Context and Assessment* [M]. Berlin：Springer，2019：32.

20　Real GDP growth [EB/CD]. IMF，https://www.imf.org/external/datamapper/NGDP_ RPCH@WEO/OEMDC/ADVEC/WEOWORLD.

21　李克强在澜沧江－湄公河合作第三次领导人会议上的讲话 [EB/OL]. 新华网，2020-08-24，http://baijiahao.baidu.com/s?id=1675918841316187985&wfr=spider&for=pc.

22　我国"13+1"省区市口岸部门合作支持西部陆海新通道建设 [EB/OL]. 中国人民共和国中央人民政府，2020-11-17，http://www.gov.cn/xinwen/2020-11/17/content_5562125.htm.

23 韩银安. 浅析地缘经济学 [J]. 外交学院学报 , 2004
（3）: 74.

24 范祚军. 中国 - 东盟区域经济一体化研究 [M]. 北京 : 经济
科学出版社 , 2016: 293.

25 "一带一路"：澜沧江 - 湄公河流域六国加快合作，环球网
201-02-25， https://baijiahao. baidu. com/s?id=162641754539
6243745&wfr=spider&for=pc.

26 陈文胜. 地缘政治视域下的网络空间及其安全 [J]. 学术
界 , 2020（2）: 89.

27 金丹，杜方鑫. 中越共建"数字丝绸之路"的机遇、挑战
与路径 [J]. 宏观经济管理 , 2020（4）: 86.

28 赵银平. 中国 + 东盟，数字丝绸之路带来新机遇 [EB/
OL]. 中国一带一路网 , 2020-06-16, www. yidaiyilu. gov. cn/
xwzx/gnxw/131963. htm.

29 Christos Cabolis, "IMD World Digital Competitiveness
Ranking 2020", IMD World Competitiveness Center,
https://www. imd. org/wcc/world-competitiveness-center-
rankings/world-digital-competitiveness-rankings-2020/

30 ［美］塞缪尔·亨廷顿. 文明冲突与世界秩序的重建 [M].
周琪等译，北京：译新华出版社 , 2018 : 110.

31 张林，刘霄龙. 异质性、外部性视角下 21 世纪海上丝绸之
路的战略研究 [J]. 国际贸易问题 , 2015（3）: 46.

32 Winter, T. The Cultural aspect of the Belt and Road could
forever reshape regional politics and security[EB/OL].

THE DIPLOMAT, March 29, 2016. https://thediplomat.com/2016/03/one-belt-one-road-one-heritage- cultural-diplomacy-and-the-silk-road/.

33　王正毅. 边缘地带发展论——世界体系与东南亚的发展 [M]. 上海：上海人民出版社, 2018：53.

34　[美] 塞缪尔·亨廷顿. 文明的冲突与世界秩序的重建 [M]. 周琪等译. 北京：新华出版社, 2010:114.

35　高程, 王震. 中国差异化分层经略东南亚国家探析——基于结构与局势及其互动的二元分析框架 [J]. 世界经济与政治, 2019（12）：630.

36　任珂瑶, 钮菊生, 艾伦（老挝）. 共建中老命运共同体路径探析 [J]. 和平与发展, 2020（4）：117.

37　李晨阳. 佛教在当代柬埔寨政治中的作用 [J]. 东南亚纵横, 1995（4）：47.

38　高程, 王震. 中国差异化分层经略东南亚国家探析——基于结构与局势及其互动的二元分析框架 [J]. 世界经济与政治, 2019（12）：97.

39　崔海亮. "一带一路"背景下中国跨境民族的中华民族认同 [J]. 云南民族大学学报（哲学社会科学版）, 2016（1）：37.

40　黎海波. "一带一路"战略下"跨界民族"概念及其逻辑连结 [J]. 湖北民族学院学报（哲学社会科学版）, 2017（1）：26.

41　刘稚. 大湄公河次区域经济走廊建设研究 [M]. 云南：云南大学出版社, 2009：146.

42　庄国土 . 华侨华人与中国的关系 [M]. 广东：广东高等教育
出版社，2001：24.

43　易刚明 . 东南亚华侨华人与中国关系——一种国际体系结
构分析 [D]. 广州：暨南大学 ,2010（3）：5.

44　庄国土 . 华侨华人与中国的关系 [M]. 广东：广东高等教育
出版社 ,2001:20.

45　方志斌 . 中国 - 中南半岛经济走廊建设的发展现状、挑战
与路径选择 [J]. 亚太经济 ,2019（6）：25.

46　曹云华，冯悦 . 东南亚华人政治参与的现状、特点与趋势
[J]. 东南亚研究 ,2020（6）1:27.

47　高程，王震 . 中国差异化分层经略东南亚国家探析——基
于结构与局势及其互动的二元分析框架 [J]. 世界经济与政
治 ,2019（12）:78.

48　曹云华，冯悦 . 东南亚华人政治参与的现状、特点与趋势
[J]. 东南亚研究 ,2020（6）:126.

49　老挝国家概况 [EB/OL]. 外交部 ,2020-09,www. fmprc.
gov. cn

50　庄国土，刘文正 . 东亚华人社会的形成和发展：华商网
络、移民与一体化趋势 [M]. 厦门:厦门大学出版社 ,2009:
442.

51　对外投资合作国别（地区）指南（2019 年版）[R]. 商务
部 ,2019:12.

52　[美] 塞缪尔·亨廷顿 . 文明冲突与世界秩序的重建 [M].
周琪等译 . 北京：新华出版社 ,2018:148.

53 海岛东南亚（Maritime Southeast Asia）是相对于大陆东南亚（Mainland Southeast Asia）而言的。前者除了马来西亚和新加坡外，还包括印度尼西亚、菲律宾、文莱等国。参见卢光盛. 中国和大陆东南亚国家经济关系研究 [M]. 北京：社会科学文献出版社, 2014:1.

54 丁子，林芮，孙广勇. 中老做命运与共的铁杆朋友 [N]. 人民日报, 2017-11-24（2）.

55 中国共产党和老挝人民革命党关于构建中老命运共同体行动计划 [EB/OL]. 新华网，http://www. xinhuanet. com/2019-05/01/c_1124440753. htm。

56 何立峰诸如何缅甸计划与财政部部长吴梭温签署政府间共建中缅经济走廊的谅解备忘录 [EB/OL]. 中华人民共和国国家发展和改革委员会, 2018-09-10, https://www. ndrc. gov. cn/fzggw/wld/hlf/lddt/201809/t20180910_1166926. html.

57 中华人民共和国和缅甸联邦共和国联合声明 [EB/OL]. 人民网, 2020-1-19, world. people. com. cn/n1/2020/0119/c1002-31554590. html.

58 Cabolis, C. IMD World Digital Competitiveness Ranking 2020[R]. IMD World Competitiveness Center, 2020:20.

59 中新"一带一路"合作前景广阔 [EB/OL]. 中华人民共和国国家发展和改革委员会, 2020-10-12, https://www. ndrc. gov. cn/fggz/gjhz/zywj/202010/t20201012_1244093. html.

60 中共云南省委关于制定云南省国民经济和社会发展第十四个五年规划和二〇三五年远近目标建议 [EB/OL]. 云南

省人民政府, 2021-01-07, http://www.yn.gov.cn/ztgg/jdbyyzzsjzydfxfyqj/gcls/yw/202101/t20210107_215060.html.

61 岳鹏. 论战略对接 [J]. 国际观察, 2017（3）: 45.

62 卢光盛, 段涛. "一带一路"视阈下的战略对接研究——以中国-中南半岛经济走廊为例 [J]. 思想战线, 2017（6）: 166.

63 陈杰. "一带一路"框架下的战略对接研究 [J]. 国际观察, 2019（5）: 31.

64 国务院发展研究中心. "一带一路"经济走廊：畅通与繁荣 [M]. 北京：中国发展出版社, 2018: 9.

65 Uveroi, P. The BCIM Economic Corridor: A Leap into the Unknown? [J]. *Institute of Chinese Stuties*, 2014（12）: 7.

66 De, P. & Kavita. I, . Developing Economic Corridors in South Asia[R]. Asian Development Bank, 2014: 16.

67 互利共赢 云南参与 GMS 合作不断深化 [EB/OL]. 云南网. 2020-11-4, baijiahao.baidu.com/s? id=1682355537049537942&wfr=spider&for=pc.

68 广西：规划建设出省出边出海通道 66 条 [EB/OL]. 中国公路网, 2019-10-14, m.chinahighway.com/article/65379923.html.

69 阮宗泽. 国际陆海贸易新通道同澜湄合作"牵手"推动区域经济一体化 [EB/OL]. 中国社会科学网, 2020-08-25, www.cssn.cn/jjx_lljjx_1/lljjx_gd/202008/t20200825_5174093.shtml.

70 范祚军. 中国-东盟区域经济一体化研究 [M]. 北京：经济

科学出版社 , 2016 : 239.

71 "十三五"广西初步建成现代立体交通格局 [EB/OL]. 广西
    日报 , 2020-12-22, www. gxnews. com. cn/staticpages/
    20201222/newgx5fe13010-20014095. shtml.

72 "西部陆海新通道"原名为"中新互联互通南向通道", 于
    2017 年 8 月成立, 后于 2018 年 11 月正式更名为"国际陆海
    贸易新通道"。2019 年 8 月 2 日, 国家发改委印发了《西部
    陆海新通道总体规划》, 该通道正式命名为"西部陆海新通
    道"并上升为国家战略。当前, 国内存在"国际陆海贸易
    新通道"和"西部陆海新通道"两种提法。其中,"国际陆
    海贸易新通道"由商务部牵头提出, 强调对外开放和经济
    功能, 侧重于对外发展的角度 ; 而"西部陆海新通道"由
    发改委主导, 强调其互联互通建设对于中国国内区域协调
    发展的作用, 侧重于对内发展的角度。两者虽提法不一,
    但实质上是同一条通道。本书采用"国际陆海新通道"的
    提法。

73 卢光盛, 段涛."一带一路"视阈下的战略对接研究——以
    中国 - 中南半岛经济走廊为例 [J]. 思想战线, 2017 (6):
    167.

74 "十三五"以来我省综合交通基础设施网络建设情况 [EB/
    OL]. 云南省交通运输厅 , 2020-11-30, www. ynjtt. com/
    Item/261676. aspx.

75 "十三五"广西初步建成现代立体交通格局 [E B /
    OL]. 广西日报 , 2020-12-22, www. gxnews. com. cn/
    staticpages/20201222/newgx5fe13010-20014095. shtml.

76 方志斌. 中国－中南半岛经济走廊建设的发展现状、挑战与路径选择 [J]. 亚太经济, 2019（6）: 24.

77 范祚军. 中国－东盟区域经济一体化研究 [M]. 北京：经济科学出版社, 2016: 242.

78 De, P. & Kavita. I,. Developing Economic Corridors in South Asia[R]. Asian Development Bank, 2014: 16.

79 范祚军. 中国－东盟区域经济一体化研究 [M]. 北京：经济科学出版社, 2016: 242.

80 田昕清. 澜湄合作框架下的贸易和投资便利化研究 [J]. 国际问题研究, 2018（2）: 58.

81 秦鹏, 刘焕. 成渝地区双城经济圈协同发展的理论逻辑与路径探索——基于功能主义理论视角 [J]. 重庆大学学报（社会科学版）, 2020（11）: 6.

82 王睿. 澜湄合作与"国际陆海贸易新通道"对接：基础、挑战与路径 [J]. 国际问题研究, 2020（6）: 118.

83 田昕清. 澜湄合作框架下的贸易和投资便利化研究 [J]. 国际问题研究, 2018（2）: 59.

84 根据《2019 年度中国对外直接投资统计公报》相关数据计算而得。

85 国务院发展研究中心. "一带一路"经济走廊：畅通与繁荣 [M]. 北京"中国发展出版社, 2018: 9.

86 六大经济走廊建设面面观, 一次获取超全资料 [EB/OL]. 中国一带一路网, 2019-4-26, www. yidaiyilu. gov. cn/sy/zlbw/87693. htm.

87 "一带一路"现象国家已成为我国国际教育重要市场 [EB/OL]. 中国一带一路网,2020-02-09, https://www. yidaiyilu. gov. cn/xwzx/gnxw/116982. htm.

88 孔子学院/课堂 [EB/OL],国家汉办,2020-2-1, http:// www. hanban. org/confuciousinstitutes/node_10961. htm.

89 六大经济走廊建设面面观,一次获取超全资料 [EB/OL]. 中国一带一路网,2019-4-26, www. yidaiyilu. gov. cn/sy/ zlbw/87693. htm.

90 中老联合声明 [EB/OL] 外交部网,. https://www. mfa. gov. cn/nanhai/chn/zcfg/t1510505. htm. 2017-11-14, https://www. mfa. gov. cn/nanhai/chn/zcfg/t1510505. htm.

91 中华人民共和国和缅甸联邦共和国联合声明 [EB/OL]. 人 民网,2020-01-19, world. people. com. cn/n1/2020/0119/ c1002-31554590. html.

92 "国际陆海贸易新通道"原名为"中新互联互通南向通道", 于 2017 年 8 月成立,后于 2018 年 11 月正式更名为"国际 陆海贸易新通道"。2019 年 8 月 2 日,国家发改委印发了《西 部陆海新通道总体规划》,把国际陆海贸易新通道的中国境 内部分正式命名为"西部陆海新通道"并上升为国家战略。 当前,国内存在"国际陆海贸易新通道"和"西部陆海新 通道"两种提法。其中,"国际陆海贸易新通道"由商务部 牵头提出,强调对外开放和经济功能,侧重于对外发展的 角度;而"西部陆海新通道"由发改委主导,强调其互联 互通建设对于中国国内区域协调发展的作用,侧重于对内 发展的角度。两者虽提法不一,但实质上是同一条通道。

本书采用"国际陆海贸易新通道"的提法。

93　澜沧江 - 湄公河合作第三次领导人会议万象宣言——"加强伙伴关系，实现共同繁荣"[EB/OL]. 澜沧江 - 湄公河合作 , 2020-08-25, http://www. lmcchina. org/n3/2020/0907/c416223-9757635. html.

94　陆大道，杜德斌 . 关于加强地缘政治地缘经济研究的思考 [J]. 地理学报 , 2013（3）: 724.

第三章

发现规律：演进与作用

中国-中南半岛经济走廊作为经济走廊的一种类型，其建设过程也必须要遵循经济走廊自发演进、发挥作用的一般规律。但是，国际政治的传统地缘经济理论并不能对经济走廊演进、作用的一般规律做出完整阐释，出现了理论解释的困境。于是，就需要回归中国-中南半岛经济走廊作为经济走廊的本质，引入区域经济学的相关理论来解释分析中国-中南半岛经济走廊建设过程中应遵循的发展演进规律及作用规律，探究其建设的应然状态。因此，本章将回归中国-中南半岛经济走廊作为经济走廊的本质，借助区域经济学的相关理论，在互构-关联-辐射的地缘分析框架下来对中国-中南半岛经济走廊建设过程中应遵循的一些客观规律进行分析。

第一节 中国 - 中南半岛经济走廊的 演进规律

中国 - 中南半岛经济走廊作为经济走廊的一种类型，也具有经济走廊的共性，其建设过程也必须要遵循经济走廊的发展演进规律。从区域经济学视角来看，经济走廊是空间发展倡议的一种类型，是近年来流行的促进区域一体化的一种方式。[1] 经济走廊在地理空间上表现为沿着公路、铁路或水运航道等物理运输通道形成的一个特定的线状地理区域。[2] 它连结不同的中心城市、特别经济区、港口等经济节点或门户，以公路、铁路等运输通道为载体形成区域经济发展轴。通过实施各种促进贸易便利化的措施，吸引商品、人员、信息等要素向运输通道主轴聚集。随之，运输通道主轴会产生经济聚集现象，形成经济增长极。经由极化和扩散效应的发挥，带动经济走廊沿线及周围地区的经济社会整体水平得到提高。

同理，从区域经济学的视角，中国 - 中南半岛经济走廊可定义为以中国西南边疆与中南半岛形成的特定地理空间为主轴，以昆明、南宁、河内、万象、曼谷等沿线城市和口岸为节点，通过对互联互通的不利地缘要素进行重构，形成中国与中南半岛国家之间水陆空多元立体的交通物流体系，联通中国、越南、老挝、缅甸、泰国、柬埔寨、马来西亚和新加坡八国。通过对沿岸地区进行资源开发、产业培育，形成区域产业辐射带和增长极。经由极化和扩散效应的发挥，促进中国与中南半岛国家之间的经贸、金融、文化等各领域合作提质增效升级，进而促进中国与中南半岛实现次区域一体化，推动次区域经济社会水平得到整体发展，实现互利共赢、共同繁荣。

经济走廊可以带来多重效益：首先，经济节点之间多元连通的交通基础设施和各种促进贸易和投资便利化的规则制度，可以减少商品和人员流通的时间和成本，使经济走廊沿线区域贸易量得到增加；其次，经济走廊可以帮助开发落后地区，助其消除贫困。经济走廊建设通过开展基础设施建设，把偏远落后地区与拥有高收入、高消费能力的经济节点城市连结起来，为偏远地区和内陆国家提供与外界连结的通道，增加他们的就业机会和商品进入市场的机会，使其经济得到发展，消除贫困。最后，随着经济走廊沿线贸易、投资等活动的增加，将会加强人与人之间的联系，有助于促进经济走廊沿线文化和种族的互动交流，消除极端主义、分离主义，政治军事暴力等不发展稳定因素，对当地社会发展产生积极影响。

一、互构－关联－辐射地缘框架下的经济走廊演进规律

开展中国－中南半岛经济走廊建设，首先应探寻其作为经济走廊的发展演进规律，遵循这一客观规律开展建设，才能使整个建设过程的推进更为顺畅。

Pradeep Srivastava 从国内／区域、窄／宽两个维度进一步解释了经济走廊是怎样由交通走廊演进而成的。（详见图11）"国内"指的是走廊建设是一国国内项目，"区域"指的是国家间的项目，在跨区域范围内实施。[3] "窄"和"宽"指的是经济走廊的宽度。经济走廊的宽度指的是交通主干道附近，商业、产业和生产中心辐射的范围，呈现出的是一条或窄或宽的"带状"地理形态。它不仅包括连结两个或多个节点之间的交通通道，而且还包括使用这条交通通道的周围的带状区域。[4] 具体覆盖范围如下：

图10　经济走廊范围图

图表来源：Srivastava, P. Reginal Corridors Development in Reginal Cooperation[R]. ADB Economic Working Paper Series No. 258, May 2011.

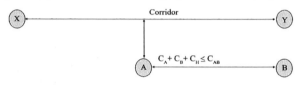

经济走廊通常始于两个或多个节点之间的地理联通。如图10所示，X和Y两个经济节点由一条走廊（或高速公路）连结。A和B是位于走廊沿线的两个城镇。C_A代表从A镇运送货物到走廊的成本，C_B代表从B镇运送货物到走廊的成本。C_A的大小取决于A镇与走廊的距离、道路条件、燃料成本、时间成本和可以选择的交通工具等因素。如果某一商人要从A镇运送货物到达B镇，他是选择从A镇直达B镇，还是选择从A镇到走廊，沿着走廊行驶一段距离，再出走廊，到达B镇？用C_{AB}表示A镇直接到B镇的成本，C_H表示从在走廊上行驶一段路程的成本。如果当$C_A + C_B + C_H \leq C_{AB}$，那么从A镇经过走廊再到B镇就成为了最佳选择。走廊沿线所有像A镇和B镇一样能受益于走廊所带来的效益的小城镇都可以看作是该走廊的一个部分。所以，走廊覆盖区域呈现出的是一条"带状"地理区域。这个带状区域包含许多已有的和计划中的商业和产业活动节点，如主要城市中心、卫星城镇、特别经济区、出口加工区、工业园等。[5]

Pradeep Srivastava 提出，经济走廊发展演进一般经过如下四个区域。如图 11 所示，X 轴从左往右代表着走廊从一国国内项目到跨区域多国的合作项目。Y 轴代表走廊的宽度，从下至上，由窄变宽。根据 X 和 Y 轴的两个维度，经济走廊的发展被分为四个区域。

图 11 经济走廊发展四象限图

图表来源：Srivastava, P. Reginal Corridors Development in Reginal Cooperation[R]. ADB Economic Working Paper Series No. 258, May 2011.

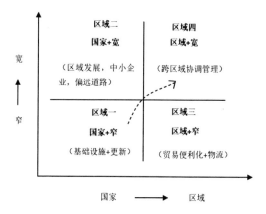

区域一，交通走廊建设阶段。经济走廊建设初期，是覆盖范围较狭窄的一国国内交通走廊建设阶段。主要任务是在一国国内新建高速公路，或者修缮原有的低水平的道路，开展以交通通道为主的基础设施建设。

区域二，"地区发展"阶段。该阶段主要任务是采取多种方法在一国境内扩宽该走廊的范围。通过新建二级道路把偏远地区和走廊主通道连结起来；通过更新城乡基础设施、促进产业升级，推进城镇化产业化发展；通过改善营商环境，提高中小企业经营能力等方式实现一国境内"地区的发展"。

区域三，促进贸易便利化阶段。区域三是走廊由一国国内，跨越边界，延伸成为多方合作共建的跨区域经济走廊的阶段。该阶段主要是以贸易便利化为核心，促进商品、资金、人员等要素在走廊区域流动。该阶段可以通过两种方式来实现：一是把位于各国境内的走廊连结起来；二是通过实施促进贸易和交通便利化的措施，减少边境关税壁垒，从而使得一国境内的走廊跨过边境延伸至其他区域。该阶段主要侧重于支持大型物流企业的发展和走廊标准化流程的建设。

区域四，经济走廊的建成阶段。区域四是走廊发展

的最后一个阶段，需要不同国家或区域之间进行协调管
理，才能形成真正意义上的经济走廊。该区域经济走廊
的交通运输从一国国内、窄范围发展到了一个跨境、宽
领域的区域，地方产品通过生产链价值链成功嵌入区域
或全球市场，国际产品也可以进入地方市场。然而，这
一区域并不会由区域一自然演进达到，它需要相关行为
主体共同制定一个区域计划、或者相关管理机制来统一
管理推进。

　　四个发展象限中，区域二和区域三是相互交错发生
的，但是二者在内容上却大相径庭。从推进主体来看，
区域二的建设主体是一国政府，而区域三的建设则需要
开展区域间跨国的合作。从投资的层次来看，区域二需
要在一国国内扩宽走廊范围，继续开展多形式的基础设
施建设，所以是"投资密集型"（Investment-intensive）；
而当走廊发展到区域三阶段时，"硬件"基础设施建设
已相对完善，需要着重促进"软件"基础设施的互联互
通，仅需要进行"轻投资"（Investment-light）。走廊必
须要经过区域一、区域二和区域三的发展，才能向区域
四推进。**6** 在这四个发展区域中，前两个区域的发展重
点限于国内，后两个区域的重点在于跨境地区或国家间

的协调。[7]但是，在对经济走廊进行实际分析时，不能完全地按照以上国家／区域的二分法来区分某一条经济走廊。因为国家／区域明显的区分在第一阶段已经完成了。[8]大多数经济走廊都从区域一开始建设，政策制定者面临的问题是下一步该向区域二还是区域三推进。为了实现区域贸易一体化，接下来应该向区域三推进，使贸易能够通过跨境运输路线向区域外拓展。然而，为了深化区域一体化和最大限度发挥经济走廊促进包容性增长的潜力，参与经济走廊建设的国家必须增加走廊沿线地方基础设施的投资，扩大走廊的宽度，推进走廊向区域二发展，并共同努力推动走廊向区域四——建成真正意义的经济走廊推进。经济走廊发展到区域四的阶段，即可最大限度地发挥吸引投资、促进区域一体化的作用。

以上经济走廊发展演化的过程，同样也遵循着互构－关联－辐射框架的逻辑。首先，区域一和区域二的建设重点都是在先天不可变的地缘要素的基础上，对"硬件"基础设施互联互通的不利地缘要素进行重新建构。体现了行为主体和地缘之间相互建构的"互构"关系。在区域一阶段，国家、私营企业等行为主体通过修缮或新建该国境内的公路、铁路等基础设施，重构互联互通的不利地缘要素，使多个经济节点连结起来。区域二阶段同样也是国家、私营企业等行为主体通过重构互联互通的不利地缘要素，把原本不直接连结的偏远地区和交通走廊主通道连结起来，扩宽该走廊在该国境内的覆盖范围，实现"地区的发展"。其次，区域三建设阶段主要是以贸易便利化为核心，开展"软件"基础设施互联互通建设。让经济走廊沿线各经济节点之间实现虚拟的"关联"，以更好地促进商品、人员等要素在经济走廊覆盖范围内自由流动。最后，经济走廊建设的过程是一个地理范围和合作功能领域逐渐"辐射"扩大的过程。从地理范围来看，从区域一到区域四阶段，经济走廊从一国境内，逐渐辐射延伸至跨国区域；而经济走廊沿线国家的合作领域，也从一开始的基础设施合作，逐渐辐射到了物流、制度、经贸等其他功能领域。

二、中国－中南半岛经济走廊所处的演进阶段

中国－中南半岛经济走廊是中国与中南半岛国家共建的跨区域经济走廊，它是一个国家间的项目，其建设

需由沿线八国协调共建。在 GMS、澜湄合作、中国 - 东盟自贸区升级版等区域合作平台的基础上，中国与中南半岛国家之间的交通基础设施互通良好，已形成了交通、能源和信息基础设施组成的立体综合性基础设施互联互通网络。从 Pradeep Srivastava 提出的经济走廊发展演进阶段来看，中国 - 中南半岛经济走廊已完成了区域一以交通基础设施建设为主的大部分发展任务。除了基础设施建设外，中国还借助中南半岛次区域内现存诸多机制，通过多渠道加强与中国 - 中南半岛经济走廊沿线国家的"软件"互联互通建设。目前，中国 - 中南半岛经济走廊没有向由经济走廊沿线东道国国内政府所主导的、注重更新城乡基础设施、改善营商环境，实现"地区发展"的区域二演进，而正在向以促进贸易便利化为核心，使商品、资金、人员等要素高速、低成本地在经济中心节点间自由便利化流动的区域三阶段推进（见图12）。

与需要持久投入大量资金的区域一发展阶段不同，区域三阶段主要着重于在中国 - 中南半岛经济走廊沿线国家之间开展促进"软件"互联互通的合作，仅需要"轻

图 12 中国－中南半岛经济走廊演进阶段图

图表来源：作者自制

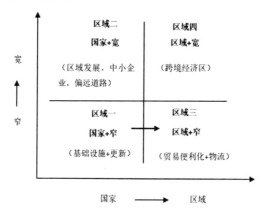

投资"。虽然从时间上来说，区域二和区域三的发展阶段并没有明显的先后顺序，甚至可能同时发生。但是，区域二和区域三都是交通走廊发展为真正意义上的经济走廊的必经阶段。在经过区域一交通基础设施发展的基础上，中国－中南半岛经济走廊只有通过区域二阶段的建设，实现经济走廊沿线区域的"地区发展"；再加上区域三阶段的建设，促进经济走廊沿线各国贸易投资更为自由化、便利化，才能把走廊建设最终向区域四——建成真正意义上的经济走廊推进。

第二节　中国 - 中南半岛经济走廊的 作用规律

根据经济走廊的自身发展演进规律，交通走廊演进为经济走廊之后，是如何发挥作用，带动沿线区域实现经济社会水平整体提高的呢？这就需要探寻其作用规律。而作用机制又是对作用规律最直接的反映。所以，本节将解构中国 - 中南半岛经济走廊作为经济走廊的构成要素，并对其作用机制进行分析。

一、要素构成：硬件、软件与机制

王磊等人提出，经济走廊通常由交通干线或综合运输通道、经济中心或大中城市、产业和合作机制四个要素构成。[9] 古小松和蒋斌认为，经济走廊的构成要素在某种程度上可归结为"一硬一软"，"硬"指的是强化通道建设，"软"指的是深化管理，消除过境物流、人流障碍。[10] Charles Kunaka 提出，经济走廊由三个要素构成：基础设施、服务还有协调走廊活动的制度。[11] 在借鉴国内外学者研究成果的基础上，本书认为，经济走廊由"硬件"基础设施、"软件"基础设施和经济走廊的管理机制三个要素构成。

第一，"硬件"基础设施。经济走廊的"硬件"基础设施指的是各种形式的交通基础设施及相关便利设施，包括兴建或改善公路、铁路、水路、港口、机场、边境哨所、无水港等交通基础设施。这些交通基础设施组成的跨境交通干线或综合运输通道构成了经济走廊的骨骼，是经济活动的主轴。以该通道主轴为核心，形成由经济走廊中心向周边腹地放射发展的交通网络，为沿线客货运输、商品贸易和经济社会发展提供便利条件。这些交通通道的连结越趋于多元化，就越能使商品和人员更自由、便利地在经济走廊所覆盖区域流通。此外，多元化的通道还有助于把增长极的经济效益辐射到偏远不发达地区，加速经济走廊周围区域的发展。值得注意的是，除了完善港口基础设施，海上运输也是经济走廊基础设施建设的一部分。**12**

"硬件"基础设施除了包括公路、铁路、管道等通道基础设施外，还包括诸如特别经济区之类的增长极的建设与培育。增长极（Growth pole）最初是由法国经济学家弗朗索瓦·佩鲁（Fransois Perroux）提出来的。在经济走廊建设中，增长极是经济活动的中心，也称为经济或工业节点。它是每一条经济走廊规划过程中的关键。这些增长极通常是物流和交通的枢纽，也可以是商品和人员汇聚的城市中心，还可以是该经济走廊内部或连结走廊外区域的门户节点。把这些增长极或经济节点连结起来，就组成了经济走廊的地理框架主干。增长极分为四类：商业节点、边境节点、门户节点和交换节点。[13]佩鲁认为，经济增长通常是通过一个或数个经济增长中心逐步向其他地区传导的。政府应采取相关政策，有意识地打造、培养增长极，带动相关地区产业的发展。[14]特别经济区（Special Economic Zone，简称SEZ）是增长极的一种类型，也是一种促进经济发展的模式。特别经济区指的是一国或地区通过法令划出一定范围，在对外经济贸易活动中，采取较其他地区更开放、更灵活的政策的地区。[15]经济特区通过减免关税、降低土地使用费、提供良好的投资环境等优惠政策和条件，形成一种特殊资源，吸引外商来经济特区从事投资或生产经营等各种活动，从而推动经济特区的经济发展，使之成为该区域的经济增长极。第一个现代意义上的特别经济区诞生于1959年的爱尔兰，而深圳特别经济区的成功经验使得特别经济区这个概念闻名于世。特别经济区有多种叫法，如自由港、出口加工区、自由贸易区、产业科技园区、石化工业区等。特别经济区作为一种特殊的经济实体，通过发挥极化效应和扩散效应来实现其带动经济发展的目的。特别经济区除了与普通地区一样，会因市场规律而产生极化效应以外；还会基于特殊的制度安排而产生极化效应。经济特区为投资者提供能直接给其带来经济效益的土地、税收等优惠政策，相对于周边地区，特别经济区就形成了一个政策洼地。企业家们为了降低生产成本而到经济特区投资，使生产要素在经济特区产生聚集。

第二，"软件"基础设施。"软件"基础设施指的是能使各种贸易投资活动更为便利化的规则、制度和标准。在"硬件"基础设施建设的基础上，还应实施一系列促进贸易投资便利化措施，即"软件"基础设施建设，才能使交通走廊向贸易或者物流走廊演进。包括物流服务在内的能促进贸易便利化的"软件"基础设施是促使交通走廊向经济走廊发展演进的催化剂。[16] 经济走廊各参与国必须要就影响商品、人员、技术流动的关税、法律法规、通关手续、检验检疫标准等规则、制度和标准进行协商统一，促使商品、人员等要素能自由流动，才能使经济走廊的功能和潜力得到充分发挥。

第三，经济走廊管理机制。经济走廊建设过程中涉及多个行为主体共同参与建设，合作领域各异、项目类型繁多是一个极其复杂的系统。需要一个机制或制度体系来规范、管理的经济走廊建设相关活动，才能使各项活动有条不紊地开展。

二、作用规律：互构、关联与辐射

只有因素和过程叙事，但没有机制的解释和理解是不完整的。因素只有通过机制才能驱动或阻止变化。没有机制，因素将不能导致结果。因此，在厘清中国-中南半岛经济走廊作为经济走廊所包含的因素的基础上，应更进一步探究这些因素是如何相互作用的，其作用机制如何，才能明确经济走廊的作用规律，更好地指导中国-中南半岛经济走廊的建设。

中国-中南半岛经济走廊作为经济走廊的一种类型，按经济走廊的一般作用规律发挥作用。总的来看，作为经济走廊的中国-中南半岛经济走廊是经济要素在一定地理区域内不断聚集和扩散而形成的一种特殊地理空间形态。它以公路、铁路或水运航道等形式把两个或多个节点连起来，通过实施各种促使商品、人员流动的贸易便利化措施，使商品、人员、技术、信息等要素向走廊沿线聚集，形成经济增长极。此外，在区域一体化尚不具备充分条件及生产要素流动受到阻碍的时候，也可通过创办经济特区的形式，吸引生产要素向经济特区聚集，形成经济增长极。按照"点 - 轴"理论，增长极会产生规模经济效应。经由极化效应和扩散效应的发挥，增长极的规模经济效应会逐步扩散至走廊沿线区域或经济特区周围，带动增长极周边区域的经济、社会发展，最终促进区域一体化进程。其中，"点 - 轴"理论是由中国的经济地理学家陆大道院士在借鉴和吸收法国发展经济学家弗朗索瓦·佩鲁（Francois Perroux）增长极理论的基础上提出的。区域经济学增长极理论认为，经济增长并非同时出现在所有地区或产业，而是从一些增长点或增长极上出现的不同程度的增长开始，然后通过扩散效应的发挥，辐射带动整个区域实现经济增长。[17]陆大道院士进一步发展了增长极理论。他认为，在区域经济发展过程中，要实现区域均衡发展是一个漫长的历史过程。在区域经济发展初期出现不均衡发展现象是很正常的。在区域经济发展过程中，应首先确定若干有发展条件的线状基础设施轴线，并对轴线地带的若干个点（城市及经济中心）进行重点开发。随着经济中心经济实力的不断增强，经济开发的注意力应转移至较低级别的发展轴和发展中心上。与此同时，发展轴线应逐步向距发展轴或经济中心较远的不发达地区延伸，将以往不作为发展中心的点确定为较低级别的发展中心。[18] 以此，采用轴线延伸，逐步积累的渐进方式，逐渐实现区域均衡发展。

具体来说，中国 - 中南半岛经济走廊的作用机制也是在互构 - 关联 - 辐射框架下展开的。经济走廊建设的初始阶段体现了行为主体与地缘要素之间的"互构"关系。首先，不同国家和地区受特定地缘要素的影响，具有不同的自然资源禀赋、产业结构、文化风俗，该区域国家在开展对外经济活动时必定要受到特定地缘要素的制约与影响；与此同时，该区域行为主体也可发挥主观能动性，通过修建公路、铁路、航线、油气管道等通道，兴建经济特区，重构特定区域内"硬件"基础设施互联互通的不利地缘要素，使得经济要素在一定地理区域内不断聚集，形成增长极（详见图 13）。

接着，通过"硬件"和"软件"的基础设施互联互

图 13　**经济走廊的作用机制图**
图表来源：作者自制

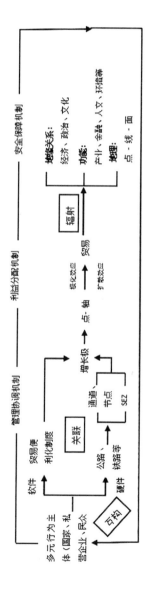

通建设，让经济走廊沿线各经济节点之间实现实际和虚拟的"关联"，以更好地促进商品、人员等要素在走廊覆盖范围内自由流动。经济走廊的建设始于"硬件"基础设施，最初是由一条道路或高速公路把两个或多个节点连结起来，成为交通走廊。但交通走廊本身并不会带来贸易量的增长，实现区域经济一体化。在"硬件"基础设施建设的基础上，还应实施一系列贸易便利化措施，即"软件"基础设施，才能使交通走廊向贸易或者物流走廊演进。"软件"联通是促使交通走廊向经济走廊发展演进的催化剂。[19] 随着多元交通通道的建设和各种通关便利化措施的实施，交通运输成本将大幅降低，经济节点之间商品和人员流通的成本也随之减少。从而，区域间贸易量将增加，产业将向该交通枢纽中心城市聚集，推动交通枢纽城市成为区域增长极。此外，在区域一体化尚不具备充分条件及生产要素流动受到阻碍的时候，也可以通过创办经济特区的形式，吸引生产要素聚集，使经济、社会制度不同的国家均能在这一小区域内寻求到经济的经济合作和利益结合点 [20]，由小到大，循序渐进，逐步带动走廊周围区域或经济特区周围实现经济增长。

增长极在形成与发展过程中会形成极化效应和扩散效应。在市场机制的驱使下，生产要素总是从利润率较低的地区向利润率较高的地区转移。经济节点中心相对于周边地区来说，基础设施相对完备，产业相对齐全。因此会产生吸引力和向心力，使得商品、人员、资金、信息等各种生产要素聚集于此，产生极化效应。当聚集形成一定规模后，就会产生规模经济效应。贸易成本降低，生产趋于专业化，贸易和经济规模持续扩大，进一步吸引生产要素向该区域聚集，经济节点中心的整体经济水平得到进一步提高。反过来又会增加对交通运输的需求，形成一种循环积累效应，使该区域成为经济走廊沿线区域经济增长极。然而，随着增长极的自身发展，本地市场逐渐趋于饱和。土地、劳动力等生产要素价格也会随之攀升，增长极中心区的一些产业就会产生迁移的动机，向周边其他土地和劳动力更为廉价的偏远地区转移。同时，出于增长极产业结构升级换代的要求，低端产业也会开始向周边地区迁移以获得生存空间，由此，产生扩散效应。区域经济学认为，经济辐射具有双向性。发达国家或地区向落后的国家或地区传递先进的技术、管理经验、信息和观念等资源，而落后的国家或地区向发达国家或地区提供自然资源、劳动力和市场等资源，以此带动落后地区同时实现发展。随着各种生产要素从增长极向周围不发达地区辐射扩散，可为经济走廊周边区域带来新的发展机遇，使增长极与周边区域形成上、中、下游的产业链分工协作，从而带动周边区域的开发，使区域差异逐步缩小。此外，各种新技术、新理念也会从增长极区域向周边地区传播，带动周边区域人口素质和文化水平的共同提高。增长极理论传入中国后，中国的经济地理学家陆大道院士在借鉴和吸收的基础上，将增长极理论延伸，提出了"点-轴"系统理论。所谓"点-轴"即是把具有良好发展条件的线状基础设施作为轴线，对轴线上的若干点（城市）进行重点开发，由控制一点的极化过程，发展为控制一条轴线的延伸和聚集，随着极化和扩散效应的发挥，经济开发活动的增加和经济发展水平的提高，整个区域将会实现均衡发展。需要注意的是，在经济走廊发展的初级阶段，极化效应占主导地位，会扩大区域经济发展差距。当"点-轴"经济发展到一定程度之后，极化效应削弱，扩散效应增强[21]，区域经济发展逐渐趋于平衡。

随着生产贸易活动加速聚集向走廊沿线的经济中心

聚集，"辐射"效应将发挥作用。地理辐射方面，根据"点 - 轴"理论，扩散效应将使增长极产生的经济效益向经济走廊沿线延伸，逐步形成点 - 线 - 面逐渐扩大的经济地域推行态势；功能辐射方面，交通和经济活动天然就是联系在一起的。[22] 随着"硬件"和"软件"互联互通的建设，商品交通成本、交易成本的降低必然会促进经济走廊沿线商品和服务贸易活动的开展。基础设施建设带来的规模经济和运输成本的减少还会产生产业聚集现象，加速经济走廊沿线区域的工业化进程。基础设施建设和贸易活动的增加同时也将会产生更多的投融资需求，为经济走廊沿线人民往来交流提供更多的机会。这些基础设施建设和经贸活动同时也会对自然生态环境造成一定影响，促使经济走廊沿线各方在人文、环保等领域开展合作。随着经济走廊功能的不断发展演进，它不仅有利于商品运输，而且能提高工业和制造业的能力，对走廊沿线区域的服务业、贸易和投资均有益，将给经济走廊沿线区域带来重要的经济、社会、文化和政治影响。[23]

此外，总的来看，一个高效运作的经济走廊不仅需要加强跨国的高效协商，协调政府和其他利益相关者之间的利益关系；而且还要对经济走廊建设中涉及到的各自规则、规定和标准的协调，筹集、流动和分配资金，消除贸易壁垒、腐败、合同执行能力低下，法律表述不明确等问题。这些活动涉及利益主体众多，合作领域各异、项目类型繁多是一个极其复杂的系统，需要机制或制度来进行保障。因此，必须要建立一个包括管理协调、利益分配、安全保障等功能的机制来规范、管理的经济走廊建设相关活动，才能使各项活动有条不紊地开展。

注释

1　Nogales, E. . G. Making economic corridors work for the agricultural sector[R]. US: Food and Agricultural Organization of The United Nations, 2014: 17.

2　Asian Development Bank. The Greater Mekong Subregion Economic Cooperation Program Strategic Framework 2011 – 2012[R]. ADB, 2011: 10.

3　Srivastava, P. Regional Corridors Development in Regional Cooperation[R]. Asian Development Bank Economics, Working Paper Series no. 258, July 6, 2011: 5.

4 De, P. & Kavita. I,. Developing Economic Corridors in South Asia[R]. Asian Development Bank, 2014: 16.

5 Srivastava, P. Regional Corridors Development in Regional Cooperation[R]. Asian Development Bank Economics, Working Paper Series no. 258, July 6, 2011: 18.

6 Iyer, R. BCIM Economic Corridor Facilitating Sub-Regional Development[R]. IPCS Special Report, May 2017: 10.

7 李向阳. 构建"一带一路"需要优先处理的关系, 国际经济评论, 2015（1）: 61.

8 Srivastava, P. Reginal Corridors Development in Reginal Cooperation[R]. ADB Economic Working Paper Series No. 258, May 2011: 14.

9 王磊, 黄晓燕, 曹小曙. 区域一体化视角下跨境经济走廊形成机制与规划实践——以南崇经济带发展规划为例 [J]. 现代城市研究, 2012（9）: 78.

10 刘稚. GMS 大湄公河次区域经济走廊建设研究 [M]. 云南: 云南大学出版社, 2009: 75.

11 Kunaka, C. & Robin. C. Trade and Transport Management Toolkit[M]. Washington, D. C. : The World Bank, 2014: 16.

12 Lainé, E. -X. Transnational dynamics in Southeast Asia: The Greater Mekong Subregion and Malacca Straits Economic Corridors [M]. Singapore: Institute of Southeast Asian Studies, 2014: 310.

13 Lainé, E. -X. *Transnational dynamics in Southeast Asia: The Greater Mekong Subregion and Malacca Straits Economic*

Corridors [M]. Singapore: Institute of Southeast Asian Studies, 2014: 310.

14 高洪深. 区域经济学 [M]. 北京：中国人民大学出版社, 2019: 68.

15 高洪深. 区域经济学 [M]. 北京：中国人民大学出版社, 2019: 62.

16 Iyer, R. BCIM Economic Corridor Facilitating Sub-Regional Development[R]. IPCS Special Report, May 2017: 7.

17 刘胜君. 新疆丝绸之路经济带核心区建设研究 [D]. 吉林：吉林大学, 2016: 36.

18 陆大道. 二 000 年我国工业生产力布局总图的科学基础 [J]. 地理科学, 1986（2）: 111.

19 Iyer, R. BCIM Economic Corridor Facilitating Sub-Regional Development[R]. IPCS Special Report, May 2017: 7.

20 刘稚. GMS 大湄公河次区域经济走廊建设研究 [M]. 云南：云南大学出版社, 2009: 35.

21 高洪深. 区域经济学 [M]. 北京：中国人民大学出版社, 2019: 122.

22 De, P. & Kavita. I, . Developing Economic Corridors in South Asia[R]. Asian Development Bank, 2014: 1.

23 Wolf, S. O. *The China-Pakistan Economic Corridor of the Belt and Road Initiative: Concept, Context and Assessment*[M]. Berlin: Springer, 2019: 24.

第四章

三维掣制：互联互通、主体利益、区域发展

在对中国-中南半岛经济走廊建设的实然状态和应然状态进行分析的基础上，本章总结得出了中国-中南半岛经济走廊在建设过程中面临的掣制。中国-中南半岛经济走廊沿线八国政治、经济、文化异质性非常明显，中国与中南半岛国家在开展地缘经济合作时，在互构、关联、辐射三个维度面临着诸如海上互联互通相对薄弱、行为主体利益不一、区域发展不均衡等方面的掣制，使中国-中南半岛经济走廊的建设面临着内在的结构性张力威胁。

第一节　互构掣制：地缘要素与行为主体

中国-中南半岛经济走廊沿线各国在重构互联互通的不利地缘要素，开展"硬件"基础设施互联互通建设的过程中，主要面临着来自地缘要素和行为主体两方面的掣制。地缘要素方面的掣制主要表现为地缘重构活动及共同边界易引发非传统安全问题、海上互联互通相对薄弱两个方面；行为主体方面的掣制主要体现在央 - 地及地方政府间的关系不协调、部分行为主体被忽略两个方面。

一、地缘重构活动及共同边界易引发非传统安全问题

中南半岛位于大陆板块与海洋板块的交界边缘地带，自然灾害频繁，生态环境脆弱。大部分中南半岛国家防灾救灾基础设施相对滞后，生态环境治理体系落后，治理能力低下，更是加剧了区域内的生态安全危机。新加坡尤索夫伊萨东南亚研究所（ISEAS-Yusof Ishak Institute）2020 年公布的对东南亚精英阶层开展的年度调查报告《东南亚态势：2020》中指出，66.8% 的受访者认为气候变化带来的影响是该区域最大的三个安全担忧之一。[1] 此外，中国 - 中南半岛经济走廊建设初期的主要任务是公路、铁路、兴建水坝等基础设施建设，涉及对森林、矿山、河流等自然地理要素进行人为重构。这个过程中不免要占用农田、开垦荒山、砍伐森

林、修筑大坝，对自然生态环境和当地居民生活造成一定影响，也可能带来跨国大气污染、森林和矿产等自然资源的过度开发、土地荒漠化等生态环境问题。再者，通过连结港口，开辟海上新航线，开发利用海洋资源，从海上加强中国 - 中南半岛经济走廊沿线国的互联互通时，也可能会打破海洋原有的生态系统平衡，对海洋生态环境造成影响。这些生态问题与该区域内部分国家社会冲突和民族宗教等问题相互交织，很容易导致生态环境问题演变为政治安全问题。最明显的例子即是对澜沧江 - 湄公河的开发。澜沧江 - 湄公河跨越了人为界定的国界，将不同国家、地区联系在一起，形成了中国与湄公河流域五国间相互依赖关系的重要纽带，是沿岸国家居民生活用水和发展经济的重要来源。但是，跨境共享河流除了带来相互依赖的发展机遇的同时，由于流域沿岸各国所处的地理位置、国内经济发展水平和生活习惯的差异，各国对河流的开发和利用侧重点各有不同，产生了结构性的差异和矛盾，[2] 引发了经济、生态甚至是地缘政治风险等安全问题。中国位于澜沧江 - 湄公河流域上游，对水资源的利用主要集中于水能和航运；缅甸对湄公河水资源的利用侧重于航道建设和区域合作；老挝是对湄公河依赖程度最深的国家，其 83% 的土地均位于湄公河流域内。老挝高度重视湄公河的水电开发，想借助对湄公河水电的开发利用，使其成为"东南亚蓄电池"。泰国是东南亚最大的稻米出口国之一，因此，它对湄公河水资源的利用主要是集中于农业灌溉。柬埔寨经济发展落后，流域内居民基本上还过着"靠天吃饭"的生活，大部分民众以渔业为生。他们依靠季节性的泛洪区来发展农业和渔业。澜沧江 - 湄公河注入南海前在越南境内形成的湄公河三角洲是越南著名的粮仓，承担着越南 90% 的稻米出口任务。因此，越南对湄公河水资源的利用主要集中于农业灌溉。不同地理位置、用水模式的差异及利益诉求引发了澜沧江 - 湄公河流域各国间水量分配、渔业和生态环境等非传统安全问题。如修建水坝可能会引起澜沧江 - 湄公河径流量的改变，破坏鱼类栖息地、妨碍鱼类洄游，对渔业的发展产生威胁；某一流域国对境内水资源的开发也会减少其他流域国的水流量，对其生态环境和生物多样性造成影响。这些地缘要素重构过程中引发的生态环境问题不仅会使当地的贫困人口增加、财产损失加剧、经济发展能力减弱，而且还会与经济、能源等问题紧密联系，进而引发资源争夺、环境安全冲突等一系列外溢性安全问题。

此外，共同的边界在给中国与中南半岛国家之间带来友好往来的便利和发展机遇的同时，也带来了许多非传统安全问题。随着基础设施互联互通建设的开展，实体边界慢慢弱化，而软边界呈扩散趋势。大量的交通工具、商品、人员频繁经边界地区跨境出入，不可避免地会衍生出一些利用边境特殊区位优势开展跨境走私、跨境毒品贸易、非法移民等危害社会经济运行、环境保护的非传统安全的活动。这些跨境毒品走私与枪支贩卖、恐怖主义、极端主义、民族分离势力复合交织，再加上中南半岛部分国家国内政局不稳导致的跨境难民流动，增加了经济社会运行的风险。边界的中介效应更是让发生于边界的这些非传统安全问题更具渗透性和联动性，增加了社会治理的难度。

二、海上互联互通相对薄弱

中国 - 中南半岛经济走廊位于陆上和海上丝绸之路的连结区域，沿线国家除老挝外，主要节点城市几乎都与重要港口相连，具有海洋连结的天然地理条件。因此，中国在与中南半岛国家开展地缘经济合作时，既可以开展陆上的合作，也可以有海上的联动。

但是，目前中国 - 中南半岛经济走廊建设多侧重于发展公路、铁路、油气管道等陆路基础设施的互联互通，海上港口、航线的互联互通进展较慢。实际上，中国华南地区自古就通过海上运输，与东南亚各国开展了密切的经贸文化往来。作为海上丝绸之路始发港之一的合浦港早在汉代就已经是中国通往东南亚各国的重要对外开放港口。在历史海洋通道的基础上，中国 - 中南半岛经济走廊完全可通过升级港口与航线，改善沿线国家之间的贸易距离和物流状态，加强港口与内陆经济中心及国外市场的连通性，扩展海上通道。形成一个集要素流动、贸易与投资于一体的海上生产网络，推进"21 世纪海上丝绸之路"发展。再通过连结现有陆上以公路、铁路、管网、航空为依托的互联互通网络，搭建海陆衔接的贸易网络，从海陆两个方向统筹推进中国 - 中南半岛经济走廊建设，实现中国与中南半岛等东南亚国家的联动发展。

三、央 - 地以及地方政府间关系不协调

不同行为主体的利益诉求及其对建设经济走廊的期

待通常是不一样的。中央和地方政府对经济走廊建设有不同的关注点，地方政府之间参与经济走廊建设的目的和方式也有所不同，这些因素在一定程度上都会影响到中国-中南半岛经济走廊建设的推进。

从央-地视角来看，中国国内中央和地方政府在推进中国-中南半岛经济走廊建设过程中存在两个方面的问题，一是中央和地方政府关注重点不完全相同；二是地方政府能力和权限不足。首先，中央和地方政府关注重点不完全相同。中国-中南半岛经济走廊建设中，中央政府更多的是从政治-外交关系和地缘安全等宏观、战略的角度出发来考虑经济走廊建设相关问题。主要考虑经济走廊是否能促进经济和产业进步，带动偏远地区发展，确保国家安全；而地方政府则更倾向于从经济利益、发展诉求和社会-文化等角度来考虑相关问题。[3]它们侧重于考虑经济走廊是否能带来短期或中期经济收益。[4]一些地方政府在理解中国-中南半岛经济走廊建设上出现偏差，把它看作是获得政策、税收优惠的新举措，加大投资项目的新机会，而忽略了其政治、外交和地缘安全的功能。这就导致在中国-中南半岛经济走廊建设过程中不可避免地存在地方利益与全国利益、短期利益与长期利益、经济利益与政治利益的冲突。其次，地方政府的能力和权限也是决定经济走廊建设成效的重要变量。[5] 地方政府参与区域合作的最大特点就是"非主权性"。地方政府并不能以法理上平等的身份来与中国 - 中南半岛经济走廊沿线国家的中央政府谈判、签署条约并执行。它们只能作为中国参与中国 - 中南半岛经济走廊建设这一地缘经济合作的一个行为主体，可以将各自参与地缘经济合作的发展诉求报给中央政府，但其本身并没有最终决定权。[6] 比如，云南、广西等省份是中国参与中国 - 中南半岛经济走廊建设的主体省份，但是，在边防、海关、检验检疫、非传统安全等经济走廊建设的重要合作领域，这些地方政府行为体的能力和权限却是相对不足的。

从地方政府视角来看，中国国内地方政府在参与中国 - 中南半岛经济走廊建设中存在的两个最大问题是协同不足和参与度不高。不同地方政府在参与区域合作时存在着一定的竞争关系，主要体现为对内争取中央政府政策、资金支持方面的竞争；对外争取经济走廊沿线国家合作项目、优先性等方面的竞争。各地方政府为抢占发展先机所做出的参与中国 - 中南半岛经济走廊的具体项目规划，由于缺乏统一的协调配置，可能会导致区域功能定位趋同、产业项目投入重复、同质化无序竞争的现象，造成严重的资源浪费。此外，目前来看，除广西、云南、重庆三省（市）外，其他地方政府参与中国－中南半岛经济走廊建设的参与度不高。各相关地方政府并没有充分发挥各自资源优势，形成合力投入到中国－中南半岛经济走廊的建设中来。

四、部分行为主体被忽略

只要某个组织、机构、团体甚至具有重要影响的个人具有了代表某些既定利益来参与、带动区域或次区域的合作，它们就是区域或次区域合作中当然的行为体。[7] 参与经济走廊建设活动的行为主体不仅包括国家，还包括众多不同类型的私营企业、地方社区居民、跨境民族和华人华侨群体。他们是参与经济走廊建设的主要行为体和直接利益相关者，但在实践中却经常被忽略。

中国－中南半岛经济走廊是以项目合作为核心的地缘经济合作，而私营企业则是开展项目合作的具体行为体，也是参与中国－中南半岛经济走廊建设的重要行为主体。政府和私营企业在跨境经济走廊建设过程中所扮演的角色和承担的职责是不一样的。在大部分低收入国家，经济走廊是由政府、区域经济组织或者国际发展机构来推动的。政府把经济走廊当作是一个公共产品，或者说是促进贸易投资的一种工具，利用经济走廊来创造贸易投资机会。他们更关注经济走廊对贸易和交通基础设施的促进作用。而在发达经济体和一些沿海的发展中国家，私营部门则在经济走廊的建设中发挥着主导作用。因为私营部门能敏锐地意识到开发关键贸易路线可以优化供应链管理，降低贸易成本。[8] 这些国家的政府主要负责协调国家之间的政治经济关系、制定政策，促使物流运输活动更加便利等活动。[9] 私营企业在具体开展项目建设、扩宽投融资渠道和提供安全保护等方面都发挥着不可替代的重要作用。首先，中国 - 中南半岛经济走廊建设需要开展各种类型、不同规模的项目建设，私营企业就是执行这些项目的最佳行为体。资本的逐利性使私营企业为了获得利益，自然参与到经济走廊建设中来。其灵活性、竞争性与高效性是政府部门所不具备的。其次，经济走廊建设过程中用于初期基础设施建设的资金投入巨大，约占总投入的 1/3。除新加坡外，中国 - 中南半岛经济走廊沿线各国多为经济不发达国家，大多数面临财政困难，依靠自身的力量很难在短期完成筹资，完善经济走廊交通基础设施。单纯依靠亚投行和中国的丝路基金也不能弥补巨大的基础设施投融资需求。因此，除了政府机构和国际组织外，许多具备雄厚资金的私营企业也可以发挥重要作用，参与到经济走廊建设中，丰富投融资渠道，为中国 - 中南半岛经济走廊建设提供新动力。最后，在中国 - 中南半岛经济走廊建设过程中面临着许多传统和非传统安全风险，严重威胁到中国的海外利益及中国 - 中南半岛经济走廊项目的顺利实施。面对复杂的安全形势，中国 - 中南半岛经济走廊沿线多国大多治理能力不足，自身安保存在警力不足、效率低下、成本高昂等问题，而传统的领事保护措施有限，中国采取军事介入也不现实。因此，借助私营企业，发挥市场的力量，通过私营安保公司补充海外安保体系，为中国在中国 - 中南半岛经济走廊的投资和人员提供充足的安全保护，也是一个极其可行的路径。然而，目前私营企业在中国 - 中南半岛经济走廊建设中的作用还没有得到很好的重视和发挥。

除政府和私营企业外，经济走廊沿线东道国的社区居民也是不容忽视的参与经济走廊建设的行为主体、潜在利益相关者。经济走廊建设初期主要任务是开展以交通通道为主的基础设施建设。基础设施建设将不可避免地涉及强制征地、拆迁等有关土地所有权和居民拆迁赔偿、安置等问题，对东道国的当地居民的生活及生存产生一定影响。这就要求在中国 - 中南半岛经济走廊建设过程中，要充分注意并重视东道国当地社区居民的利益。如果当地社区居民的利益和关切得不到足够重视，那么当地社区居民作为直接利益攸关方很可能会阻碍建设进度或者增加建设成本，也极易引起他们产生类似"新殖民主义"疑虑，对中国 - 中南半岛经济走廊建设产生消极抵抗情绪，对中国形象造成不良影响。

　　跨境民族和华人华侨也是中国 - 中南半岛经济走廊建设中可以依靠的两股特殊力量，但目前二者的作用都没有得到有效重视和发挥。跨境民族不仅熟悉所在国当地的风土人情和文化需求，而且具备语言优势，在对当地民众进行政策解读时更具说服力，可最大限度减少交流中的误解和隔阂。华人华侨群体则拥有双重文化背景、语言、文化，熟悉所在国法律法规。他们大部分经济实力雄厚，拥有广泛的政界、商界等社会人脉资源，是"走出去"企业的重要资源库和助手。而且跨境民族与中国部分少数民族同根同源，华人华侨与中华民族有着相同的血脉，这些共有知识和文化的存在，不仅能促进中国与中南半岛国家之间的"民心相通"，使经济合作、外交、协商和沟通等过程成为顺畅；而且还可以让中国与中南半岛国家在开展合作时多了一层边界无法阻隔的特殊的文化和血缘关系，是中国-中南半岛经济走廊建设过程中可依靠的两股特殊而宝贵的力量。但是，目前二者的优势和作用并没有得到有效重视。

第二节　关联掣制：利益与制度

中国与中南半岛各国意识到关联利益的存在，以战略对接和基础设施互联互通建设为整合和创造共同利益的主要方式，构建共同利益网络，旨在实现中国-中南半岛命运共同体的构建。在这一共同利益网络的建构过程中，也面临着中国-中南半岛经济走廊沿线各国、相关国际组织和域外大国利益诉求各异、区域间规则制度便利化水平不高的制约。

一、多元行为体利益诉求不一

国家利益是描述、解释、预测国家间行为的核心要素。国家任何行为决策的根本动力都来自于国家利益的获取。现实主义者认为，一国在追求各自利益的同时，必须慎重考虑如何与现存的国际秩序以及其他国家的核心利益兼容。[10] 建构主义者也认为，国家在考虑自身利益时，必须也要考虑其他国家的利益。因为，自身的利益是在与其他人的关系中确定的。[11] 所以，中国在与中南半岛国家之间开展中国 - 中南半岛经济走廊建设这一地缘经济合作时，也应认真分析相关利益主体的利益诉求。从单元 - 区域的角度来看，与中国 - 中南半岛经济走廊建设相关的利益主体可分为单元层面的中南半岛七国、作为地区层面的域内国际组织 —— 东盟和域外大国三个维度。

（一）中南半岛七国的利益诉求

从单元层面来看，中南半岛七国的利益诉求既有共性也有个性。就共性来说，由于中南半岛国家地理位置毗邻中国、大部分国家都有被西方殖民的经历，再加上与中国实力差距悬殊三因素叠加,使他们对中国产生强烈的不信任及被威胁感,某种程度上影响到了他们对于与中国共同开展中国 - 中南半岛经济走廊建设的态度。地缘政治理论认为,国家间的相互影响力存在"距离衰退原理",即国家间相互距离越近,彼此间的影响就越大,反之亦然。对小国来说,毗邻大国或强国对其是否友好,对效果的损益很大。[12] 中国与缅甸、老挝、越南三国直接接壤,且澜沧江 - 湄公河把中国与缅甸、老挝、越南、泰国、柬埔寨五国连结了起来。中国作为与中南半岛国家水陆相连的最大邻国,一举一动在该区域引发的反应都要比其他大国的举动在中南半岛区域引发的反应都要强烈。此外,该区域位于地缘破碎地带,除泰国外,该区域国家均被英国、法国殖民过,有着深刻的历史被殖民记忆,并在经历殖民统治和开展解放运动的过程中形成了较为强烈的民族主义意识[13],使其在进行对外交往的过程中既产生了对地缘政治的极强敏感性,也对维护独立自主有着较高的心理需求。加之近年来中国综合实力显著提高,双方实力的不对称性愈发凸显。部分中南半岛国家担心随着与中国开展经贸合作产生的日益增长的贸易赤字和对中国经济非对称性依赖的加深会产生一定的地缘政治经济风险，影响其国内经济和国家主权的独立性。[14] 因此，他们倾向于寻求获得美国、日本、印度等其他国家的支持，获得其经济替代方案。

就个性来说，中南半岛各国地理位置不一，所处的发展阶段、政体、文化各异。因此，各自的利益诉求也不尽相同，有着各自关注的重点领域。首先，从湄公河流域五国来看。宋代以前，越南是中国的一部分，独立后与中国保持了近千年的朝贡关系。南北统一后的越南在中南半岛推行霸权主义，导致中越双边关系恶化。越南对中国古代的朝贡体系与当下的崛起持怀疑态度，认为中国对其国家主权构成了挑战。[15] 加上中越两国近年来在南海地区的领土争端，成为了越南民众排华情绪的主要来源。总的来说，中越合作共建中国 - 中南半岛经济走廊主要存在三方面的障碍：南海争端、越南民族主义情绪以及对中国 - 中南半岛经济走廊等"一带一路"项目能否取得成功的疑虑。[16] 首先，大多数越南学者认为，南海问题是中越合作的最大障碍。其次，近年来，随着外部挑战的增多，加之国内改革过程遇到诸多挑战，越南国内一些政治人物开始利用民族主义来赚取政治资本。他们通过煽动国内民族主义，产生对中国的仇恨，以转移国内民众对政府腐败等问题的关注，增强内部凝聚力，增加越共执政合法性。这极大地损害了中国在越南民众心目中的形象，破坏了中越之间在多领域的合作，致使两国间很多合作项目被高度政治化，阻碍了项目的开展。最后，由于对中国 - 中南半岛经济走廊等"一带一路"项目细节缺乏了解，部分越南政治精英就对中国能否有政治、经济等各方面能力，成功推进"一带一路"倡议表示怀疑。[17] 缅甸位于东亚、东南亚和南亚三大地缘板块结合处，东北面隔断喜马拉雅山脉、横断山脉，南面控制着马六甲海峡的出口，形成了一个临海环山的独立地理单元。缅甸夹在中国与印度两个大国之间，既是中国西南省份进入印度洋的战略通道，也是印度通往东南亚的唯一陆地桥梁。除了地理位置重要外，缅甸的自然资源也非常丰富，尤以石油天然气储量为甚。它是东南亚国家中仅次于印度尼西亚的第二大天然气出口国。[18] 缅甸石油天然气主要分布在若开山脉和掸邦高原之间的中部沉积盆地和沿海大陆架。目前缅甸油气开采主要集中在陆上，海上油气资源开发相对薄弱，勘探程度低，但油气前景更好。但由于经济发展落后，基础设施不完善、对外开放程度低及国内政局不稳等其他方面的原因，缅甸的陆上、海上油气、矿产等资源还没有得到有效的开发。当前，缅甸的经济水平总体上仍比较薄弱，国内基础设施落后，人民生活水平基本上还停留在改革前的水平，缅甸迫切希望通过参与国际合作，能获得更多的外部支持，以促进国内经济建设和国内民族和解，推动国内和平进程。在西方殖民时期，泰国奉行灵活的外交策略，有效维护了国家的利益，成为了东南亚地区唯一没有沦为殖民地的国家。泰国奉行的"大国平衡"战略与其他东盟国家有所不同，它不是刻意保持与大国同等的距离，而是与各大国发展同等密切的双边关系。[19]正如前泰国国王拉玛五世朱拉隆功说到"泰国是一个小国，人口有限，不能与列强进行战争，必须八面玲珑与人无争，不能过分亲近某一强国，也不可过分疏远某一强国"[20]一方面，它与中国保持密切的传统友好关系，中泰两国关系形象地被称为"中泰一家亲"；另一方面，泰国是美国的军事同盟国家，被美国列为"非北约主要盟国"。除了奉行灵活的"大国平衡"外交政策，保持中立以外，泰国还极力支持打造一个统一的东盟，想通过在一个统一的东盟中扮演主要参与者的形式，在国际事务上获得更大的话语权。同时也想借助中国打通缅甸、老挝和柬埔寨这三个欠发达邻国，把它们作为自己的劳动力、原材料供应地及出口市场，将自己打造成为东盟经济的"核心"。[21] 老挝和柬埔寨更多关注的是引进更多的外商投资与扩宽出口市场。柬埔寨与老挝均属中低收入国家。老挝自然资源丰富，政局稳定，近年来经济发展速度较快。但是其经济发展也面临着基础设施不完善、产业结构不合理、发展资金不足、技术和人力资源素质不高等困难。[22] 经过多年的经济发展，柬埔寨也已从最不发达国家上升为中低收入国家，但其国内社会治理能力和理念仍落后，法制法规仍不健全，在社会经济建设过程中，劳资、土地、环保等纠纷仍层出不穷。近年来柬埔寨与西方关系恶化，还面临着西方国家的制裁。老挝和柬埔寨两国都亟需新增外商投资和扩大出口市场来带动本国经济和社会发展。

其次，从非湄公河流域国家新加坡和马来西亚来看。新加坡虽然是一个公认的"小型强国"，但在以实力为基础的国际政治中，也难逃超越小国的宿命。应对因小国导致的脆弱性是新加坡在进行内外战略制定时考虑的重要因素。[23] 新加坡的脆弱性主要来源于单元和地区层面。单元层面，新加坡国土面积狭小，人口少，资源匮乏，资源禀赋差、抗风险能力弱[24]，是一个与生俱来的脆弱小国，注定要依赖外部世界来实现自身的安全与发展。地区层面，新加坡所处的相对地理位置成为了其脆弱性的根源。新加坡占据地理要冲，扼马六甲海峡咽喉，与世界上人口最多的民族国家印度尼西亚隔海相望，与马来西亚相邻。这一独特的地缘环境一方面让其不可避免地成为大国必争之地；另一方面也给新加坡带来了严重的不安全感，这种不安全感又被历史与现实政治纠葛所加强与放大。无论是内政还是外交，新加坡都得顾忌邻国的感受。此外，2008 年金融危机爆发后，西方各大经济体陷入了经济衰退，而中国经济仍保持高速增长并于 2010 年超越日本成为世界第二大经济体。中国的迅速崛起及其引发的区域地缘政治经济格局的变化给新加坡带来了极大的体系压力。新加坡担心与其地理邻近、实行非西方政治制度的中国经济的影响力会转化为政治权力，破坏西方化了的新加坡的独立自主。新加坡自身的脆弱性更加放大了其对中国崛起带来的忧虑。因此，新加坡对华"对冲战略"逐渐走向了失衡，开始在经济、军事、政治三个方面追随美国制衡中国，其外交中的"联美制华"色彩日益浓厚。[25] 马来西亚位于亚洲大陆与东南亚群岛的衔接部分。它位于东南亚中心位置，扼守马六甲海峡，连接海上东盟和陆上东盟，区位优势明显。马来西亚是一个拼盘式族群结构的国家，马来人、华人和印度人三大族群并存，但是三大族群在政治和经济上的地位是截然不同的。马来人被认为是本土族群，华人和印度人是外来族群。"马来人优先"是宪法赋予马来人的特权，华人经商但无政治地位，其族群关系被不断政治化并被政治绑架。在中国-中南半岛经济走廊推进过程中，马来华人因为其华裔的天然优势，必然扮演重要的角色。这在一定程度上会引起族群主义者对"马来人特权"的担忧。此外，马来西亚与中国在南海主权问题上存在着纷争，加上中马双方近年来密切的经贸合作，使部分马来西亚当地居民感到压力，担心过分依赖某一大国会受制于人，会导致利益或主权受损。

（二）域内国际组织的利益诉求

从区域层面来看，因为中南半岛七国都是东盟成员国，所以，东盟是中国在与中南半岛国家开展地缘经济合作时不可忽视的一股区域集团力量。中国在与中南半岛国家在追求本区域建设和发展过程中，也需要兼顾东盟的发展需求与目标定位。东盟是中南半岛国家共同归属的地区最重要的组织，也是东南亚地区最大、最具影响力的国际组织。经过东南亚国家五十多年的努力，东盟现已成为东亚乃至亚太地区重要的政治力量，以东盟为中心的区域合作机制也已成为引领亚太区域合作的核心动力。[26] 东盟因其自身实力有限，在与大国互动中处于相对弱势的地位。但是，自成立以来，东盟一直通过发挥其作为区域组织的优势和能动性，创造了一种大国所缺乏的新型权力资源[27]，确立了"以东盟为中心"的地位，获得了区域合作的主导权。维护东盟在本地区的"中心地位"是其最基本利益诉求。东盟宪章明确规定，任何由东盟发起或倡议的机制或制度安排，东盟都应该处于"中心地位"，其领导地位应该被认可。2019年6月发布的"东盟印太展望"中也再次重申了将东盟中心地位作为推动印太区域合作的根本原则。[28] 东盟主要从内部和外部两个维度来维护其中心地位。内部维度来看，东盟以经济合作为重心[29]，通过推进由经济共同体、政治安全共同体和社会文化共同体三个支柱组成的东盟共同体的建设来维持其内部团结，推进东盟内部同质化发展；外部维度来看，东盟通过政治、经济、安全等多方面的努力，构建以自己为中心的多领域、多层次对外合作机制，打造亚太地区的力量平衡网，来维护自身的中心地位。政治方面，在外部势力竞争博弈背景下，东盟着力构建一个以东盟为主导的大国平衡与均势的地区格局，利用大国之间的利益冲突，使东南亚地区的权力达到一种平衡状态，即"大国平衡战略"以维护东南亚国家的集体利益。经济方面，东盟通过建立由东盟主导的"10+1"、"10+3"、RCEP等区域合作机制来与大国进行良性互动，增强东盟影响力，维护东盟的中心地位；安全方面，东盟除了通过构建东盟地区论坛、东盟防长会、东盟政治安全共同体的多种以东盟为中心的安全机制外，还高度重视依靠域外大国的"卷入"，来实现其自身的安全。[30] 对东盟而言，东盟更重视维护内部中心性，即东盟组织内部的团结。[31]

　　在中国与东盟及其成员国开展多双边合作时，东盟既担心中国经济和军事实力的发展会打破东南亚的战略平衡，使东盟处于边缘地位；又担心参与中国-中南半岛经济走廊等"一带一路"项目会影响到东盟内部的一致性。东盟认为，随着中国与东盟国家合作的开展，会带来中国影响力在东南亚的扩大。而中国影响力的扩大可能会形成一个以中国为中心的区域经济一体化格局，削弱以东盟为中心的地位[32]，东盟不希望在获得中国投资的同时被边缘化，失去地缘政治上的话语权。此外，由于中南半岛各国的异质性较大，各国不同的利益诉求导致其参与中国-中南半岛经济走廊的程度、内容及形式也各异。有国外学者认为"一带一路"倡议项目使东盟成员国形成了不同的阵营，该倡议似乎对缅甸、老挝和柬埔寨等东盟低收入国家更具吸引力。[33]马来西亚学者在看到加入中国-中南半岛经济走廊建设等"一带一路"倡议项目能带来的机遇的同时，也提出了"一带一路"相关项目的成功会给东盟的凝聚力造成负面影响的担忧。[34]泰国学者也提出，东盟必须要预料到，在不久的将来，随着中国与陆上东盟互动的增多，区域认同感的增强，陆上东盟国家可能很难只是根据国别来划分国籍，东盟必须要确保陆上东盟与中国日益增强的关系不会损害到东盟整体的利益。[35]

（三）域外大国的利益诉求

地缘是权力政治的决定性因素。[36]特定区域的地缘特征不仅分配了国家间的权力，而且影响了一国对外政策，塑造了国际关系。中南半岛东临安达曼海、印度洋，西接南海、西太平洋，南抵马六甲海峡，拥有丰富的自然资源、优良港口和具有开发潜力的军事基地，是打通两洋与海陆连结的关键节点。该区域地缘战略位置非常重要，域外大国一旦控制了该区域海域，就可以威胁亚洲大陆，切断大陆国家与海洋国家联系的通道。与此同时，该区域还是斯皮克曼"边缘地带说"所指的"边缘地带"区。"谁控制了边缘地区，谁就控制了欧亚大陆。"地缘政治经济与资源政治合二为一的特征、海陆双重地缘战略意义和强劲增长经济潜力决定了该区域势必将会成为大国资源争夺和权力竞争的核心区域。近年来，中国与中南半岛国家间卓有成效的地缘经济合作，引起了包括美国、日本、印度、澳大利亚在内的诸多域外大国及欧盟等国际组织的不安。在这些域外大国及国际组织看来，中南半岛已经成为了中国的"势力范围"，不同程度地威胁到了他们在该区域的国家利益，是他们所不能容忍的，必须采取行动应对，以"捍卫自身利益"。于是，一些域外大国或国际组织纷纷调整政策，投入到中南半岛等东南亚国家中的开发合作中来。2020年，新加坡尤索夫伊萨东南亚研究所公布的一项对东南亚精英阶层开展的年度调查报告《东南亚态势：2020》显示，73％的受访者担心，东南亚地区正成为大国博弈的场所，自己的国家可能成为大国利益的代理人。[37] 目前，在包括中南半岛在内的东南亚区域，美国占据主导地位，其作用和存在感先升后降；中国的地位和影响力快速上升；日本虽然整体国力下滑，但是在东南亚的影响力不减；韩国和澳大利亚在东南亚非常活跃，发挥着中等国家的角色；俄罗斯几乎撤离印支半岛。[38] 这些域外大国利益诉求各异，通过设立或主导国际机制、扶持运作非政府组织（以下简称 NGO）等形式，在中南半岛区域展开了大国权力博弈，对中国 - 中南半岛经济走廊的推进造成了极大的阻碍。

对美国来说，谋求在包括中南半岛在内的东南亚地区的主导权，维护美国在该区域的霸权是美国对该区域国家政策的最根本目标。具体来讲，美国政府的东南亚政策主要包括安全利益、经济利益和价值观等三个具体目标。[39] 安全利益方面，特朗普政府的东南亚政策最初工作重心在海上东盟国家，与东南亚国家合作的重点领域是海洋安全。后来，为了介入中南半岛的陆上东盟国家，美国以"湄公河下游倡议"为平台，资助"地球之眼"等 NGO，炒作水资源问题，试图挑起中国与湄公河流域国家争端。[40] 在多个场合通过多个渠道无端指责中国，声称中国在湄公河上游的举措对湄公河产生了"负面影响"。2020 年 9 月，美国把"湄公河下游倡议"升级为美国 - 湄公河伙伴关系，并举行首届部长级会议，对中国展开"水舆论"攻势。此外，美国还试图在"印太"地区新建一个由其主导的"小北约"，以防范"来自中国的潜在挑战"。[41] 经济利益方面，包括中南半岛在内的东南亚地区经济发展潜力巨大，经济发展速度快。因此，美国欲加强与这些国家的合作以维护美国在该区域的经济主导权和经济利益。推销美式价值观也是包括特朗普在内的美国政府外交中的重要组成部分。美国直接在其《亚洲再保障倡议法案》中阐述到："在印太地区推动人权和民主价值观符合美国的国家安全利益。"[42] 美国通过资金援助，支持缅甸民主化进程，救济缅甸国内遭受迫害的罗兴亚人，推销其美式价值观。

日本是在包括中南半岛在内的东南亚地区具有重要经济实力和软实力的国家。[43] 长期以来，该区域一直是日本投资和开展双边贸易的主要目的地。日本介入该区域地区事务，主要基于两方面的考虑：一是本国国家利益；二是跟随美国制衡中国。首先，日本出于经济上谋利、政治上促变和地缘上谋势的考量，通过开发援助项目、建立国际机制等手段，开展与该区域国家之间的合作。中南半岛国家连结中国、印度及其他东盟国家市场的特殊的地理位置、丰富的自然资源及经济发展潜力对日本来说蕴含着巨大的市场商机，有作为日本进口来源地和出口市场的价值；中南半岛上缅甸、老挝、柬埔寨等国的经济结构正朝着工业化、城镇化和信息化发展调整，对基础设施、绿色经济和医疗卫生等方面有巨大需求，有较好地对接日本相关产业出口，优化与拓展日本产业链的潜质；此外，随着近年来该区域朝着"更开放、更富参与的治理模式，不断加强的治理制度方向发展"[44]，这就为日本促使该次区域国家朝着西方民主化方向变革，推动它们做出有利于日本的政策调整提供了良好机遇；最为重要的是，"日本约 95% 的能源进口、40%的海上贸易都要经过南海"[45]，而该区域濒临南海，是日本海上生命线上的关键环节，且域内一些国家在领土主权和海洋权益方面与中国有分歧。"如果中国有朝一日控制了马六甲海峡以及位于新加坡的地缘战略咽喉，那么中国就将把日本获得中东石油和进入欧洲市场的通道置于自己的控制之下"[46]，这是日本无论如何也不愿意看到的情况。因此，日本加强与该区域国家间的合作，推动该区域战略态势朝着有利于日本强化海洋战略、防范牵制中国和增强国际影响力的方向发展。其次，作为美国在东亚的重要盟友，日本在包含中南半岛的东南亚区域支持并跟随美国，可借机壮大自身实力，一方面可达到捆绑美国共同制衡中国的目的，另一方面可利用中美矛盾，从中谋利。[47]

中南半岛位于中国和印度两个大国的中心，是中国和印度开展外交的核心区域。中印两国最初的贸易关系也是以该区域为中介的间接贸易行为。汉文化和古印度文化的首次接触也是经由该区域为中介或转移平台实现的。[48]但是当前，随着印度"东向行动"政策的推进，包括中南半岛的东南亚成为了中国和印度利益交汇碰撞的地区，两国在该区域的利益碰撞和影响力竞争显著增强。自独立以来，印度不仅一直致力于追求和维护其在南亚地区的影响力，而且努力成为"不再被动适应国际形势，而是能够主动塑造和创建国际规则和体系"的"有声有色的世界大国"。[49]印度成为大国的逻辑是先做南亚大国、亚太大国，最后成为世界大国，而东南亚是这

"三步走"战略中的第二步。因而，印度十分重视东南亚的地缘地位。印度以"东向行动"政策为先导，通过次区域合作、印太战略等政策，逐渐嵌入到东南亚的区域一体化进程中。[50] 其加强与东南亚区域合作的主要利益诉求在于提高印度的地区影响力，防止出现以中国为核心的地区秩序。[51] 当前，随着中国中国 - 中南半岛经济走廊、"孟中印缅经济走廊"在中南半岛的推进和中巴经济走廊在巴基斯坦的顺利开展，印度认为，这些举措都是中国意在有印度周边构建一个由中国主导的新秩序，加强中国对印度邻国的影响力，甚至是"围堵"印度的升级版"珍珠链战略"。[52] 印度担心中国在印度洋地区不断扩大的经济存在和政治影响力会削弱印度在南亚地区的主导地位，再加上中国与印度在地区领土争端中的强硬态度，让印度倾向于认为中国是其追求地区大国的主要竞争对手，对中国产生了强烈的威胁认知。印度与中国的博弈主要集中在陆上和海上两个方向。陆上方面，印度把加强与缅甸的合作视为其制衡中国在缅甸影响力的一种手段。[53] 海上方面，印度以南海是世界财富，应坚持自由航行和贸易原则为由，加强与越南合作，对南海问题进行干预。印度在陆上和海上两个方向上与中国的博弈，都会不同程度影响到中国 - 中南半岛经济走廊的建设。

除了美国、日本和印度以外，澳大利亚和欧盟也对包括中南半岛在内的东南亚区域表现除了强烈的兴趣。澳大利亚在中南半岛区域更注重的是软实力的影响。它欲成为地区强国，成为美国和东南亚之间的桥梁和纽带，避免在全球的地缘政治经济格局中被边缘化。而欧盟更侧重在湄公河流域国家在民主、人权、扶贫和环保等领域的发展。欧盟介入中南半岛地区国家事务，只是为了扩大欧盟的软实力和政治影响力，推行欧洲价值观，使其真正成为世界一级。[54]

在具体利益实现方式上，美国、日本、印度等域外大国主要通过设立或主导国际机制、扶持运作 NGO 两种方式，实现各自国家利益。

以国际机制竞争开展战略互动已经成为当今大国在中南半岛区域博弈的重要形式。在中南半岛区域，由于"东盟模式"未能有效整合地区利益，域外大国主导的合作机制蜂拥而上，争夺地区主导权。使得中南半岛区域既有国际机制远远超出了该地区的实际需求。各机制之间在议题、主体等领域交互重叠，形成了制度过剩、机制拥堵的局面。目前，中南半岛次区域的合作机制除了该次区域内部国家成立的湄公河委员会、伊洛瓦底江 - 湄南河 - 湄公河经济合作战略、柬老缅越四国合作机制、东盟 - 湄公河流域开发合作等；还有日本主导或推动的亚投行牵头的大湄公河次区域合作机制、日本 - 柬老越双边援助机制、日本与湄公河区域伙伴合作机制；美国主导的湄公河下游倡议；印度主导成立的环孟加拉湾经济合作组织、湄公河 - 恒河合作倡议；韩国主导成立的韩国 - 湄公河合作；中国主导成立的澜湄合作机制等。中国 - 中南半岛经济走廊作为中国主导下的一个地缘经济合作机制，也属中南半岛众多合作机制中的一个。这些由地缘政治驱动的区域合作机制对该区域国家来说，存在着积极和消极两种效应。积极方面来看，行为体能够从部分嵌套、重叠的国际机制中获益，地区治理问题也能得到某种程度上的解决。消极方面来看，中南半岛区域机制竞争的现象增加了交易成本、机会成本和政治谈判的成本，导致行为者之间的竞争，治理效率低下，交易成本高昂，最终损害了问题治理的速度和效率。多重机制共存还破坏了构建一个统一的集体身份认同的努力，加剧了成员国身份认同的模糊。机制竞争还加剧了该区域各国选择的压力，它预示着东盟在该地区日益加剧和分裂的大国竞争中越来越纠结。[55]

除了设立或主导国际机制外，美国和日本等一些西方国家还利用NGO在中南半岛区域开展活动，服务其国家地缘政治经济战略，增加了推进中国-中南半岛经济走廊建设的难度。非政府组织源于西方，指的是民众基于某些任务或共同利益成立的，不属于政府的组织。[56]在西方政治文化背景下，非政府组织填补了政府和私营部门不能抵及的空间，是政府和市场外的"第三部门"。美国的非政府组织历史悠久，经验丰富，数量种类繁多，与美国政府有着千丝万缕的联系。它们不仅在国家治理体系和社会治理中具有重要地位，而且在对外战略中也发挥着重要作用。在执行对外战略中，美国的NGO往往同政府部门特别是国务院和情报部门紧密合作，是美国政府开展对外援助的助手，是政府之外的第二种力量。此外，NGO还是改变受援国政治制度，实施颜色革命的重要工具。[57]日本则把包括中南半岛在内的东南亚地区看作是NGO活动的重点资助地区。日本政府已建立了多种对NGO的资金支持机制、组织建设支持机制和定期沟通机制[58]，为NGO提供资金和技术支持。日本在东南亚的 NGO 不但通过与东南亚国家政府机构接触、制造国际舆论和塑造该国民意等手段，影响东南国家政策；而且为日本政府的外交活动提供情报和建议，其活动也直接受到日本对东南亚外交政策和外交机构的影响。日本资助的非政府组织在泰国、柬埔寨和缅甸已具备了一定的社会动员能力，不容小觑。[59] 俄罗斯总统普京在第 43 届慕尼黑安全会议上公开指责形式上独立的 NGO 实际上是由西方国家资助，受政府控制。[60] 大部分活跃于中南半岛区域的 NGO 其幕后都有着域外政府的资金、技术和组织支持，其服务的是域外支持提供国的国家利益。在当今数字化、信息化的时代背景下，网络信息的跨界自由流动使得普通民众的信息传播和社会动员能力大大提高，NGO 能有更多的渠道和机遇组织起来，宣传自己的观点，国家更容易被渗透，国家安全、社会稳定更易遭到威胁。在一些得到西方支持的 NGO 的煽动下，中南半岛区域内的资源民族主义和环境民族主义很容易扩大发酵。这些 NGO 除了散播"中国威胁论""环境威胁论"塑造当地民意，破坏中国形象外，还号召支持者以游行示威等形式给政府当局施压，导致中国企业的一些海外投资项目受阻或被迫中断。被搁置的密松电站、中缅胶漂－昆明铁路等项目就是先例。目前已有部分中南半岛国家民众认为与中国的合作是政府之间的"利益交换",对中国建设项目的工程质量、环保标准等已颇有微词,严重影响了中国与部分中南半岛国家之间的双边关系。

二、制度便利化水平有待提高

世界银行发布的《营商环境报告》是衡量各国贸易和投资便利化的重要参考依据。根据《2019 年营商环境报告》的贸易和投资便利化排名,在全球 190 个经济体中中国－中南半岛经济走廊沿线的新加坡、马来西亚和泰国排名相对靠前,分别位于第 2、15 和 27 位;但缅甸、老挝和柬埔寨排名相对落后,分别位于第 171、154 和 138 位。[61] 随着 2010 年中国－东盟自贸区正式成立,中国与东盟开始了零关税时代,中国与包括中南半岛在内的东盟国家之间的"关税壁垒"已经消除。[62] 但近年来,非关税贸易壁垒越来越成为横亘在中国与中南半岛各国间开展经贸合作的重要障碍。中国－中南半岛经济走廊沿线各国的贸易投资便利化水平仍有待提高,主要表现为标准制式不一,市场准入程度不同。

首先，标准制式不一。由于中国和泰国地理上不相连，两国驾驶方式和交通规则不同，每次由中国运输至泰国的货物都要在老挝境内进行换装，单次货物运输需要办理出入境手续四次，再加上中、老、泰三国并未就通关手续达成统一的标准，通关流程繁琐，货物损耗大，增加了物流费用。此外，中南半岛五国的铁路都使用米轨，而中国使用的是标准轨，货物经由中国在中南半岛国家间流通需要在换装站完成换轨。公路、铁路标准制式不统一，增加了物流成本，对生产要素自由流动、基础设施互联互通项目的开展形成了一定程度的制约。还有，中南半岛等东南亚各国的网络覆盖率、网络速度、国际快递包裹免税限额不同，各国法律对数字经济消费者保护力度不一，跨境电商物流仍不能无缝连接，这些都不能满足各国对未来数字经济发展要求。

其次，市场准入程度不同。中国 - 中南半岛经济走廊沿线国家并没有就中国 - 中南半岛经济走廊机制下相互间投资设定统一的市场准入标准，各国对待外商投资市场准入具有差异性。总的来看，中国 - 中南半岛经济走廊沿线各国对外商市场准入普遍持鼓励的态度，对本国亟需发展的行业给予国民甚至超国民待遇。但目前，

中国 - 中南半岛经济走廊沿线八国尚未形成一个统一的次区域投资多边协议，就相互间的投资贸易设定统一的市场准入标准。此外，各国国内法律体系尚不完善。柬埔寨视外国投资为经济发展的主要动力，但并没有颁布专门的外商投资法。相关规定仅是散见于《投资法》及《投资法修正法实施细则》中。[63] 老挝国内税法规定所有境外承包商及分包商在老挝从事商业活动之前，必须要取得纳税证明，但在现实中，中资企业很难自行申请该证明，只有通过老挝当地代理机构付费代为申请。中国 - 中南半岛经济走廊沿线部分国家诸如此类法律法规不完善、市场准入程度不一的状况，使得外商市场准入门槛高，外资企业隐性成本增加。

第三节　辐射掣制：发展失衡与地缘关系

在中国 - 中南半岛经济走廊建设过程中，中国与中南半岛七国积极创造条件，把共同利益网络的范围由基础设施互联互通领域，逐渐"辐射"扩大到经济、政治、社会、文化、环境、卫生等功能领域，由点及面，形成

"广泛的共同利益"，最终实现中国 - 中南半岛命运共同体的建构。在这一过程中，由于受经济走廊自身演进规律和作用规律的制约，以及地缘关系辐射效应的发挥，会产生暂时性的区域与城乡发展不均衡现象，同时也会对中国与中南半岛国家之间的地缘政治、地缘文化关系产生一定的辐射影响，使中国 - 中南半岛经济走廊建设面临着一些结构性张力的掣制。

一、经济走廊演进规律引发暂时性区域发展不均衡

从 Pradeep Srivastava 提出的经济走廊发展演进规律来看，目前中国 - 中南半岛经济走廊直接从区域一以交通为主的基础设施建设阶段发展到了区域三以贸易便利化为核心，促进商品、资金、人员等要素高速、低成本在经济中心之间流动的阶段。忽略了区域二由一国国内政府主导的，通过促进城镇化、产业化、工业化进程，实现"地区发展"的阶段。但是，经济走廊不仅是通过运输通道建设和跨国运输贸易便利化措施的实施来促使经济活动在经济走廊主轴聚集，促进贸易量的增加；而且应该是能带动经济走廊沿线区域得到整体发展。这就

需要通过产业化与城镇化来共同推进通道沿线区域的经济社会实现全方面发展，使通道成为经济发展轴。[64] 因此，中国 - 中南半岛经济走廊建设必须要注重向区域二推进，注重沿线国家的城镇化、工业化建设。加强沿线各国的分工与合作，使经济走廊不仅只是交通运输通道，而且要发展成为经济带、产业带及城镇群。否则，中国 - 中南半岛经济走廊将不仅不能改善沿线东道国的贫困现状，不能给东道国带来社会经济的发展，而且还有可能还会因拉大贫富差距，引发社会动乱。

二、经济走廊作用规律引发暂时性城乡发展不均衡

中国 - 中南半岛经济走廊建设初期在基于经济走廊的作用规律发挥作用的过程中，将不可避免地会导致沿线东道国境内产生城乡发展不均衡现象。因为，在经济走廊建设初始阶段，随着高速公路、铁路和输油管道等通道运输体系的建设和通关便利化措施的实施，跨区域运输成本将大幅降低。此时经济、产业将向经济走廊主轴聚集，产生极化效应。经济、产业聚集整体上会提高经济效率，增进福利，使财富集中于经济走廊主轴地

区，推动交通枢纽城市等增长极的形成与强化。但增长极周围偏远地区在短时间内却得不到发展，产生区域发展不均衡现象。这一区域不均衡现象主要体现为处于经济走廊主轴和周围偏远地区之间的城乡发展不均衡。这种城乡发展不均衡现象在东道国边境地区和主要港口附近尤为严重。[65] 它将对处于不利地理位置的偏远地区产生消极影响，造成当地民众对拥有资源的利益群体产生不满，甚至可能引发地区暴动。

三、地缘经济合作影响地缘政治与地缘文化关系

地缘经济合作带来的影响并不仅仅是经济单一维度的，还会引起地缘政治、地缘文化关系发生相应的变化。可以把地缘经济合作对地缘政治、地缘文化关系造成的影响称为地缘关系辐射。中国 - 中南半岛经济走廊是中国与中南半岛国家共同开展的一项地缘经济合作，其初衷是实现国家经济利益，不是要实现中国特定的地缘政治战略，也不是西方地缘经济认为的要达到控制他国经济、改变他国行为的目的。然而，国家开展地缘经济合作除了会对经济产生影响外，不免也会对地缘政治

和地缘文化等方面产生影响。首先，地缘经济合作会引发地缘政治后果。经济要素互联互通和国家间的相互依存在带来机遇的同时，也带来了新的挑战。一方面，经济走廊突破了国家之间地理边界的限制，依托铁路、公路、重点港口、物流枢纽、特别经济区等"特殊领域"，来与其他国家开展地缘经济合作。这些存在于一国领土之外的特殊领域，既是该国拓展国家利益的载体，也是相关国家行为体在地缘基础上，利用政治、经济和文化的联系整合资源、获取国家利益的空间范围。在该特殊领域中，必然承载着该国在境外的利益，即海外利益。为了实现和维护该国的海外利益，这就需要国家通过外交、军事等地缘政治手段为其海外利益的实现和维持提供安全保护。另一方面，当一国通过地缘经济手段，使国内经济得到稳健发展后，其增大的经济体量会对现存国际权力格局和国际秩序造成一定冲击，不免会遭到外部力量的阻挠或扼制，随之会出现一些新的战略挑战和威胁，迫使其地缘政治战略发生相应变化。这变化可能与地缘经济合作同时发生，也可能滞后于地缘经济合作。

就中国 - 中南半岛经济走廊建设来说，基于中国和中南半岛国家不同的视角，将会产生不同的地缘政治影响。从中国视角来看，随着中国大规模的基础设施建设的开展，数千名中国工人前往这些工地，确保这些工地和人员的安全就与中国政府利害攸关了。**66** 随着与中南半岛国家共同开展公路、铁路、港口、特别经济区等基础建设和经贸投资合作，中国的经济利益在中南半岛区域得以拓展。**67** 包括经济利益在内的国家利益在海外不断延伸拓展，就形成了中国海外利益。中国的海外利益，不仅包括国家安全、经济利益，还包括那些在海外资助生产的与该国或国人有关的利益。它是存在于中国领土范围之外的，与中国国家、社会、个体等有着重要利害关系的集合体。随着经济利益向海外延伸，走私、非法交易非传统安全问题将会渐显。这就需要中国在国家领土范围之外，建立具有军事、安全、经贸等属性的海外战略支撑点来维护好国家的海外利益。同时，这也促使中国决策层需要重新调整、定义国家利益及范围，提出一个新的地缘战略愿景，并且制定各种新的安全政策和安全目标。此外，随着中国自身综合实力的不断提升和与中南半岛互联互通的开展及贸易往来的增加，中国正在由一个地区性内向型大陆国家，转变为具有广泛海外利益的区域性外向型陆海复合国家。[68]中国的发展也引起了中南半岛乃至东南亚的地缘政治经济格局变化，不可避免地会引起域内外国家的关注，进而促使域内外各国对各自的地缘战略进行调整。从中南半岛国家视角来看，中国 - 中南半岛经济走廊的作用包括开展基础设施建设、促进贸易量的增加和使封闭的地区或国家能够与外部市场连结起来三个方面。首先，公路、铁路、港口、特别经济区等基础设施某种程度上可以看作是一国的领土的延伸。在基础设施互联互通基础上带来的贸易投资的增加，也将进一步要求中国 - 中南半岛经济走廊沿线各国采取更多措施消除经济或金融壁垒，开放市场，促进贸易投资。这些都会使部分中南半岛国家担忧在与中国开展中国 - 中南半岛经济走廊等地缘经济合作的过程中，随着中国的影响力会在本国扩大，会影响到其国家的独立和主权。其次，随着中国 - 中南半岛经济走廊建设过程中采矿、木材砍伐、水电工程等工程项目的开展，越来越多的国外投资者将进入中南半岛国家的偏远山区和不发达的地方。这也会引发中南半岛国家对各自国家安全、主权和生态环境破坏的担忧。[69]

其次，地缘经济合作会引发地缘文化后果。地缘文化附着于地缘经济存在，与地缘经济相伴而行。[70] 历史实践表明，地缘经济的发展需要有地缘文化的配合与支撑，否则将会困难重重。[71]Anderson 等人也指出，理解地缘经济和地缘政治需要文化的视角。[72] 地缘经济决定地缘文化，同时地缘文化又会对地缘经济产生强大的正向或负向作用。地缘文化指的是在同一空间区域内的社会群体，因受其所处的地理环境影响而形成的具有共同内容和特征的文化系统，包括语言、历史、信仰、风俗、思维方式、价值取向等，由受地理缘由影响和制约而形成的精神文化、物质文化和制度文化组成。[73] 处于不同地理环境中的不同民族，形成了不同的经济生产方式，产生了不同的经济关系和社会关系。而文化则形成于社会人与自然界的这些经济和社会关系之中。不同地缘条件下产生的经济生产方式，决定和影响了各民族的物质文化形态，即地缘文化。先进的地缘文化，将有助于增强区域认同感，发现和释放出地缘经济巨大的潜能，推动优势互补、共同发展、互利共赢的地缘经济格局的形成，引领合作性地缘经济关系的发展；反之，则相反。

中国 - 中南半岛经济走廊建设中，遇到的地缘文化阻力主要表现在两个方面：其一，地缘文化多样，企业管理困难。中南半岛国家中，湄公河沿岸五国受儒家文化影响较大，崇尚自由安逸。当地工人一般不愿意加班，甚至有时候出现不积极应对职位晋升的情况。而非湄公河流域国家宗教文化习俗多元化，企业在管理中常常遇到宗教习俗冲突的问题，彼此都以自己的思维去要求对方，容易引发冲突。其二，在经济走廊周围偏远区域要适度使用地缘文化软实力。虽然共同的历史和文化对经济走廊的建设有促进作用，但是，过度使用这种"软实力"，会给东道国当地居民带来一种文化剥夺感和文化压迫感。特别是当经济走廊沿线区域是一些经济被剥夺、社会和政治被东道国政府边缘化的地区时，这种情况会尤为突出。[74] 因为经济走廊在建设初期会带来城乡区域发展不均衡现象，并不能让这些偏远地区的居民立刻享受到经济增长带来的红利。这些居民会认为，经济走廊的建设并没有给他们带来实际的经济效益，反而加剧了自身的"边缘化"程度。此时，他们感受到的文化压迫感会更为复杂和强烈。在这种情况下，经济走廊就会变为一种剥削的工具，而非发展的工具；文化、价值观等"软实力"工具的运用就会被看作文化镇压的工具，而非构建一个共同的价值观基础。

注释

1　Mun, T. S., Hoang. T. Ha., ect. The State of Southeast Asia: 2020 [R]. Singapore: ISEAS-Yusof Ishak Institute, 2020: 2.

2　朴键一，李志斐. 水合作管理：澜沧江－湄公河区域关系构建新议题 [J]. 东南亚研究，2013（5）：31.

3　卢光盛. 地方政府参与区域合作的国际制度分析——以云南、广西为例 [J]. 东南亚南亚研究，2009（2）：32.

4　Iyer, R. BCIM Economic Corridor Facilitating Sub-Regional Development [R]. IPCS Special Report, May 2017: 10.

5　卢光盛，邓涵，金珍. GMS 经济走廊建设的经验教训及其对孟中印缅经济走廊的启示 [J]. 东南亚研究，2016（3）：37.

6　刘稚. GMS 大湄公河次区域经济走廊建设研究 [M]. 云南：云南大学出版社，2009：113.

7　卢光盛. 地方政府参与区域合作的国际制度分析——以云南、广西为例 [J]. 东南亚南亚研究，2009（2）：38.

8　Kunaka, C. & Robin, C,. Trade and Transport Corridor Management Toolkit [M]. Washington, D. C.: The World Bank, 2014: 14.

9　Arvis, J. F. Robin. C,. Graham. S. & Christopher. W,. Connecting Landlocked Countries to Markets [M]. Washington, D. C.: The World Bank, 2010: 41.

10　汉斯·摩根索. 国家间政治 [M]. 肯尼斯·汤普森修订. 北京：北京大学出版社, 2012: 141.

11　倪世雄等. 当代西方国家关系理论 [M]. 上海：复旦大学出版社, 2001: 228.

12　沈伟烈. 地缘政治学概论 [M]. 北京：国防大学出版社, 2005: 197.

13　衣远. 中国对中南半岛文化外交中的对象国行为差异——基于地缘环境与文化影响力的分析 [J]. 厦门大学学报（哲学社会科学版）, 2018（6）: 98.

14　Gong, X., The Belt & Road Initiative and China's influence in Southeast Asia[J]. *The Pacific Review*, 2018（4）: 644.

15　Liu, H. Opportunities and Anxieties for the Chinese Diaspora in Southeast Asia[J]. *Current History*, 2016（1）: 317.

16　顾强. 越南各阶层对"一带一路"的认知与态度及其对策研究——对越南进行的实证调研分析 [J]. 世界经济与政治论坛, 2016（9）: 99.

17　顾强. 越南各阶层对"一带一路"的认知与态度及其对策研究——对越南进行的实证调研分析 [J]. 世界经济与政治论坛, 2016（9）: 100.

18　戴永红, 力行等. 世界油气管道的地缘政治经济研究 [M]. 北京：时事出版社, 2015: 86.

19　杨晓强, 许利平. 海上丝绸之路与中国－东盟关系 [M]. 北京：社会科学文献出版社, 2015: 19.

20　赵光勇. 泰国外交政策的演变 [J]. 红河学院学报, 2006

（3）：13.

21　王玉主，李好，申韬.“一带一路”倡议与东盟利益诉求
　　[M]. 北京：中国社会科学出版社,2017:325.

22　任珂瑶，钮菊生，艾伦（老挝）. 共建中老命运共同体路
　　径探析 [J]. 和平与发展,2020（4）:120.

23　陈世凤. 应对大国崛起：新加坡对华对冲战略评析 [J]. 外
　　交评论,2018（3）:71.

24　[新] 李光耀. 李光耀观天下 [M]. 北京：北京大学出版
　　社,2015:58.

25　张宇权，冯甜恬. 新加坡对华“对冲战略”的实践与失衡
　　[J]. 中山大学学报（社会科学版）,2019（3）:129.

26　卢光盛，聂姣. 中国和印度与东南亚区域合作的比较与竞
　　合 [J]. 南亚研究,2020（1）:75.

27　翟崑. 小马拉大车？——对东盟在东亚合作中地位作用的
　　再认识 [J]. 外交评论,2009（2）:10.

28　ASEAN Outlook on the Indo-Pacific [EB/OL]. Association
　　of Southeast Asian Naitons,2019-6-23, https：//asean. org/
　　asean-outlook-indo-pacific/

29　刘务，刘成凯.“印太”战略对东盟在亚太区域合作中“中
　　心地位”的影响 [J]. 社会主义研究,2019（1）:135.

30　Yates, R. ASEAN as the “Regional Conductor”：
　　Understanding ASEAN's Role in Asia-Pacific Order[J]. The
　　Pacific Review,2017（4）:444.

31　范斯聪. 美国印太战略的东南亚化及对东盟的影响 [J]. 亚

太安全与海洋研究,2020（5）:123.

32　Gong, X., The Belt & Road Initiative and China's influence in Southeast Asia[J]. *The Pacific Review*, 2018（2）:643.

33　The Belt and Road Initiative-the ASEAN Perspective[EB/OL]. EGMONT Royal Institute For International Relations, March 2019, https://www. egmontinstitute. be/about-the-institute/.

34　Shahriman Lockman. The 21st Century Maritime: Silk Road and China-Malaysia Relations[J]. *ISIS Focus*, May 2015（1）:4.

35　Chirathivat, S. B. Rutchatorn & A. Devendrakumar. China's Rise in Mainland ASEAN: New Dynamics and Changing Landscape [M], Singapore: Word Scientific, 2019:3.

36　Sören, S. & Mikael. W,. Power politics by economic means: geoeconomics as an analytical approach and foreign policy practice[J]. *Comparative Strategy*, 2018（2）:15.

37　Mun, T. S., Hoang. T. Ha., ect. The State of Southeast Asia:2020[R]. ISEAS-Yusof Ishak Institute, https://think-asia. org/handle/11540/11709.

38　翟崑. 探索后冷战时代东南亚地区的演进之道 [J]. 东南亚研究,2019（6）:4.

39　王琛，陈奕平. 霸权的逻辑：特朗普政府东南亚政策析论 [J]. 南开学报（哲学社会科学版）,2020（5）:183.

40　刘卿. 美国东南亚政策转向及前景 [J]. 国家问题研

究 ,2020（5）:65.

41　胡波."亚洲版北约"难成，但须高度警惕 [N]. 环球时报 ,2020- 9-9.

42　王琛，陈奕平.霸权的逻辑：特朗普政府东南亚政策析论 [J]. 南开学报（哲学社会科学版）,2020（5）:183.

43　Shambaugh,D. The Southeast Asian Crucible ［EB/ OL］,Foreign Affairs, December 17,2020, https://www. foreignaffairs. com/articles/asia/2020-12-17/southeast-asian-crucible.

44　张继业，钮菊生.试析安倍政府的湄公河次区域开发援助战略 [J]. 现代国际关系，2016（3）: 33.

45　Aizawa, N. Japan's Strategy toward Southeast Asia and the Japan-U. S Alliance[R]. CSIS Report, 2014-4, http://csis. org/files/publication/140422_ Aizawa_Japans Strategy Southeast Asia. pdf? crazycache = 1.

46　[美] 兹比格纽·不热津斯基.大棋局：美国的首要地位及其地缘战略 [M]. 中国国际问题研究所译，上海：上海世纪出版集团 ,2018:135.

47　毕世鸿.机制拥堵还是大国协调——区域外大国与湄公河地区开发合作 [J]. 国际安全研究 ,2013（2）:63.

48　王希，肖红松.跨洋史话：在全球化时代做历史 [M]. 北京：商务印书馆 ,2017:157.

49　蒋芳菲.认知变化与印度对 RCEP 的政策演变 [J]. 南亚研究 ,2020（4）:32.

50 张建岗．印度与东盟关系：来自印度学界的视角 [J]．东南亚研究，2019（1）：94.

51 卢光盛，聂姣．中国和印度与东南亚区域合作的比较与竞合 [J]．南亚研究，2020（1）：88.

52 胡仕胜．洞朗对峙危机与中印关系的未来 [J]．现代国际关系，2017（11）：20.

53 Acharya, A. Will Asia's Past Be Its Future? [J]. *International Security*, 2004（3）：153.

54 毕世鸿．机制拥堵还是大国协调——区域外大国与湄公河地区开发合作 [J]．国际安全研究．2013（2）：64.

55 Southeast Asia's Competitive Sub-regionalism: overlap and Superfluity? [EB/OL]. Asia Research Institute, April8, 2019, https://theasiadialogue.com/2019/04/08/southeast-asias-competitive-sub-regionalism-overlap-and-superfluity/.

56 戴锋宁．非政府组织在美国对外战略中的作用浅析 [J]．中国人民大学学报，2020（4）：113.

57 戴锋宁．非政府组织在美国对外战略中的作用浅析 [J]．中国人民大学学报，2020（4）：116.

58 包霞琴，黄贝．日本对东南亚外交中的非政府组织及其对中国的启示 [J]．中国周边外交学刊，2016（2）：154.

59 卢光盛，熊鑫．周边外交视野下的澜湄合作：战略关联与创新实践 [J]．云南师范大学学报（哲学社会科学版），2018（3）：27.

60 Vladimir Putin. Speech at the 43rd Munich Conference on Security Policy[EB/OL]. President of Russia, February 10, 2017, http://en. kremlin. ru/events/president/transcripts/24034.

61 Doing Business 2019[EB/OL]. *World Bank Group*, January15, 2019, https://www. doingbusiness. org/en/reports/global-reports/doing-business-2019.

62 范祚军. 中国 – 东盟区域经济一体化研究 [M]. 北京：经济科学出版社 , 2016: 249.

63 田昕清. 澜湄合作框架下的贸易和投资便利化研究 [J]. 国际问题研究 , 2018（2）: 56

64 中国南宁 – 新加坡经济走廊考察团. 中国南宁 – 新加坡经济考察报告 [J]. 东南亚纵横 , 2010（8）: 8.

65 Iyer, R. BCIM Economic Corridor Facilitating Sub-Regional Development[R]. IPCS Special Report, May 2017: 12

66 ［丹麦］Li Xing. 聚焦 "一带一路" 倡议：以国际政治经济学为视角 [J]. 林宏宇译. 天津人民出版社 , 2019（8）: 201.

67 胡欣. 国家利益拓展与海外战略支撑点建设 [J]. 世界经济与政治论坛 , 2019（1）: 23.

68 胡欣. 国家利益拓展与海外战略支撑点建设 [J]. 世界经济与政治论坛 , 2019（1）: 21.

69 Roy, J. Passage to Prosperity-The East Coast Economic Corridor Could Become Exemplary[J]. *The Telegraph India*, April 16, 2014（2）: 23.

70　文魁. 地缘经济与地缘文化——京津冀协同发展理论启示 [J]. 前线, 2019（11）: 63.

71　李红, 韦永贵, 徐全龙. 基于中国视角的地缘经济合作研究进展 [J]. 热带地理, 2015（9）: 734.

72　Anderson K, Domosh M, Pile S, and Thrift N. *Handbook of Cultural Geography* [M]. Washington. D. C. : SAGE Publication Ltd, Abridged edition, 2002: 136.

73　文魁. 地缘经济与地缘文化——京津冀协同发展理论启示 [J]. 前线, 2019（11）: 63.

74　Wolf, S. O. *The China-Pakistan Economic Corridor of the Belt and Road Initiative: Concept, Context and Assessment* [M]. Berlin: Springer, 2019: 29.

第五章

对策建议：
多元、多方、多形式

在尊重中国 - 中南半岛经济走廊自身发展演进规律和作用规律的基础上，充分考虑到中国 - 中南半岛经济走廊建设过程中面临的互构、关联、辐射三方面的掣制，在实践中，也应从互构、关联、辐射三个维度统筹推进中国 - 中南半岛经济走廊的建设。

第一节　重视互构关系：多元行为主体打造多维地缘连接

一、建立"四位一体"的管理机制

中国 - 中南半岛经济走廊建设涉及八个国家政府行为主体及多个非政府行为主体不同的利益诉求。经济走廊路线长，项目类型众多，规模大小不一，建设过程中面临着经济、政治、安全、文化等多方面影响，建立一个强有力的组织领导机制是顺利推进中国－中南半岛经济走廊建设的重要保证。目前中国－中南半岛经济走廊沿线各国官方还没有形成一个统一的文件，也没有对外发布权威的文本。中国－中南半岛经济走廊的建设仍然停留在倡议阶段，缺乏整体的方案和研究。[1] 长期以来，中国在参与中南半岛次区域的合作中均借助 GMS、澜湄合作、东盟以及其他层面的合作机制来开展，投入资源不少，但取得的成效却不足。[2] 应成立一个包括协调、协商、利益分配、安全保障功能的"四位一体"的管理机制，对经济走廊进行顶层规划与设计，统一协调管理复杂繁多的中国－中南半岛经济走廊建设活动。

首先，应以绿色理念为指导，成立经济走廊协调管理机制。目前，中国－中南半岛经济走廊沿线各国并没有专门就中国－中南半岛经济走廊的建设达成过专门的框架协议，甚至连概念性文件也没有。目前公布的《共建中国－中南半岛经济走廊倡议书》也仅仅是提出了四点概念性的倡议，并无具体的合作内容和议程。[3] 更没有一个统一的机构来协调管理经济走廊建设过程中的各种活动。应成立一个中国－中南半岛经济走廊的管理机制，协调管理经济走廊建设过程中的各种活动，为中国‑中南半岛经济走廊具体项目计划和执行提供制度机制的保障与支持。该管理机制首要任务是要制定一个各方都能接受的，包括经济走廊建设的愿景、相关计划、执行方案等内容的全面的经济走廊规划。规划中首先要明确经济走廊发展愿景。鉴于中国‑中南半岛经济走廊建设的最终目的是促进区域经济包容可持续增长，实现区域共同繁荣。那么，绝对不能忽视对生态环境的重视与保护。因此，中国‑中南半岛经济走廊愿景中要体现保护生态环境的绿色发展理念，强调在经济发展过程中对生态环境开发与保护的充分重视。其次，规划中还要包含要一个切实可行的行动计划，且标明经济走廊关键项目及其完成时间。在行动计划制定的过程中也要确保得到私营企业、社区等非政府行为主体的信任和参与。

其次，设立中国‑中南半岛经济走廊论坛，作为各方沟通协商的机制。中国‑中南半岛经济走廊建设涉及到八个国家行为体以及每个国家内部众多的非政府行为体的利益，八个国家发展程度、利益诉求各不相同，各国之间的双边、多边关系，各中央与地方的关系也错综复杂。此外，虽然经济走廊的软件和硬件联通的建设通常是由国家或者省级政府来推进的，但是经济走廊的成功很大程度上也倚重于私营部门、地方社区的支持和参与。除了国家外，私营企业、社区居民也是中国 - 中南半岛经济走廊建设的行为主体、潜在利益相关者。所以，从经济走廊设计开始就要界定清楚潜在的利益相关者，并让其参与到经济走廊计划与实施过程中来。在经济走廊决策过程中要充分照顾到他们的利益和关切，邀请当地居民和私营企业代表参加。在经济走廊推进过程中，也需要建立一个各方沟通协商的平台，来协调平衡各方利益。需要建立一个以中国 - 中南半岛经济走廊为议题的多边或双边的协商机制，且要尽可能多地把经济走廊涉及到利益相关者都纳入该协商机制当中，每年轮流在沿线国家举办，以进行讨论协商。可借鉴 GMS 经济走廊建设的经验，成立经济走廊论坛（GMS-ECF）以协调政府和私营部门间、中央和当地政府间的相互合作，亚洲开发银行则只负责为 GMS 经济走廊的发展提供相关的技术协助。[4] 中国 - 中南半岛经济走廊论坛要让私营企业、当地社区民众等其他非国家行为体也有机会参与到经济走廊的协商、决策过程中，并提供反馈意见；要让当地居民代表参与关于费用和利益分配的讨论，特别要注意让中国 - 中南半岛经济走廊的建设获得经济走廊沿线东道国当地社区民众的支持。

再次，以正确义利观为指导，设立公平透明的利益分配机制。经济走廊的本质是创造聚集效应，而聚集效应必然会加剧偏远不发达地区的落后状态，对偏远不发达地区产生负外部性。[5] 为了增强扩散效应，平衡经济走廊中心和外围不发达区域的不均衡发展状态，建立一个协调经济走廊各利益相关方和"中心 - 边缘"区域不均衡发展的有效且公平的利益分配机制就显得尤为重要。这个公平透明的利益分配机制应当对项目投资来源、收入和税收入如何分配、财务成本多少是用于提取利润率，多少用于维持经济走廊项目建设，多少用于经济走廊建设过程中的安全保障等问题进行明确规定。在整个利益分配机制建设过程中，应遵循正确义利观，从负责任大国的使命感和发展中大国的归属感出发，在维护中国本国核心利益和底线的同时，将本国利益与他国利益结合。坚持"义重于利"的原则，重视发展中国家的利益和需要。把道义摆在重要的位置，让中国 - 中南半岛经济走廊沿线发展中国家也能分享中国经济发展带来的红利。倡导"计利当计天下利"，寻求与中南半岛国家互利共赢，共同发展。在利益分配制度制定过程中还应特别注意的是，要照顾到地方社区民众的利益，做好土地规划确权。

最后，以新安全观为指导，设立综合安全保障机制。由于中国 - 中南半岛经济走廊所处的中南半岛区域生态环境脆弱，共同边界和地缘重构过程可能会引发各种非传统安全问题。地理位置的邻近更使得这些非传统安全威胁具有跨国性、多元性、关联性和发展性特征。沿线国家应通力合作，以新安全观为指导，打造一个经济走廊建设的安全保障机制平台。新安全观强调，安全应该共同构建。各国虽然利益诉求不同，但是他们的安全利益是有交集的。各国需要合力构建，才能实现普遍的安全。不能以牺牲别国的安全来谋求自身的绝对安全。鉴于澜湄机制是该次区域唯一的把非传统安全合作列为重点合作领域的多边机制，因此，中国 - 中南半岛经济走廊沿线各国应借助澜湄合作机制，合力为中国 - 中南半岛经济走廊各项目的开展构建一个安全保障机制，确保中国 - 中南半岛经济走廊框架下的各项目都能安全建设、运营投产。经济走廊沿线八国应共同防范应对传统安全和非传统安全、现实安全与潜在的区域安全威胁，以对话合作的方式来解决区域安全问题，坚决反对以武力方式解决争端。

二、加强传统和新型基础设施建设

基于中国‐中南半岛经济走廊建设六年多来取得的既有成就，接下来应同时从传统基础设施和新型基础设施建设两方面入手，进一步加强中国与中南半岛国家之间的互联互通。既要释放陆路和海洋通道的潜力，连结太平洋、印度洋港口，开辟新的海洋航线，实现与中南半岛国家之间海陆、水路的物理连通；也要通过数字新型基础设施建设，加强中国与中南半岛国家之间的虚拟联通。

首先，应以国际陆海新通道与澜湄合作对接为抓手，从陆路、内河水运和海上航运三方面加强与中南半岛国家之间的物理连通。无论从"丝绸之路经济带"还是"21世纪海上丝绸之路"建设的具体内容来看，中国‐中南半岛经济走廊的建设都既可有陆上的合作，也可以有海上的联动。而且中南半岛有独特的地缘区位优势，历史上就曾是海上丝绸之路的中枢。但是，目前中国‐中南半岛经济走廊建设多侧重于发展公路、铁路、油气管道等陆路基础设施的互联互通，海上港口、航线的互联互通进展较慢。此外，中国与中南半岛国家之间陆上联通又面临着基础设施不完善、运输标准、制式不统一等障碍，而克服这些障碍需要一定时间。由此，可考虑以湄公河内河水运和海洋航运为突破口，充分发挥中国与中南半岛国家之间的天然地理优势，从水上构建连通网络，搭建河海联运系统，形成中国-中南半岛经济走廊特有的海上高速公路。此外，考虑到陆路和水路是两种互补的运输方式。海运货物运输路线肯定要与公路、铁路或内河航运相连通，货物才能进入内陆枢纽和分销中心。因此，也应加快推动路上交通系统与内河水运与海运航路的多式联运对接，形成密集有序、覆盖中南半岛全境的立体综合交通运输网络，进一步提升中国-中南半岛经济走廊的辐射能力。国际陆海新通道与澜湄合作机制对接是从陆路、内河水运和海上航运三方面推进与中南半岛国家之间互联互通建设的最佳平台。

具体操作上来说，海上方面，首先，需要提升中国-中南半岛经济走廊沿线中国国内港口的质量。除了城市、物流等经济中心外，机场和港口这样的门户也是经济中心节点。它们把内陆市场与国际市场相连结，对经济走廊沿线国家扩展海外市场，更好融入全球供应链价值链来说特别重要。应提高中国广西沿海、粤西和海南省港口的科技水平与设计水平。打造数字化港口，为通关一体化服务创造条件，促使港口从现在的"运输中心＋服务中心"转型升级为"国际物流中心"[6]；其次，由于中国 - 中南半岛经济走廊承担着连结北部湾与泰国湾、北部湾与孟加拉湾的重任，而越南和泰国又是湄公河流域拥有最先进港口设施的两国国家。因此，可依托国际陆海贸易新通道，从北部湾国际门户港出发，强化与越南、泰国、柬埔寨、马来西亚、新加坡等国在港口、物流、信息等方面的合作，打造港口合作网络和临港产业带，加强中国与中南半岛国家之间的海上互联互通。此外，由于缅甸海上油气资源开发相对薄弱，勘探程度低，但油气前景更好。可以依托中缅经济走廊，与缅甸联合开发海上油气资源。不仅可以降低物流成本，开拓印度洋市场，还可以缓解马六甲困局，为我国能源运输通道提供安全保障。内河水运方面，澜沧江 - 湄公河是中国通往南亚、东南亚的重要水路和新的出海通道。通过它进行货物运输，比绕道华南海港出口约节约 5/6 的时间，运输成本降低 60% 以上。[7] 因此，澜沧江 - 湄公河的航运通道作用不容小觑。应继续加强疏浚和改

善澜沧江 - 湄公河黄金水道通航条件，继续推进与流域国家共同开展贸易和旅游合作。陆上方面，可通过澜湄合作与陆上东盟国家开展陆上及内河航运合作，再经由"铁海联运"把海上、陆上东南亚国家连结起来，形成中国西部与东部，东南亚陆上与海上国家的整体联结。促进生产网络和生产要素的深度整合，加速释放中国经济发展对中南半岛国家的"引力效应"[8]，重构更加合理的区域产业链、供应链和价值链，拉动中国西部地区消费市场扩容升级，为中南半岛次区域经济实现强韧、包容、可持续发展注入新的动力。

其次，加强与中南半岛国家之间的新型基础设施建设合作，实现虚拟联通。中南半岛国家除了存在公路、铁路、港口和航运等交通设施建设不足的问题外，在5G、互联网、物联网、人工智能等新型基础设施建设方面也呈现出了旺盛的需求。特别是新冠肺炎疫情暴露了国家间存在的数字鸿沟问题，也加速了全球经济的数字化转型。中南半岛国家大多处于工业化初期，对于以5G、互联网、物联网为代表的新型基础设施建设有着强烈的需求。这些"新基建"不仅能够带动数字经济繁荣，产生更大规模的投资，而且还能助力实体经济转型升级，带来新的经济增长点，是帮助中南半岛国家在后疫情时代拉动投资、刺激经济增长的有效方式。而中国在5G 技术、互联网、人工智能等领域发展日趋成熟，已走在了世界前列。[9] 加上中国 - 中南半岛经济走廊最南端的新加坡是全球第五大金融中心，目前正通过发放数字银行牌照、制定发展规划、实施数字支付法规等方式丰富本国的数字金融生态，努力在即将到来的数字经济时代成为全球数字金融中心。应结合中南半岛国家城市化、工业化进程，联合中国 - 中南半岛经济走廊两端的中国与新加坡的力量，发挥数字经济的优势，帮助中南半岛次区域其他国家加快数字化基础设施建设，实现跨越式发展。

三、妥善处理央 - 地、地方政府之间的关系

全球化催生了新的权力格局，国家作为地缘政治行为体正面临着全球化带来的世界多层次、多领域扩展需求的挑战。主权国家权力开始转移和分散，各种非国家行为体被推到世界活动的舞台，发挥着主权国家无法替代的作用。各级地方政府既是国家利益的相关者，也是实现国家利益目标的践行者。国家的地缘战略向经济、

文化等"低级政治领域"扩展，需要靠地方政府承接。地方政府在国家对外交往中扮演着战略执行者、国家利益推进者和对外交往协助者的重要角色。[10]

为了更好地协同国家和地方政府行为体在中国 - 中南半岛经济走廊建设中的作用，首先，中央政府应在中央层面加以规划，有效统筹各级地方政府的省际关系。中央应根据各地方政府地缘优势，统筹各省市优势与短板，明确参与中国 - 中南半岛经济走廊建设的主要省份及重点产业，高效配置国内现有资源，在国内形成优势互补、交错协同的发展格局，为与中国 - 中南半岛经济走廊沿线国家开展合作提供务实可靠的对接平台。

其次，作为地方政府，应从意识和行动两方面入手，积极响应支持中国 - 中南半岛经济走廊建设。在思想意识方面，地方政府应确立服从国家战略的理念，充分意识到中央政府在中国 - 中南半岛经济走廊建设中对落实"亲、诚、惠、荣"周边外交理念、正确义利观和建设"和谐周边"的战略考虑，不局限于一时一地的经济利益，自觉把自己的区域合作安排与国家战略、国家层面的区域合作框架相结合，这样才能使地方获得可持续发展。此外，地方必须恪守分工界限。各级地方政府应明确，在开展中国-中南半岛经济走廊建设时，由国家负责政治、安全等"高级政治领域"的合作，而地方政府则负责经济、文化、社会等"低级政治领域"的合作。行动方面，广东和海南等地方政府应积极参与到中国-中南半岛经济走廊建设中来，发挥粤港澳大湾区和海南自由贸易港的作用，从海上方面加强与中南半岛国家的合作，获得更多"差异性优势"。除云南、广西和重庆三省（市）外，广东是中国与中南半岛国家经贸往来最为密切的省份，而海南位于中国最南部，与东南亚国家联系较为紧密。海南自由贸易港的设立更是为推动中国与中南半岛国家之间的合作带来了巨大机遇。广东与海南等省份应与云南、广西、重庆等地方政府一道，发挥各自的资源、区位优势与政策优势，有效整合各自优势。破除地方保护主义，增强在区域规划、产业布局、企业"走出去"方面的联动合作。各级地方政府应根据自身地缘优势，主动加强与中国-中南半岛经济走廊沿线各国经济、文化、社会等领域的合作。通过这些"低级政治领域"的合作，化解影响中国与中南半岛国家间地缘环境不确定性的问题，进而形成陆海联动、有分工、有合作，全域参与、共同推进的中南半岛合作大格局。

四、发挥私营企业、跨境民族和华人华侨的力量

中国－中南半岛经济走廊是中国与中南半岛七个国家共同开展的、以项目合作为核心的地缘经济合作。除了各国政府是主要行为体，负责沟通协调跨境国家的政治经济关系、制定政策、使物流运输活动更加便利化等活动外，私营企业、跨境民族和华人华侨也是参与中国－中南半岛经济走廊建设的不可忽视的重要行为主体。

应重视私营企业的作用，发挥私营企业的力量，重点引导私营企业在开展项目建设、投融资和安全保障三个方面发挥重要作用。首先，可采用公私合营的模式，引导私营企业加入中国－中南半岛经济走廊的建设活动中来。私营企业可以是中国或者中南半岛国家独资或合营，也鼓励域外大国以合资的形式参与共建。以此形式促使来自中国、东道国和域外国家的私营企业形成一个利益共同体，发挥各自不同的资源优势，共同为中国－中南半岛经济走廊建设出力，促进经济走廊沿线区域的社会经济发展。其次，除了参与中国－中南半岛经济走廊项目建设外，私营企业还可以进入资本市场，为中

国 - 中南半岛经济走廊的建设提供投融资服务。部分私营企业具有雄厚的资金实力，可利用其资金优势，扩宽经济走廊建设的融资渠道，缓解亚投行和中国的丝路基金的金融压力，为中国 - 中南半岛经济走廊建设提供新动力。最后，可借助市场私营企业的力量，通过私营安保公司补充海外安保体系，为中国在中国 - 中南半岛经济走廊的投资和人员提供充足的安全保护。中国 - 中南半岛经济走廊建设过程中面临着许多传统和非传统安全风险，严重威胁到中国的海外利益及中国 - 中南半岛经济走廊项目的顺利推进。面对复杂的安全形势，中国 - 中南半岛经济走廊沿线多国大多存在治理能力不足，自身安保存在警力不足、效率低下、管理成本高昂等问题。而传统的领事保护措施有限，中国采取军事介入也不现实，因此，借助私营企业，为中国"走出去"企业提供私人安保服务，确保中国 - 中南半岛经济走廊各个项目建设顺利实施实为一个可行之策。

应充分发挥跨境民族和华人华侨两股特殊力量的作用。在中国 - 中南半岛经济走廊建设中，可以依靠跨境民族，统筹边境发展与安全；依靠华人华侨，服务"走出去"企业。首先，跨境民族是中国 - 中南半岛经济走廊建设中可依靠的一种特殊而宝贵的资源。他们不仅熟悉所在国当地的风土人情和文化需求，而且具备语言优势，在对当地民众进行政策解读时更具说服力，可最大限度减少交流中的误解和隔阂。但不可忽视的是，跨境民族所分布的地区同时也是各国的贫困山区，地广人稀、封闭落后，部分地区还处于刀耕火种的原始社会。这些地区不仅是中国-中南半岛经济走廊沿线各国迈向工业化过程中的重大阻碍，而且也是制约中国-中南半岛经济走廊效能发挥的主要症结所在。此外，因为跨境民族所在地区劳动者整体素质不高，贫困程度深，境外宗教势力渗透严重，毒品和艾滋病问题高发，增加了边境安全治理的难度。要解决这些问题，可从增进同源民族文化认同、促其经济社会发展两方面入手，最大限度发挥跨境民族在中国-中南半岛经济走廊建设中的作用。首先，采取措施增加跨境民族之间的交往交流，增进同源民族的文化认同感。跨境民族对本民族的文化具有一种天然的认同情感。虽然他们分属不同的国家，但他们的民间交往不会因国界线的存在而止步。他们在经济文化上有着千丝万缕的联系，相互通婚、边民互市、宗教互动、走亲访友等现象非常普遍。应从增加跨境民族之间的文化交往交流入手，借助开展民族节日庆典活动、共叙民族传统故事等活动，增强民族之间的交流与认同；通过挖掘跨境民族优秀传统文化并对其进行保护和传承，加强跨境民族之间的亲密关系，增强互相的信任和同源情感。这不仅利于边疆地区的稳定，也利于跨境民族的生存和发展。其次，促进跨境民族的发展是促使跨境民族所在地区实现社会经济发展和安全稳定的关键。第一，可通过修筑偏远山区与城市经济中心的道路，打通跨境民族所在地区与市场的连结，使跨境民族地区的资源能通向市场；第二，为跨境民族提供诸如卡车、公共汽车等基本的交通服务和基本的灌溉基础设施，方便他们能把农产品运到当地或跨区域市场贩卖；帮助其开展替代种植，使之放弃毒品买卖等非法贸易，转向合法作物生产。第三，提供教育、医疗等基本公共服务和就创业培训，提高跨境民族自主就业、创业能力。第四，发挥跨境民族在民间外交方面的特殊作用，从儒家文化角度解释澄清"中国威胁论"，反击某些西方大国的恶意诋毁，争取跨境民族在道义和政治上的支持。

此外，华人华侨也是中国 - 中南半岛经济走廊建设中的坚实后盾和特色力量。华人华侨群体拥有的双重文化背景、语言、文化，熟悉所在国法律法规。他们大多经济实力雄厚，拥有广泛的政界、商界等社会人脉资源，是"走出去"企业的重要资源库和助手。[11]华人华侨既可以作中国企业"走出去"的"领路人"，为"走出去"企业提供东道国当地的社会网络及已开展的成熟市场、营销渠道，助其顺利进入目标市场；也可以作为"走出去"企业融入当地文化的文化融合的典范，帮助"走出去"企业尽快适应当地的文化，顺利开展生产经营活动。具体来说，应发挥华人华侨，特别是马来西亚、新加坡和泰国三国的华人华侨的桥梁和纽带作用，以"侨"为桥梁，对接服务"走出去"中国 - 中南半岛经济走廊沿线国家的中资企业。首先，侨务工作部门应建立一个华人华侨和中国"走出去"企业之间的信息沟通互动平台。鼓励华人华侨群体利用自身经济、人脉等优势，为"走出去"企业提供商机推介、管理咨询、法律援助、投融资等信息，以减小企业经营风险。其次，还可以组织海外华侨社团、海协会、新生代海外华人华侨等团体，与中国"走出去"企业开展多形式的交流与合作。分享海外华人华侨自身的文化适应经验，跨文化员工管理经验，有效利用其社会网络，帮助中国"走出去"

企业了解东道国的习俗、风土人情，加强与当地政府、媒体及民众的沟通。最大程度上缩小母国与东道国文化上的不同对海外投资的影响，帮助"走出去"企业协调东道国各方利益相关者之间的关系，实现两国文化的双向传播。

第二节　强调关联利益：多方力量编织共同利益网络

一、开展第三方市场合作

共同利益是国家间开展合作的前提。约瑟夫·奈也指出，共同面临的危机或存在可预见的共同利益将使得地区合作富有成效。[12] 当前，政治安全、资源分配、气候环境等问题是人类面临的共同难题，而合作则能给各国带来可预见的共同利益。在处理与日本、美国、印度等域外大国在中南半岛的利益协调和战略互信的问题时，各国应超越零和博弈和对抗思维，秉持互利共赢的理念，在兼顾各方共同利益的基础上，去追求各自的国家利益。各方应看到全人类共同利益的存在。在全人类共同利益的驱动下，克服地理局限，发挥各自的资源禀赋优势，将各国技术优势、资金优势和资源优势三者结合，开展广泛深入的合作，进而形成利益共同体；在利益共同体的形成过程中，行为主体之间逐步建立起责任共同体；在利益共同体、责任共同体的基础上，形成真正的命运共同体，以谋求全人类共同发展，而不是形成对他国的地缘控制。具体来讲，中国应引导日本、韩国、美国等发达国家以共同面临的生态环境危机和开展经济合作能带来的共同经济利益为合作的关注重点，共同在中国 - 中南半岛经济走廊沿线开展第三方市场合作。同时鼓励中国 - 中南半岛经济走廊沿线东道国私营企业共同参与建设。这不仅可以增加与域外大国的利益共同点、增进战略互信，还可以减轻东道国对自身国家安全、主权的担忧，切实解决中国 - 中南半岛经济走廊沿线各国面临的生态环境危机等非传统安全和地缘文化差异导致的员工管理困难等问题，实现三方共赢。

首先，应重视共同利益的存在，以共同面临的生态环境问题为切入点开展合作。当今世界是一个共生、关联的世界，任何国家或民族都不能单独摆脱全球问题的影响或制约，不能无视隐藏在全球问题中的共同利益的存在。这些人类的共同利益即是全球共同利益的体现。为了实现全球共同利益，国际社会中的各行为主体不能把国家利益置于全球利益之上。应寻找和追求各国国家利益与全球利益的一致性。通过企业或组织的贡献实现国家利益，通过国家利益的贡献实现全球利益。中国-中南半岛经济走廊合作中，中国与美国、日本、印度等域外大国也应从合作解决人类发展面临着贫困、流行疾病、跨境水资源管理、生态环境保护等共同问题领域入手，开辟新的合作空间。

其次，应重视经济利益的获得，以市场化运作形式开展多边合作。政治的核心是权力的获取，经济的目的是福利的增加。权力本质上是有限的，所以对于权力的追求是竞争性的零和博弈。而福利是无限的，所以对于经济的追求是一个正向博弈。在地缘经济实践中，只要经济活动仅仅只是为了追求经济方面的获利而进行的，那么每个人都能成为赢家。[13] 地缘政治的逻辑或许是"零和"的，但地缘经济的逻辑更多时候倾向于互利共赢。在中国-中南半岛经济走廊建设过程中，相关各方应更多立足于经济合作，摒弃"零和博弈"的旧思维，倡导"合作共赢"的新理念，通过基础设施建设带动沿线国家的经济发展。坚持开放合作、市场运作，通过多边合作增进共同利益、培育战略互信，最终实现合作共赢。具体操作方式上，第一，应基于各国比较优势，确定合作领域。邀请利益相关国，特别是关键大国基于自身比较优势，共同参与中国-中南半岛经济走廊项目开发，实现利益融合。澳大利亚农业研发水平位居全球首位[14]，日本抵抗自然灾害的技术也极其成熟，新加坡的数字竞争力和资金实力非常强大，中国在基础设施、产能方面也颇具优势。而中南半岛区域国家普遍处于工业化、城镇化初期，农业发展、脱贫、基础设施建设、依托数字信息技术实现超越发展都是该次区域国家普遍的发展需求。应根据发达国家各自不同的比较优势，确定与中国-中南半岛经济走廊沿线国家的合作领域，把各国的经验、优势和中国-中南半岛经济走廊沿线国家的发展需求有效结合在一起，开展第三方市场合作。从而优化全球资源配置效率，培育新的经济增长点，促进中国-中南半岛经济走廊沿线国家工业化、城镇化进程。第二，按照"政府搭台，企业唱戏"的合作模式，引导发达国家和东道国私人企业共同参与中国-中南半岛经济走廊建设。来自发达国家与东道国的私营企业拥有更雄厚的资金、更高效且更符合东道国文化的管理技术和经验。再加上私营企业更专注于获取经济利益，某种程度上可避免国家间合作带来的地缘政治疑虑，更能促进中国 - 中南半岛经济走廊取得实际经济效益。通过与来自日本、印度、韩国等国家的私营企业及东道国企业共同合作，成立合资公司，共担责任、共享股权，不仅可以提升与域外其他大国的利益匹配度，减少公司管理过程中的文化冲突，获得东道国的政策支持，还可以丰富投融资渠道、提高项目招投标命中率，进而提高中国 - 中南半岛经济走廊项目的成功率。

由此，中国与域外大国及东道国之间的关系就形成了一种"你中有我，我中有你"的相互依存关系。他们对自身相对利益的认识会逐渐减弱，而对彼此共同利益的认识会随之增加，合作也将会得到进一步的推动。这样不仅有助于解决中国 - 中南半岛经济走廊建设项目涉及到的生态环境保护、跨文化管理和融资渠道窄的问题，还有助于增进相互之间的互信，消弭与域外大国之间的鸿沟，一定程度上化解"环境破坏论""债务陷阱论"等抹黑中国"一带一路"倡议言论的不良影响，切实推

进中国 - 中南半岛经济走廊建设。

二、发挥 NGO 的积极建设力量

信任的建立与合作行为的产生本质是来源于行为体对彼此之间潜藏利益的感知。[15] 当行为体认为某部分重要的隐形共享利益或目标须依靠合作来实现，且相信对方有意愿也有能力满足自己的预期时，行为体则会选择信任对方，并采取合作行为。因此，合作的建立和维持，取决于决策者对利益的感知和偏好，也取决于该国能够在地缘经济互动和博弈过程中实现其重视的这部分预期收益。作为中国对外民间外交的重要主体——NGO 正是增进中国与中南半岛国家间信任的一个良好媒介。应鼓励更多中国 NGO 参与到跨境合作交往活动中来，支持它们更多走向海外，赴中南半岛国家开展交流援助活动。应发挥智库等 NGO 的力量，让中南半岛国家决策者感知到中国 - 中南半岛经济走廊能给他们带来的潜在及预期受益；发挥环保、扶贫、教育等领域的 NGO 力量，赴中国 - 中南半岛经济走廊沿线国开展针对偏远山区贫困户、少数民族、妇女儿童、农民等弱势群体的帮扶援助，让民众切身感受到中国 - 中南半岛经济走廊带来的实际收益。

具体操作上，第一，可成立由中国 - 中南半岛经济走廊沿线八国专家学者组成的中国 - 中南半岛经济走廊智库联盟，就各国参与中国 - 中南半岛经济走廊建设得到的利益和面临的挑战、经济走廊建设过程中可能遇到的各种问题开展联合研究。激发各国参与经济走廊建设的热情，给各国政府提出科学可行的建议及合作措施；第二，中国政府可根据对外援助的重点领域，将一些涉及教育、文化、医疗、环保领域的项目交由中国 NGO 开展落实。经由这种项目委托的方式，向中国 NGO 在海外开展活动提供资金支持。第三，中国外交部门应与当地中国 NGO 保持有效沟通，及时传递政府政策，并获得 NGO 提供的信息和建议，更好发挥 NGO 助力外交政策实施的作用。第四，中国政府可加强与中国 - 中南半岛沿线国家在政策层面的合作，搭建中国 NGO 活动信息发布平台，为中国 NGO 的国际化提供必要的支持。通过 NGO 信息平台及时公布在受援国开展的援助活动信息，让经济走廊沿线东道国普通民众也能了解中国 NGO 在当地开展援助的活动情况。第四，加强与当地 NGO 的合作。中南半岛国家当地的 NGO 不仅与当地民众有着密切的联系，而且也是国际社会了解和介入当地事务的窗口与渠道。因此，中国外交部门应视东道国当地 NGO 为公共外交的重要对象，积极与其沟通，开展宣传、推介等增信释疑工作。向中南半岛国家解释清楚"一带一路"、中国 - 中南半岛经济走廊建设的内容，增进相互间的了解与互信，消除部分不实言论，为中国 - 中南半岛经济走廊的推进营造良好的社会环境。

通过鼓励中国 NGO 在中国 - 中南半岛沿线东道国积极开展经济、社会和人道主义等领域的援助活动，帮助经济走廊沿线当地居民提高生活水平。此外，中国 NGO 在与东道国当地居民直接接触的过程，也是一种跨文化的交流过程，有助于加深经济走廊沿线东道国民众对中国文化的了解。加之 NGO 的非官方性也会降低经济走廊沿线当地民众产生抵触心理的可能性，更易获得对方民众的好感，有利于中国在该地区塑造良好的国家形象，提升国际影响力。

三、加强与其他国际机制间的合作

目前中南半岛区域存在着 RCEP、CPTPP、东盟 10+1、东亚峰会、湄公河委员会、亚洲基础设施投资银行等诸多涉及区域经济、政治安全和金融等领域的合作机制。这些众多合作机制由不同的机制主导国主导，在不同的治理领域发挥着重要作用。如果一味对抗、排斥这些机制，会让机制利益相关行为体对中国－中南半岛经济走廊的建立初衷产生怀疑，进而影响中国－中南半岛经济走廊建设的成效。因此，中国应本着"合和共生"的理念，推进既有机制"共生发展"。共生理论认为，在共生性国际社会中，国家是基本成员，各自存在、各自发展，同时国家之间的关系又是共生的。任何国家"自我实现"所能达到的程度，除了自身努力外，也离不开其他国家"自我实现"的成果。所有国家都应该实现自我发展，这既是共同发展的前提，也是各国能"借助"其他国家"自我实现"成果的必要条件。[16] 同样，中南半岛的众多国际机制由不同的机制主导国主导，在不同的领域发挥着不同的功能作用。任一个机制除了自身开展机制升级建设，得到发展以外，也可以通过其他机制的发展，使自身得到发展。所有中南半岛既有国际机制之间应是相互依存而不相害、共同成长而又不相悖的共生关系。[17] 因此，中国－中南半岛经济走廊不是彻底另起炉灶，而是致力于在现有合作机制基础上，探索新的发展方式，是对其他国际机制的补充与完善，是促进东盟一体化的催化剂。中国 - 中南半岛经济走廊应与该次区域其他既有国际机制一道共生发展，最大限度发挥国际机制治理作用，协同解决中国 - 中南半岛经济走廊建设过程中面临的制度便利化水平低和维护东盟中心地位等问题。

首先，应积极支持并发挥东盟及与东盟国家共同发起的中国 - 东盟"10+1"、东盟地区论坛、GMS、澜湄合作等多边区域合作机制的作用，把中国 - 中南半岛经济走廊具体发展规划与《东盟 2025：携手前行》愿景、《东盟互联互通总体规划 2025》相对接。这样不但可以协同资源，开展公路、铁路等基础设施建设；而且最重要的是可以进一步以实际行动维护东盟在区域合作机制中的"中心地位"，争取东盟组织的整体的支持。其次，经过多年的发展，GMS、东盟、中国 - 东盟自贸区升级版等次区域机制或组织内部已经建立了较为完善的基础设施和投资贸易便利化制度。可将中国 - 中南半岛经济走廊其纳入中国 - 东盟合作框架下的来实施，联合中南半岛国家开发"数字海关跨境合作平台"。在检验检疫、标准认证等方面实现信息交换，数据共享，提高通关效率；

与中国 - 中南半岛经济走廊沿线各国签署产品和服务标准化互认协议，实现各方标准互认。通过各种方法，加强与中南半岛各国标准体系对接、协调推进基础设施互联互通，扩大八方利益汇合点，确保重点项目的实施。推进解决标准制式不一、非关税壁垒等方面的"软件"互联互通问题。最后，积极主动与澜湄合作机制、湄公河委员会、美国湄公河委员会等内外国家主导的合作机制合作，在共同涉及的水资源开发、环境生态保护、公共卫生治理等非传统安全领域加强合作，降低区域内国际机制冲突的负面影响。

第三节　增强辐射效应：多形式推动包容可持续发展

一、打造绿色生态旅游走廊

按 Pradeep Srivastava 提出的经济走廊发展演进阶段来看，中国 - 中南半岛经济走廊从一开始以交通基础设施建设为主的区域一阶段，直接进入到了以贸易便利化为核心的区域三阶段。忽略了由经济走廊沿线东道国主导的、注重实现东道国国内"地区发展"的区域二阶段的发展。但是，区域二和区域三都是交通走廊发展为真正意义上的经济走廊的必经阶段。所以，为了使中国 - 中南半岛经济走廊向建成真正的经济走廊推进，应加强东道国国内经济走廊沿线区域的地区发展。可通过增开次区域经济走廊，连通偏远地区与中国 - 中南半岛经济走廊主干道；通过实施城镇化，更新城乡基础设施、增加旅游基础设施，促进东道国工业化、城镇化发展（见图 14）。

图 14　中国 - 中南半岛经济走廊发展演进方向

图表来源：作者自制

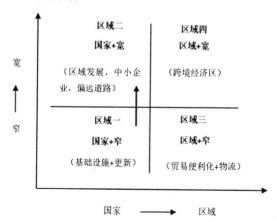

　　产业化和城镇化需要形成产业集群和城镇群作为支撑，而产业集群和城镇群的建立需要较长时间。因此，可以基于中南半岛国家的自身优势，从较容易起步的旅游合作做起，打造绿色旅游走廊。中南半岛区域既有很多世界著名的文化遗产和自然景点，也有多种民族和宗教信仰组成的多元文化，具有建设旅游走廊的良好基础。此外，投资建成旅游走廊也可带动其他相关产业，特别是服务业的发展。马来西亚和泰国学者也都认为，南新经济走廊（中国 - 中南半岛经济走廊）沿线名城多、旅游景点多、文化丰富多样，有条件成为世界级的旅游线路。[18] 所以，可首先通过把中国 - 中南半岛经济走廊打造为一条旅游走廊，把东道国偏远贫困地区的优质旅游资源与中南半岛沿海城市和国外市场等经济中心连结起来，激发经济走廊周边区域的经济发展潜力及活力，产生足够的旅游需求，从而带动东道国偏远地区发展，缩小城乡发展差距，推动中国 - 中南半岛经济走廊沿线东道国实现区域均衡发展。

　　值得注意的是，中国 - 中南半岛经济走廊的目的不仅仅是促进经济增长，而是要实现经济可持续增长。这就要求必须在经济发展过程中充分重视生态环境的开发与保护。中国－中南半岛经济走廊在建设过程中，不能只重视经济增长而忽视了自然生态系统对经济发展的决定性作用。应在充分尊重中国－中南半岛经济走廊沿线八国经济发展现状和历史文化传统的前提下，促进经济走廊向更高级的生态经济功能转变。首先，应把生态环境保护目标写进中国－中南半岛经济走廊规划中。要实现可持续发展，任何经济走廊在发展过程中必须要意识到，环境问题是与经济和社会系统如影随形的。应从一开始，就把生态环境目标写进中国－中南半岛经济走廊规划中去，以制度的形式，规范经济走廊建设过程中的各种行为。中国－中南半岛经济走廊总规划中要明确指出，在开展交通基础设施建设时就应充分注意到发展的可持续性。相应地，各个具体的投资项目中也要有相应的绿色标准要求，以吸引高质量的投资者。即总体的经济走廊规划及具体的执行项目和各种特别经济区建设中，都要有相应的绿色环保要求。其次，开展环境过程评估。要把中国－中南半岛经济走廊建设成绿色经济走廊关键的一个部分就是在经济走廊建设过程中，也要监测好走廊发展中的生态问题。经济走廊建设前期就应确定好维持生态系统质量、减少生态环境变化的标准及方法；在经济走廊建设过程中，应根据前期确定的各种生态环境指标来评估中国－中南半岛经济走廊建设中的项目。从开始到过程，全过程监控，实现绿色经济走廊的构建。

综上，在与中南半岛国家共建旅游走廊的同时，需要提高生态和环境保护意识，把中国－中南半岛经济走廊建设打造成为一条绿色生态旅游走廊是目前中国－中南半岛经济走廊继续推进的一条可行路径。它可助力中国－中南半岛经济走廊沿线东道国消除贫困，使东道国自身社会经济得到整体发展。

二、重视经济走廊的内外连通

目前借助 GMS、中国－东盟自贸区等已有次区域合作机制，中国－中南半岛经济走廊主干道之间的互联互通已初见成效。但是，根据经济走廊的作用规律，还应加强经济走廊内部和外部的互联互通，才能更好发挥经济走廊促进区域经济包容性可持续增长的潜力，使中国－中南半岛经济走廊发挥最佳效用。

内部连通主要指的是通过增开次经济走廊，实现经济走廊沿线东道国境内城乡之间的多元化互联互通。任何经济走廊的经济中心都必须通过各种形式的通道与区域产业链、贸易和物流网络连结起来。因为如果经济中心没有铁路、地铁、公交系统等紧密的功能性连结，经济走廊沿线就不会产生显著的经济聚集现象。此外，多元化的互联互通对实现增长极经济效应辐射到偏远不发达地区也非常重要。这个辐射过程是有先后顺序的，增长极最先受益，之后边缘区域才能融入进来。目前借助GMS、中国 - 东盟自贸区等已有次区域合作机制，中国 - 中南半岛经济走廊主干道之间的互联互通已初见成效，但是主干道与周围偏远地区的互联互通仍未得到足够重视。需要在发展中国 - 中南半岛经济走廊主要通道连结的基础上，增开次经济走廊。实现周边区域与经济走廊主干道之间，即东道国城乡区域之间的互联互通。通过修建次经济走廊，使偏远地区的资源和商品能运出来，也能使外部的先进技术、商品进入贫困地区，使偏远地区能嵌入区域生产网络和价值链，带动东道国偏远地区经济发展。

除了内部连通外，还需要通过各种手段扩大经济走廊的地理范围，把该经济走廊与外部世界连通起来，才能实现经济走廊的效益最大化。因为，经济走廊只有从一国国内区域扩大到跨区域或者全球范围，融入全球价值链和交通、生产网络，才能使经济走廊的效益得到最大化发挥。要实现经济走廊的"外部"连结，可以通过两个途径：一是与其他不同的经济走廊连结；二是把经济走廊内部的增长极和该走廊外部的门户节点连结起来。如此，经济走廊才能真正成为促进区域合作和区域一体化的催化器。

具体来说，中国 - 中南半岛经济走廊的外部连通包括两个方面：一是把中国 - 中南半岛经济走廊与"一带一路"倡议框架下其他五条经济走廊连结起来。二是实现中国 - 中南半岛经济走廊与中南半岛其他既有经济走廊之间的连结。首先，把中国 - 中南半岛经济走廊与"一带一路"倡议框架下其他五条经济走廊之间连结起来。一方面，应力促中国 - 中南半岛经济走廊与中缅经济走廊与孟中印缅经济走廊、中巴经济走廊连结。把中国 - 中南半岛经济走廊建设取得的经济增长辐射至东盟、南亚、西亚、非洲、欧洲等各大经济板块，为商品、资金、技术和人员流通提供更强劲的动力和更广阔的空间，搭建海陆衔接的贸易网络，实现亚欧非联动发展。另一方面，建立港口门户，增开海上运输航道。经济走

廊的一边通常是一个大型都市区或产业聚集区，而另一
边则是一个诸如港口、航站或者边境之类的枢纽门户。
港口等枢纽门户可连通商品生产地与国际市场，扩宽生
产要素流动的通道，促使某一区域融入全球供应链生产
链价值链，为区域经济注入新的活力。除了完善港口基
础设施，海上运输也是国际货物运输的一个重要组成部
分。商品通过海运进行运输的时间占了国际货物运输所
需时间的很大比例。同时它也是衡量经济走廊绩效的重
要指标。[19] 因此，增开海上运输航道，把港口门户和海
外港口联系起来也是增强经济走廊外部连结的一个重要
方法。其次，加强中国 - 中南半岛经济走廊与中南半岛
其他既有经济走廊之间的互联互通。除了中国 - 中南半
岛经济走廊以外，在中南半岛区域还存在着 GMS 框架
下的"三纵两横"经济走廊、越南与中国合作的"两廊
一圈"等众多经济走廊。每条经济走廊的路线走向及建
设进程各不相同。例如，中国 - 中南半岛经济走廊更多
的是关注中国与中南半岛之间在垂直方向的陆上连结，
而 GMS 的东西走廊和南部经济走廊则侧重于对中南半
岛的横向连结。东西经济走廊通过连结越南和缅甸，成
为连结太平洋和印度洋最短的通道。南部经济走廊也把

泰国和越南的深水港连结了起来。这些都是目前中国 - 中南半岛经济走廊路线走向中所忽略的区域。加强中国 - 中南半岛经济走廊与这些经济走廊的连结互动，才能构建一个更为多元化的次区域互联互通网络，更好深化次区域的一体化进程。

三、优选核心战略支点国

针对丝绸之路经济带的建设，中国国家主席习近平提出了 "以点带面，从线到片，逐步形成区域合作" 的工作总思路[20]，中国 - 中南半岛经济走廊的建设也应遵循。美国学者马凯硕也认为，一个有效的区域合作框架往往是立足于核心国家之间的双边关系，并通过强化这一关系而辐射带动整个地区。[21] 由此，在中国 - 中南半岛经济走廊建设过程中，应在充分考虑各地政治、经济、地理各方面资源优势的基础上，识别、选择出几个具有若干重要地缘经济、地缘战略价值和共同利益的重要国家，作为中国 - 中南半岛经济走廊建设的核心战略支点，集中精力和资源开展重点合作。继而通过发挥辐射效应，带动中国 - 中南半岛经济走廊开展全境建设。

从地理路线来看，泰国和新加坡是两个战略支点国。首先，泰国是中国‐中南半岛经济走廊进行陆上和海上联通的战略支点国。陆上来看，泰国位于到缅甸、老挝、柬埔寨、越南和马来西亚等国的中间位置，它是整个中南半岛铁路网连通的核心。中国‐中南半岛经济走廊三条陆上路线在泰国汇合后继续向南延申至中南半岛最南端的马来西亚和新加坡。此外，泰国也是东南亚海岛国家通向中南半岛国家的门户，是建设"21海上丝绸之路"的支点国家。[22] 所以，泰国的重要性不言而喻。其次，新加坡则是海上联通和带动次区域经济发展的关键节点。新加坡是东南亚的区域航海中心、航空中心、通讯中心和物流中心[23]，对中国加强与东南亚的海上连通非常重要。再加上新加坡是中南半岛唯一的发达国家，是东南亚的贸易、金融中心[24]，对中南半岛次区域经济的发展有着极强的辐射带动作用。

从地缘政治视角来看，第一，越南和缅甸是日本、印度及美国介入中南半岛国家事务的主要棋子，需要保持高度警惕。进入21世纪以来，尽管日本政府开发援助的总体预算有所减少，但对缅甸、柬埔寨、老挝和越南等中南半岛国家的开发援助却在逐年增加。此外，越南和缅甸还是印度"东进"湄公河地区的重要砝码。[25] 欧盟也以缅甸为跳板介入湄公河地区。而美国则把与中国存在领域海洋权益争端的越南、印尼和马来西亚作为美国推动印太战略的核心力量。[26] 第二，把老挝、柬埔寨作为中国 - 中南半岛经济走廊建设优先伙伴。老挝和柬埔寨与中国地缘文化相似，文化认同感相对较强，开展地缘经济合作的先天价值基础良好。再加上当前老挝和柬埔寨两国都亟需新增外商投资和扩大出口市场来带动本国经济和社会发展。高程和王震在对中国如何差异化地分层经略东南亚国家进行研究时也得出，老挝、柬埔寨、缅甸属于助益型国家，中国经略这三个国家的可行性强、难度小、收益大，可将三者打造为中国周边支点国家，重点深耕。[27] 如今，中国已分别与老挝、缅甸以打造中老命运共同体和中缅命运共同体为目标开始了中老、中缅经济走廊的建设。暂时忽略了与柬埔寨间的交通基础设施联通。虽然中国与柬埔寨并没有直接地理相邻，但是可通过老挝连结柬埔寨，打造一个联通中国、老挝、柬埔寨三国的中老柬经济走廊，助力中国 - 中南半岛经济走廊早日建成。中老柬经济走廊可从陆路和水路两个方向同时推进。陆路以正在建设的中老经济走廊为基础，向南延伸中老铁路、磨万高速公路至柬埔寨[28]，考虑建设万象 - 金边 - 西哈努克港公路、铁路的可能性，打通中国云南通往南海的陆路走廊[29]；水路方面可以沿湄公河陆水多式联运和国际陆海贸易新通道为支撑，打造一个国际陆港、沿线河港、公路构成的综合交通运输网络，畅通生产要素在中国、老挝、柬埔寨三国之间的自由便利化流通。

四、统筹发展与安全

西方地缘经济学者认为，一国的经济实力为该国出于地缘政治目的而进行国家权力投射提供了基准。没有经济基础，国家是不能保持其军事、外交等政治权力的。[30] 亨廷顿同样也提出，经济基础强大的国家更有可能获得技术上的优势，因此其军事会变得更强大。[31] 当前，国际形势波云诡谲，国际秩序和权力格局加速演变。经济全球化遭遇逆流、新冠肺炎疫情和地缘政治博弈三者叠加，全球供应链产业链受阻、外部需求萎缩，世界经济呈深度衰退趋势。在如此严峻的时代背景下，如果没有强大的中国国内经济发展做支撑，中国是不可能持续推进中国 - 中南半岛经济走廊或是"一带一路"

其他项目建设的，更不能实现与中南半岛国家的次区域经济一体化及经济可持续包容性增长，建成中国－中南半岛命运共同体。

　　首先，应发展好中国自身经济，为中国－中南半岛经济走廊持续推进提供强劲动力。面对国内外新的发展形势和环境，党的十九届五中全会提出了构建以国内大循环为主体、国内国际双循环相互促进的新发展格局，作为未来一段时期中国经济发展的战略主轴。其中，国内大循环是提升中国经济、政治竞争力的关键，是未来国际大循环提升和顺畅的基础。没有强大的内部经济循环体系和经济增长基本盘，是难以形成不断更新的国际经济竞争力的。只有立足自身，把国内大循环畅通起来，才能不惧国际风云变幻。做好国内大循环的同时，也要加强与世界的交流与合作，充分运用国内国际两个市场、两种资源，拓宽经济发展空间。促进澜湄合作与国际陆海贸易新通道的对接即是"国外循环"突围，"双循环"新发展格局推进的一个重要平台。通过澜湄合作与国际陆海贸易新通道的对接，可连通中国西南与中南半岛资源和市场，构建更为紧密、有韧性的次区域供应链产业链。用中国强劲的内需市场，造福中南半岛国家的贸易出口，加速释放中国经济发展对中南半岛国家的"引力效应"[32]，给中国-中南半岛经济走廊沿线国家带来更多的发展机会，实现共同繁荣。

其次，要统筹发展与安全，确保中国-中南半岛经济走廊顺利推进实施。中国在发展自身经济的同时，也需要考虑到"安全"的维度，使中国-中南半岛经济走廊在发展与安全两方面统筹推进，行稳致远。习近平主席强调，安全是发展的前提，发展是安全的保障。要用发展的成果，夯实国家安全的基础；也要善于塑造有利于经济社会发展的安全环境。实现经济发展和安全互为条件、彼此支撑。随着中国-中南半岛经济走廊等"一带一路"倡议项目在海外实施，中国产生了越来越多的海外利益。因此，就需要建立存在于中国领土范围之外，具有军事、安全、经贸等属性的海外战略支撑点，来维护好国家的海外利益。同时，也促使中国需要重新调整、定义国家利益及范围，提出一个新的地缘战略愿景，并且制定各种新的安全政策和安全目标，通过具体计划加以落实。并通过创新具体落实形式，切实保护中国不断拓展的海外利益，确保中国-中南半岛经济走廊等"一带一路"倡议项目顺利推进实施。

注释

1 卢光盛. 澜沧江－湄公河合作机制中国－中南半岛经济走廊建设 [J]. 东南亚纵横, 2016 (6): 35.

2 段涛, 卢光盛. 中国－中南半岛经济走廊建设: 进展、问题及对策 [J]. 复旦国际关系评论, 2017 (1): 99.

3 卢光盛. 澜沧江－湄公河合作机制与中国－中南半岛经济走廊建设 [J]. 东南亚纵横, 2016 (6): 34.

4 Iyer, R. BCIM Economic Corridor Facilitating Sub-Regional Development[R]. IPCS Special Report, May 2017: 9.

5 Wolf, S. O. *The China-Pakistan Economic Corridor of the Belt and Road Initiative: Concept, Context and Assessment*[M]. Berlin: Springer, 2019: 31.

6 张诗雨, 张勇. 海上新丝路—— 21 世界海上丝绸之路发展丝路与构想 [M]. 北京: 中国发展出版社, 2014 (11): 197.

7 朱杰进, 诺馥思. 国际制度设计视角下的澜湄合作 [J]. 外交评论. 2020 (3): 57.

8 王睿. 澜湄合作与"国际陆海贸易新通道"对接: 基础、挑战与路径 [J]. 国际问题研究, 2020 (6): 116.

9 姚树洁, 房景. "双循环"发展战略的内在逻辑和理论机制研究. 重庆大学学报 (社会科学版), 2020 (6): 77.

10 黄海涛. 中新合作中城市次国家行为体的地位与作用—— 以中新广州"知识城"为例 [J]. 东南亚研究, 2020 (3): 9.

11 汪群，张勤，李卉等．华人华侨与中国"走出去"企业合作模式及其稳定性评价研究 [J]．产经评论，2019（1）：102．

12 Nye, J. S. Comparing Common Markets: A Revised Neo-Functionalist Model[J]. *International Orgnization*, 1970（4）: 802.

13 Michael, M. The Road to Global Prosperity[M]. New York: Simon and Schuster, 2014: xvi.

14 张屹．东盟的"印太"战略及其在中美博弈中的角色 [J]．亚太经济，2019（6）：17．

15 蒋芳菲．认知变化与印度对 RCEP 的政策演变 [J]．南亚研究，2020（4）：30．

16 金应召．共生性国际社会与中国的和平发展 [J]．国际观察，2012（4）：46．

17 苏长和．从关系到共生——中国大国外交理论的文化和制度阐释 [J]．世界经济与政治，2016（1）：14．

18 中国南宁 – 新加坡经济走廊考察团．中国南宁 – 新加坡经济考察报告 [J]．东南亚纵横，2010（8）：6．

19 Kunaka, C. & Robin. C. Trade and Transport Management Toolkit[M]. Washington D. C.：The World Bank, 2014: 17.

20 杨晓强，许利平．海上丝绸之路与中国 – 东盟关系 [M]．北京：社会科学文献出版社，2015：2．

21 张屹．东盟的"印太"战略及其在中美博弈中的角色 [J]．亚太经济，2019（6）：16．

22 王玉主，李好，申韬．"一带一路"倡议与东盟利益诉求 [M]．北京：中国社会科学出版社，2017（5）：329．

23 覃辉银 . 新加坡：建设 21 世纪海上丝绸之路的重要支点 [J]. 东南亚纵横 , 2016（2）: 68.

24 薛力 . 新冠疫情与中国周边外交方略调整 [J]. 东南亚研究 . 2020（5）: 117.

25 毕世鸿 . 机制拥堵还是大国协调——区域外大国与湄公河地区开发合作 [J]. 国际安全研究 , 2013（2）: 64.

26 Indo-Pacific Strategy Report[R]. U. S: Department of Defense, 2019（6）: 15.

27 高程 , 王震 . 中国差异化分层经略东南亚国家探析——基于结构与局势及其互动的二元分析框架 [J]. 世界经济与政治 , 2019（12）: 78.

28 刘金鑫 . 中老柬经济走廊建设优先发展沿线交通物流基础设施互联互通建设 [EB/OL]. 云南省社会科学院中国（昆明）南亚东南亚研究院 , 2018-06-27, http://www. sky. yn. gov. cn/zgsd/8873399024276123338.

29 卢伟 , 公丕萍 , 李大伟 . 中国 - 中南半岛经济走廊建设的主要任务及推进策略 [J]. 经济纵横 , 2017（2）: 52.

30 Wigell, M. , Sören. S, &Mika. A, *Geo-economics and Power Politics in the 21st Century*[M]. New York: Routledge, 2019: 206.

31 Huntington, S. Why International Primacy Matters[J]. *International Security*, 1993（4）: 71.

32 王睿 . 澜湄合作与"国际陆海贸易新通道"对接：基础、挑战与路径 [J]. 国际问题研究 , 2020（6）: 116.

结论与展望

一、研究结论

本书以中国 - 中南半岛经济走廊建设为研究对象，在综合运用国际政治和区域经济学相关理论基础上，结合中国的地缘经济合作实践，提出了一个互构 - 关联 - 辐射的地缘分析框架来对中国 - 中南半岛经济走廊建设的进展、演进规律及作用规律进行分析，总结得出其建设过程中面临的掣制，并进一步提出了继续推进中国 - 中南半岛经济走廊建设的对策建议。现将研究成果简要总结如下：

1. 传统地缘经济理论难以全面解释中国 - 中南半岛经济走廊建设这个研究议题，分析研究"一带一路"倡议下的中国 - 中南半岛经济走廊建设必须重新建构一个理论分析框架，即互构 - 关联 - 辐射的地缘分析框架。中国 - 中南半岛经济走廊建设作为中国与中南半岛国家共同开展的地缘经济合作实践，既有其他经济走廊的特性，又有中国实践中的个性。现有的地缘经济研究不能对它的作用机制、影响效果进行全面的阐释。因此，本书在地缘经济研究范式的基础上，借鉴建构主义、共生主义、功能主义和区域经济学的点 - 轴理论，尝试提出了一个互构 - 关联 - 辐射的地缘分析框架，试图对中国 - 中南半岛经济走廊建设进行较为全面的解释、分析。该分析框架同样也适用于"一带一路"倡议下的其他经济走廊建设。

2. 应加强中国 - 中南半岛经济走廊的海上互联互通建设。中国 - 中南半岛经济走廊位于陆上和海上丝绸之路的连结区域，既连结陆地，又濒临海洋；既可以开展陆上的合作，也可以有海上的联动。但是，目前中国 - 中南半岛经济走廊建设多侧重于发展公路、铁路、油气管道等陆路基础设施的互联互通，海上港口、航线的互联互通进展较慢。再加上中国与中南半岛国家之间陆上联通面临着基础设施建设不完善、资金投入大、运输标准、制式不统一等障碍，而克服这些障碍需要一定时间。所以，中国 - 中南半岛经济走廊建设接下来可从海上连通入手，通过升级港口与航线，加强港口与内陆经济中心及国外市场的连通性，扩展海上航道。形成一个集要素流动、贸易与投资于一体的海上生产网络，促进"21世纪海上丝绸之路"发展。此外，还可以国际陆海新通道与澜湄合作机制对接为抓手，从陆路、内河水运和海上航运三方面加强与中南半岛国家之间的联通。这样既可以促进"丝绸之路经济带"和"21世纪海上丝绸之路"有机衔接，又可以推动中国"双循环"新发展格局在中国西南方向实现突破。

3. 应重视私营企业和中国-中南半岛经济走廊沿线社区居民的利益诉求及作用。在中国-中南半岛经济走廊建设过程中，行为主体不仅有国家，还包括众多不同类型的私营企业和地方社区居民。应该发挥私营企业的力量，重点引导私营企业在开展项目建设、投融资和安全保障三个方面发挥重要作用。此外，经济走廊沿线的东道国社区居民也是不容忽视的经济走廊建设行为体主体、潜在利益相关者。如果当地社区居民的利益和关切得不到足够重视，那么当地民众作为直接利益攸关方就会拖延建设进程、增加建设成本。此外，也易引起东道国当地政府和民众产生类似"新殖民主义"疑虑，对中国-中南半岛经济走廊建设产生消极抵抗情绪。因此，

在中国 - 中南半岛经济走廊建设过程中，应该考虑到私营企业和地方社区居民的利益诉求及作用，并以规章制度的形式体现在经济走廊建设的愿景规则之中，以保障他们的权利。

4. 应鼓励广东和海南等省份应积极参与到中国 - 中南半岛经济走廊建设中来。除云南、广西和重庆三省（市）外，广东是中国与中南半岛国家经贸往来最为密切的省份；而海南位于中国最南部，与东南亚国家联系紧密，海南自由贸易港的设立更是为推动中国与中南半岛国家之间的合作带来了巨大机遇。广东与海南等省份应与云南、广西、重庆等地方政府一道，发挥各自的资源、区位优势与政策优势，破除地方保护主义，增强在区域规划、产业布局、企业"走出去"方面的联动合作。形成陆海联动、有分工、有合作，全域参与、共同推进的合作大格局。

5. 必须遵循经济走廊的发展演进规律和作用规律来推进中国 - 中南半岛经济走廊建设。中国 - 中南半岛经济走廊作为经济走廊的一种类型，也具有经济走廊的共性。它遵循经济走廊演进的规律发展演进，按照经济走廊的作用规律发挥作用。从区域经济学的视角来看，经济走廊是空间发展倡议的一种类型，是近年来流行的促进区域一体化、减少贫困、增进共同繁荣的一种方式。经济走廊建设不仅有利于商品运输，而且能提高经济走廊沿线区域的工业和制造业的能力，将会给经济走廊沿线区域带来经济、社会和政治等多方面影响。从发展演进规律来看，经济走廊是从交通走廊、物流走廊、贸易走廊逐步发展演进而成的。经济走廊是最先进、最成熟的走廊发展演进阶段。Pradeep Srivastava 从国内／区域、窄／宽两个维度把经济走廊的演进过程分为了四个区域，解释了经济走廊是怎样由交通走廊演进而成的。当前，中国 - 中南半岛经济走廊由区域一以交通基础设施建设为主开始建设，跳过了由经济走廊沿线东道国国内政府所主导的、注重城乡基础设施建设，推动实现"地区发展"的区域二发展阶段，正向以推进贸易便利化为核心，促进商品、资金、人员等要素高速、低成本地在城市中心间流动区域三发展阶段发展。

中国 - 中南半岛经济走廊按照如下机制发挥作用：作为经济走廊的中国 - 中南半岛经济走廊是经济要素在一定地理区域内不断聚集和扩散而形成的一种特殊地理空间形态。它以公路、铁路或水运航道等形式把两个或多个经济节点连起来。通过实施各种促使商品、人员流动的贸易便利化措施，使商品、人员、技术、信息等要素向走廊沿线聚集，形成经济增长极。此外，在区域一体化尚不具备充分条件及生产要素流动受到阻碍的时候，也可通过创办经济特区的形式，吸引生产要素向经济特区聚集，形成经济增长极。按照"点 - 轴"理论，增长极会产生规模经济效应，经由极化效应和扩散效应的发挥，增长极的规模经济效应会逐步扩散至走廊沿线区域或经济特区周围，带动周边区域的经济、社会发展，最终促进区域一体化进程。

6. 应重视并妥善处理中国 - 中南半岛经济走廊推进过程中出现的区域发展不均衡现象。一方面，从经济走廊作用规律来看，建设初期必然会产生极化效应，使增长极与周边偏远区域产生发展不均衡现象；另一方面，从中国 - 中南半岛经济走廊目前所处的发展演进阶段来看，中国 - 中南半岛经济走廊直接从区域一以交通为主的基础设施投资阶段发展到了区域三以贸易便利化为核心的阶段。忽略了区域二由一国国内政府主导的，实现"地区发展"的阶段。东道国大部分偏远山区并没有享受到中国 - 中南半岛经济走廊带来的经济增长红利。经济走廊沿线出现了城乡和区域发展不均衡的现象。这种区域发展不均衡现象如若不加以重视和处理，中国－中南半岛经济走廊将不仅不能改善沿线东道国的贫困现状，而且还有可能会产生社会动乱，成为区域暴动的导火索。可通过建立一个协调经济走廊各利益相关方和"中心－边缘"区域不均衡发展的有效且公平的利益分配机制来增强扩散效应，平衡经济走廊中心和外围不发达区域的不均衡发展状态。

　　7. 应重视中国－中南半岛经济走廊建设带来的地缘政治和地缘文化影响。作为一种地缘经济实践的中国－中南半岛经济走廊在实施过程中，不可避免地会带来地缘政治和地缘文化方面的影响。地缘政治方面，中国－中南半岛经济走廊的建设促使中国海外利益增多，需要维护好国家的海外利益。此外，随着中国自身综合实力的不断提升和与中南半岛互联互通的开展及贸易往来的增加，不可避免地会引发该次区域地缘政治经济格局变化，将引起域内外国家的关注。中国需要在统筹经济发展与安全的基础上，重新调整、定义国家利益及范围，提出一个新的地缘战略愿景并加以落实。地缘文化方面，要适度、适时实使用地缘文化软实力。虽然共同的历史和文化对经济走廊的建设有促进作用，但是，当中国 - 中南半岛经济走廊沿线区域是一些经济被剥夺、社会和政治被东道国政府边缘化的地区时，过度使用这种文化"软实力"，会给东道国当地居民一种文化剥夺感和文化压迫感。

二、研究展望

中国 - 中南半岛经济走廊建设研究是一项内涵丰富、极富研究意义的研究课题。在本书研究成果的基础上，今后研究将关注以下重点内容：

1. 构建"一带一路"经济走廊的评价指标体系。在借鉴 ADB 对 GMS 经济走廊评价指标的基础上，根据中国地缘经济合作实践，可尝试提出衡量中国 - 中南半岛经济走廊建设效果的几个关键指标，构建可复制、可推广的经济走廊评价指标体系。以期形成示范效应，助推"一带一路"经济走廊建设向更科学、更高质量、更高水平迈进。

2. 对中南半岛区域众多经济走廊进行比较分析。目前，中南半岛区域存在 GMS 框架下的"三纵两横"经济走廊、中国 - 中南半岛经济走廊、泰国东部经济走廊等多条经济走廊。它们呈现出布局密集化、建设主体多元化、路线交叉重叠的"拥堵"态势。这些经济走廊大部分比中国 - 中南半岛经济走廊建设时间长、经验多，有哪些经验可以值得中国 - 中南半岛经济走廊借鉴？如何统筹推进中南半岛众多经济走廊的建设，才能更好为中国及中南半岛国家发展服务？这些都是极好的研究议题。

参考文献

中文期刊文献：

[1] 潘忠岐，黄仁伟．中国的地缘经济战略 [J]．清华大学学报，2008（23）．

[2] 卢光盛．国际关系理论中的地缘经济学 [J]．世界经济研究,2004（3）．

[3] 吴泽林．"一带一路"倡议的功能性逻辑 [J]．国际政治经济学,2018 年（9）．

[4] 丁云宝．"一带一路"视域下的新地缘经济观 [J]．同济大学学报（社会科学版）,2019（4）．

[5] 翟崑．探索后冷战时代东南亚地区的演进之道 [J]．东南亚研究,2019（6）．

[6] 卢光盛，熊鑫．周边外交视野下的澜湄合作：战略关联与创新实践 [J]．云南师范大学学报（哲学社会科学版）,2018（3）．

[7] 卢光盛．澜沧江－湄公河合作机制中国－中南半岛经济走廊建设 [J]．东南亚纵横,2016（6）．

[8] 刘卫东,宋周莺,刘志高."一带一路"建设研究进展[J].地理学报,2018(4).

[9] 潘忠岐.地缘学的发展与中国的地缘战略[J].国际政治研究,2008(2).

[10] 段涛,卢光盛.中国－中南半岛经济走廊建设:进展、问题及对策[J].复旦国际关系评论,2017(1).

[11] 盛叶,魏明忠.中国－中南半岛经济走廊通道建设研究[J].当代经济,2017(1).

[12] 洪菊花,骆华松.地缘政治与地缘经济之争及中国地缘战略方向[J].经济地理,2015(12).

[13] 盛玉雪,王玉主.中国－中南半岛经济走廊推进机制[J].学术探索,2018(8).

[14] 卢光盛,别梦婕.澜湄国家命运共同体:理想与现实之间[J].当代世界,2018(1).

[15] 翟崑.小马拉大车?——对东盟在东亚合作中地位作用的再认识[J].外交评论,2009(2).

[16] 高程,王震.中国差异化分层经略东南亚国家探析——基于结构与局势及其互动的二元分析框架[J].世界经济与政治,2019(12).

[17] 金应召.共生性国际社会与中国的和平发展[J].国际观察,2012(4).

[18] 郭树勇.中国国际关系理论建设中的中国意识成长及中国学派前途[J].国际观察,2017(1).

[19] 李艳芳,李波.孟中印缅次区域合作中的经贸关系分析

[J]. 亚太经济，2014（6）.

[20] 卢伟，公丕萍，李大伟. 中国－中南半岛经济走廊建设的主要任务及推进策略 [J]. 经济纵横,2017（2）.

[21] 苏长和. 从关系到共生——中国大国外交理论的文化和制度阐释 [J]. 世界经济与政治,2016（1）.

[22] 卢光盛. 地方政府参与区域合作的国际制度分析——以云南、广西为例 [J]. 东南亚南亚研究,2009（2）.

[23] 陆大道，杜德斌. 关于加强地缘政治地缘经济研究的思考 [J]. 地理学报,2013（3）.

[24] 王喜莎，李金叶. 中国与巴基斯坦双边贸易的竞争性和互补性分析 [J]. 上海经济研究，2016（11）.

[25] 陈继勇、杨陈继勇、杨格. 中国与新亚欧大陆桥沿线七国贸易互补性测度及影响因素研究 [J]. 亚太经济，2018（2）.

[26] 高志刚，张燕. 中巴经济走廊建设中双边贸易潜力及效率研究——基于随机前沿引力模型分析 [J]. 财经科学,2015（1）.

[27] 刘威，丁一兵. 中蒙俄经济合作走廊贸易格局及其贸易潜力分析 [J]. 商业研究,2016（10）.

[28] 李建军. 全球价值链分工视角下的中蒙俄经济走廊建设 [J]. 社会科学家,2016（2）.

[29] 何文彬. 论"中国－中亚－西亚经济走廊"建设推进中的基础与障碍 [J]. 经济体制改革，2017（3）.

[30] 柳思思. "一带一路"：跨境次区域合作理论研究的新进

路 [J]. 南亚研究，2014（2）.

[31]　罗圣荣，聂姣. 印度视角下的孟中印缅经济走廊建设 [J]. 南亚研究,2018（3）.

[32]　黄德凯、李博一、朱力轲. 孟中印缅经济走廊建设的现状、挑战及前景——以地缘政治权力结构为分析视角 [J]. 南亚研究季刊,2019（2）.

[33]　张义明. 中印自贸区战略视角下孟中印缅经济走廊建设前景探析 [J]. 教学与研究,2016（12）.

[34]　刘鹏. 孟中印缅次区域合作的国际机制建设 [J]. 南亚研究,2014（4）.

[35]　卢光盛，邓涵，金珍.GMS 经济走廊建设的经验教训及其对孟中印缅经济走廊的启示 [J]. 东南亚研究,2016（3）.

[36]　邹春萌，杨祥章. 东盟"N-X"机制及其对"孟中印缅经济走廊"建设的启示 [J]. 南亚研究,2016（3）.

[37]　刘晓伟."一带一路"倡议下次区域合作机制化限度研究——以"孟中印缅经济走廊"为例 [J]. 南亚研究，2019（1）.

[38]　西仁塔娜. 中蒙俄经济走廊建设探析：一种跨境次区域合作视角 [J]. 俄罗斯东欧中亚研究,2017（2）.

[39]　胡敏，曹兹纲，王杰. 以旅游外交助力中巴经济走廊的心理认同 [J]. 新疆社会科学,2016（6）.

[40]　焦若水. 巴基斯坦宗教学校：现状、问题与社会风险 [J]. 南亚研究季刊,2018（1）.

[41]　程曼丽.中巴经济走廊舆论环境分析[J].当代传播，2016（2）.

[42]　孙玉华，彭文钊，刘宏.中蒙俄经济走廊人文合作中的文化认同问题[J].东北亚论坛，2015（6）.

[43]　龙长海.信任困局的破解路径：中蒙俄经济走廊建设的非正式制度供给与软法合作[J].求是学刊，2019（4）.

[44]　金志远."中蒙俄经济走廊"建设中内蒙古高效民族教育智库创建的思考[J].民族教育研究，2018（4）.

[45]　汪诗明.国内太平洋岛屿国家研究趋势前瞻[J].太平洋学报，2017（9）.

[46]　李艳芳，李波.次区域合作视角下的孟中印缅经贸关系发展[J].南亚研究，2015（1）.

[47]　屠年松，薛丹青.中国-中南半岛经济走廊国家全球价值链升级研究[J].经济问题，2018（2）.

[48]　屠年松.中国-中南半岛经济走廊建设下的贸易合作研究[J].企业经济，2018（4）.

[49]　胡关子."一带一路"软件基础设施联通研究——以中国-中南半岛经济走廊方向为例[J].中国流通经济，2018（4）.

[50]　梁双陆，申涛.中国-中南半岛经济走廊沿线国家经济关联与增长的空间溢出效应[J].亚太经济，2019（5）.

[51]　梁颖，卢潇潇.打造中国-东盟自由贸易区升级版旗舰项目　加快中国-中南半岛经济走廊建设[J].广西民族研究，2017（5）.

[52] 刘杰，刘振中，李璇. 以云南园区跨境合作带动中国 – 中南半岛经济走廊建设 [J]. 时代金融,2017（24）.

[53] 李大陆. 中国与中南半岛国家经济合作的地缘战略意义 [J]. 兰州学刊,2012（12）.

[54] 卢光盛，段涛."一带一路"视阈下的战略对接研究—— 以中国 – 中南半岛经济走廊为例 [J]. 思想战线， 2017（6）.

[55] 熊琛然，"一带一路"建设在中南半岛面临的挑战与中国 地缘战略重构 [J]. 东南亚纵横,2016（4）..

[56] 宋效峰. 湄公河次区域的地缘政治与公共产品供给 [J]. 江南社会学院学报， 2014（2）.

[57] 盛叶，魏明忠. 中国 – 中南半岛经济走廊通道建设探究 [J]. 当代经济， 2017（2）.

[58] 卢光盛. 澜沧江 – 湄公河合作机制与中国 – 中南半岛经济走廊建设 [J]. 东南亚纵横， 2016（6）.

[59] 韩银安. 浅析地缘经济学 [J]. 外交学院学报,2004（3）.

[60] 陈文胜. 地缘政治视域下的网络空间及其安全 [J]. 学术界,2020（2）.

[61] 金丹，杜方鑫. 中越共建"数字丝绸之路"的机遇、挑战与路径 [J]. 宏观经济管理,2020（4）.

[62] 张林，刘霄龙. 异质性、外部性视角下21世纪海上丝绸之路的战略研究 [J]. 国际贸易问题,2015（3）.

[63] 梁双陆，梁巧玲."一带一路"新常态下如何加快孟中印缅经济走廊建设——基于产业国际分工与布局的研究

[J]. 天府新论 ,2015（5）.

[64] 任珂瑶，钮菊生，艾伦（老挝）. 共建中老命运共同体路径探析 [J]. 和平与发展 ,2020（4）.

[65] 李晨阳. 佛教在当代柬埔寨政治中的作用 [J]. 东南亚纵横 ,1995（4）.

[66] 崔海亮.“一带一路”背景下中国跨境民族的中华民族认同 [J]. 云南民族大学学报（哲学社会科学版）,2016（1）.

[67] 黎海波.“一带一路”战略下“跨界民族”概念及其逻辑连结 [J]. 湖北民族学院学报（哲学社会科学版）,2017（1）.

[68] 曹云华，冯悦. 东南亚华人政治参与的现状、特点与趋势 [J]. 东南亚研究 ,2020（6）.

[69] 岳鹏. 论战略对接 [J]. 国际观察 ,2017（3）.

[70] 陈杰.“一带一路”框架下的战略对接研究 [J]. 国际观察 ,2019（5）.

[71] 田昕清. 澜湄合作框架下的贸易和投资便利化研究 [J]. 国际问题研究 ,2018（2）.

[72] 秦鹏，刘焕. 成渝地区双城经济圈协同发展的理论逻辑与路径探索——基于功能主义理论视角 [J]. 重庆大学学报（社会科学版）,2020（11）.

[73] 黄志勇. 工商共建共享中国 - 新加坡经济走廊 [J]. 东南亚纵横 ,2014（9）.

[74] 张屹. 东盟的“印太”战略及其在中美博弈中的角色 [J].

亚太经济,2019（6）.

[75] 蒋芳菲.认知变化与印度对 RCEP 的政策演变 [J]. 南亚研究,2020（4）.

[76] 李艳芳.推进孟中印缅经济走廊贸易投资的战略意义与可行性分析 [J]. 太平洋学报,2016（5）.

[77] 董有德,唐毅,张露.东道国腐败治理、基础设施建设与中国对外直接投资 [J]. 上海经济研究,2020（12）.

[78] 毕世鸿.机制拥堵还是大国协调——区域外大国与湄公河地区开发合作 [J]. 国际安全研究,2013（2）.

[79] 薛力.新冠疫情与中国周边外交方略调整 [J]. 东南亚研究,2020（5）.

[80] 覃辉银.新加坡:建设 21 世纪海上丝绸之路的重要支点 [J]. 东南亚纵横,2016（2）.

[81] 胡欣.国家利益拓展与海外战略支撑点建设 [J]. 世界经济与政治论坛,2019（1）.

[82] 戴锋宁.非政府组织在美国对外战略中的作用浅析 [J]. 中国人民大学学报,2020（4）.

[83] 卢光盛,熊鑫.周边外交视野下的澜湄合作:战略关联与创新实践 [J]. 云南师范大学学报（哲学社会科学版）,2018（3）.

[84] 包霞琴,黄贝.日本对东南亚外交中的非政府组织及其对中国的启示 [J]. 中国周边外交学刊,2016（2）.

[85] 李向阳.论海上丝绸之路的多元化合作机制 [J]. 世界经济与政治,2014（11）.

[86]　王琛，陈奕平．霸权的逻辑：特朗普政府东南亚政策析论 [J]．南开学报（哲学社会科学版），2020（5）．

[87]　刘卿．美国东南亚政策转向及前景 [J]．国家问题研究，2020（5）．

[88]　张建岗．印度与东盟关系：来自印度学界的视角 [J]．东南亚研究，2019（1）．

[89]　胡仕胜．洞朗对峙危机与中印关系的未来 [J]．现代国际关系，2017（11）．

[90]　文魁．地缘经济与地缘文化——京津冀协同发展理论启示 [J]．前线，2019（11）．

[91]　李红，韦永贵，徐全龙．基于中国视角的地缘经济合作研究进展 [J]．热带地理，2015（9）．

[92]　段涛，卢光盛．中国 - 中南半岛经济走廊建设：进展、问题及对策 [J]．复旦国际关系评论，2017（1）．

[93]　姚树洁，房景．"双循环"发展战略的内在逻辑和理论机制研究．重庆大学学报（社会科学版），2020（6）．

[94]　朱杰进，诺馥思．国际制度设计视角下的澜湄合作 [J]．外交评论．2020（3）．

[95]　黄海涛．中新合作中城市次国家行为体的地位与作用——以中新广州"知识城"为例 [J]．东南亚研究，2020（3）．

[96]　汪群，张勤，李卉等．华人华侨与中国"走出去"企业合作模式及其稳定性评价研究 [J]．产经评论，2019（1）．

[97]　刘务，刘成凯．"印太"战略对东盟在亚太区域合作中"中

心地位"的影响 [J]. 社会主义研究 ,2019（1）.

[98] 陈世凤 . 应对大国崛起：新加坡对华对冲战略评析 [J].
外交评论 ,2018（3）.

[99] 张宇权，冯甜恬 . 新加坡对华"对冲战略"的实践与失
衡 [J]. 中山大学学报（社会科学版），2019（3）.

[100] 赵光勇 . 泰国外交政策的演变 [J]. 红河学院学报 ,2006
（3）.

[101] 衣远 . 中国对中南半岛文化外交中的对象国行为差异
——基于地缘环境与文化影响力的分析 [J]. 厦门大学学
报（哲学社会科学版），2018（6）.

[102] 陆大道 . 二 000 年我国工业生产力布局总图的科学基础
[J]. 地理科学 ,1986（2）.

[103] 王磊，黄晓燕，曹小曙 . 区域一体化视角下跨境经济走
廊形成机制与规划实践——以南崇经济带发展规划为例
[J]. 现代城市研究 ,2012（9）.

[104] 赵秀丽，王锦秋，陈玉和 . 3D 视角下中蒙俄区域经济
网络的经济地理分析——基于四个主要网络节点的数据
[J]. 福建论坛（人文社会科学版），2017（10）.

[105] 肖洋 . 跨境次区域合作与丝绸之路经济带——基于地缘
经济学的视角 [J]. 和平与发展 ,2014（4）.

[106] 张继业，钮菊生 . 试析安倍政府的湄公河次区域开发援
助战略 [J]. 现代国际关系 ,2016（3）.

[107] 肖晞，宋国新 . 共同利益、身份认同与"一带一路"建
设 [J]. 吉林大学社会科学学报 ,2019（11）.

[108] 李晨阳，孟姿君，罗圣荣."一带一路"框架下的中缅经济走廊建设：主要内容、面临挑战与推进路径 [J]. 南亚研究，2019（4）.

[109] 文云朝. 关于地缘研究的理论探讨 [J]. 地理科学进展，1999（6）.

[110] 刘鸣，陈永，束必铨."印太战略"以美印日澳的战略逻辑、利益与策略选择为分析视角 [J]. 东北亚论坛，2021（2）.

[111] 张公瑾. 云南与中南半岛跨境民族在社会转型时期的文化走向 [J]. 中央民族大学学报（哲学社会科学版），2000（3）.

[112] 刘雪莲，欧阳皓玥. 从共存安全到共生安全：基于边境安全特殊性的思考 [J]. 国际安全研究，2019（2）.

[113] 李向阳. 构建"一带一路"需要优先处理的关系 [J]. 国际经济评论，2015（1）.

[114] 朴键一，李志斐. 水合作管理：澜沧江－湄公河区域关系构建新议题 [J]. 东南亚研究，2013（5）.

[115] 韦进深. 合作性地缘经济战略与丝绸实录经济带建设——兼论中国与中亚的区域合作 [J]. 广西民族大学学报（哲学社会科学版），2016（1）.

[116] 方志斌. 中国－中南半岛经济走廊建设的发展现状、挑战与路径选择 [J]. 亚太经济，2019（6）.

[117] 郭显龙，陈慧."一带一路"下中国与澜湄五国国际产能合作研究 [J]. 宏观经济管理，2019（11）.

[118] 陈迎春．论海外利益与中国的地缘经济空间 [J]．发展研究，2013（3）．

[119] 沈伟烈．关于地缘政治学研究内容的思考 [J]．现代国际关系，2001（7）．

[120] 叶成城．从全球主义到现实主义 [J]．国外社会科学，2019（1）．

[121] 萨本望．新兴的"地缘经济学" [J]．世界知识，1995（5）．

[122] 范斯聪．美国印太战略的东南亚化及对东盟的影响 [J]．亚太安全与海洋研究，2020（5）．

[123] 周骁男，陈才．论地缘政治与地缘经济的研究范式 [J]．东北师大学报（哲学社会科学版），2007（2）．

[124] 周骁男．地缘政治与地缘经济的研究路径比较 [J]．长春工业大学学报（社会科学版），2005（4）．

[125] 邱丹阳．中国－东盟自由贸易区：中国和平崛起的地缘经济学思考 [J]．当代亚太，2005（1）．

[126] 卢光盛，聂姣．中国和印度与东南亚区域合作的比较与竞合 [J]．南亚研究，2020（1）．

[127] 杨丽娟．启动克拉地峡运河的地缘经济学分析 [J]，世界地理研究，2018（6）．

[128] 王睿．澜湄合作与"国际陆海贸易新通道"对接：基础、挑战与路径 [J]．国际问题研究，2020（6）．

[129] 卢特沃克．从地缘政治学到地缘经济学－兼论当代世界经济的冲突逻辑与经济规则 [J]．吴蕙译．现代外国哲学

社会科学文摘,1991（4）.

[130] 刘卿.美国东南亚政策转向及前景[J].国家问题研
究,2020（5）.

中文著作：

[1] 习近平.习近平谈治国理政（第三卷）[M].北京：外文
出版社,2020.

[2] 翟崑,王继民.“一带一路“沿线国家五通指数报告[M].
商务印书馆,2018.

[3] 汉斯·摩根索.国家间政治[M].肯尼斯·汤普森修
订.北京：北京大学出版社,2012.

[4] [美]亚历山大·温特.国际政治的社会理论[M].秦亚
青译,上海：上海世界出版集团,2019.

[5] [美]塞缪尔·亨廷顿.文明的冲突与世界秩序的重建
[M].周琪等译.北京：新华出版社,2010.

[6] 卢光盛.中国和大陆东南亚国家经济关系研究[M].社会
科学文献出版社,2014.

[7] [美]罗伯特·基欧汉,约瑟夫·奈.权力与相互依赖
[M].门洪华译.北京：北京大学出版社,2012.

[8] 张丽君.地缘经济学导论：从民族经济到地缘经济[M],
中国三峡出版社,2000.

[9] 倪世雄等.当代西方国家关系理论[M].上海：复旦大学
出版社,2001.

[10] ［美］玛沙·芬尼莫尔.国际社会中的国家利益［M］.浙江人民出版社,2001.

[11] 国务院发展研究中心."一带一路"经济走廊:畅通与繁荣［M］.中国发展出版社,2018.

[12] 马克思,恩格斯.德意志意识形态(节选本)［M］.北京:人民出版社,2009.

[13] 中国社会科学院语言研究所词典编辑室.现代汉语词典(修订本)［M］.北京:商务印书馆,1996.

[14] 高洪深.区域经济学［M］.北京:中国人民大学出版社,2019.

[15] 吴本健,肖时花,王海南等.中国-中南半岛经济走廊［M］,北京:中国经济出版社,2018.

[16] 王永春,汤敏,李洪涛."一带一路"沿线国家群组划分与节点国家农业合作研究［M］.北京:中国农业科学技术出版社,2019.

[17] 范祚军.中国-东盟区域经济一体化研究［M］.北京:经济科学出版社,2016.

[18] 王正毅.边缘地带发展论——世界体系与东南亚的发展［M］.上海:上海人民出版社,2018.

[19] 王玉主,李好,申韬."一带一路"倡议与东盟利益诉求［M］.北京:中国社会科学出版社,2017.

[20] ［美］斯塔夫里亚诺斯.全球通史:1500年以后的世界［M］.吴象婴,梁赤民译.上海:上海社会科学院出版社,1992.

[21]　［澳］克里斯蒂安·罗伊－斯米特. 牛津国际关系手册
　　　[M]. 方芳等译, 南京：译林出版社, 2019.

[22]　刘稚. 大湄公河次区域经济走廊建设研究 [M]. 云南：云
　　　南大学出版社, 2009.

[23]　庄国土. 华侨华人与中国的关系 [M]. 广东：广东高等教
　　　育出版社, 2001.

[24]　中国农业国际交流协会走出去智库（CCCT）. 澜湄五国
　　　农业投资合作机遇与实务指南 [M]. 北京：中国农业出版
　　　社, 2018.

[25]　王金波. "一带一路" 经济走廊与区域经济一体化：形成
　　　机理与功能演进 [M]. 社会科学文献出版社, 2016.

[26]　沈伟烈. 地缘政治学概论 [M]. 北京：国防大学出版
　　　社, 2005.

[27]　戴永红, 力行等. 世界油气管道的地缘政治经济研究
　　　[M]. 北京：时事出版社, 2015.

[28]　杨晓强, 许利平. 海上丝绸之路与中国－东盟关系 [M].
　　　北京：社会科学文献出版社, 2015.

[29]　［新］李光耀. 李光耀观天下 [M]. 北京：北京大学出版
　　　社, 2015.

[30]　［美］兹比格纽·不热津斯基. 大棋局：美国的首要地位
　　　及其地缘战略 [M]. 中国国际问题研究所译, 上海：上海
　　　世纪出版集团, 2018.

[31]　王希, 肖红松. 跨洋史话：在全球化时代做历史 [M]. 北
　　　京：商务印书馆, 2017.

[32] [丹麦]Li Xing. 聚焦"一带一路"倡议：以国际政治经济学为视角[M]. 林宏宇译. 天津人民出版社,2019.

学位论文与论文集：

[1] 周建仁. 共同威胁存在情况下弱国为什么退出同盟?[D]. 北京：清华大学,2014.

[2] 陈锴. 中国－东盟地缘经济关系研究[D]. 上海：世界经济研究所;2009.

[3] 易刚明. 东南亚华侨华人与中国关系——一种国际体系结构分析[D]. 广州：暨南大学,2010（3）:5.

[4] 刘胜君. 新疆丝绸之路经济带核心区建设研究[D]. 吉林：吉林大学,2016:36.

报告：

[1] 对外投资合作国别（地区）指南（2019年版）[R]. 商务部,2019.

报纸：

[1] 李好,苏立坡（老挝）. 在困境中成长：中资企业在老挝[J]. 中国－东盟博览,2019（3）.

[2] 丁子,林芮,孙广勇. 中老做命运与共的铁杆朋友[N]. 人民日报,2017（2）.

[3]　胡波."亚洲版北约"难成,但须高度警惕[N].环球时报,2020(2).

外文期刊文献:

[1]　Uberoi,P. Problems and Prospects of the BCIM Economic Corridor[J]. *China Report*, 2016(2).

[2]　Acharya,A. Will Asia's Past Be Its Future? [J]. *International Security*,2004(3).

[3]　Irshad,M. S,Xin. Q & H,Hamza. ,One Belt and One Road: Dose China-Pakistan Economic Corridor benefit for Pakistan's Economy? [J]. *Journal of Economics and Sustainable Development*,2015(24).

[4]　Garlick,J. Deconstructing the China-Pakistan Economic Corridor:Pipe Dreams Versus Geopolitical Realities[J]. *Journal of Contemporary China*,2018(27).

[5]　Callahan,W. A. China's Belt and Road Initiative and the New Eurasian Order[J]. *Norwegian Institute of International Affairs*,2016(22).

[6]　Karim,M. A. & Faria. Islam. Bangladesh-China-India-Myanmar (BCIM) Economic Corridor: Challenges and Prospects[J]. *The Korean Journal of Defense Analysis*,2018(2).

[7]　Sial,S. The China-Pakistan Economic Corridor: an assessment of potential threats and constraints[J]. *Conflict*

and Peace Studies, 2014（6）.

[8] Ishida, M. GMS Economic Corridors Under the Belt and Road Initiative [J]. Journal of Asian Economic Integration, 2019（2）.

[9] Ishida, Masami. Evaluating the Effectiveness of GMS Economic Corridors: Why is There More Focus on the Bangkok-Hanoi Road than the East-West Corridor? [J]. Institute of Developing Economies, 2007（10）: 4-21.

[10] Dwyer, M. B. "They will not automatically benefit": The politics of infrastructure development in Laos's Northern Economic Corridor [J]. Political Geography, 2019（12）.

[11] Thanh, T. B. & D. H. Hoa,. Measures to enhance the role Da Nang in Development of Logistics on the East-West Economic Corridor [J]. International Competition & Cooperation, 2019（9）.

[12] Sajjanhar, A, Understanding the BCIM Economic Corridor and India's Response [J]. ORF Issue Brief, 2016（6）.

[13] Roy, J. Passage to Prosperity-The East Coast Economic Corridor Could Become Exemplary [J]. The Telegraph India, April 16, 2014（2）.

[14] Nye, J. S. Comparing Common Markets: A Revised Neo-Functionalist Model [J]. International Orgnization, 1970（4）.

[15] Huntington, S. Why International Primacy Matters [J]. International Security, 1993（4）.

[16] Csurgai, G. The Increasing Importance of Geoeconomics in Power Rivalries in the Twenty-First Century[J]. *Geopolitics*, 2018（1）.

[17] Sören, S. & Mikael. W, . Power politics by economic means: geoeconomics as an analytical approach and foreign policy practice[J]. *Comparative Strategy*, 2018（2）.

[18] Wigell, M. 'Conceptualizing Regional Powers' Geo-economics Strategies: Neo-imperialism, Neo-mercantilism, Hegemony, and Liberal Institutionalism[J]. Asia Europe Journal, 2016（2）.

[19] AnttO, V. Geo-economic Analysis and the Limits of Critical Geo-politics: A New Engagement with Edward Luttwak[J]. Geopolitics, 2018（1）.

[20] Luttwak, E. N. From Geopolitics to Geo-economics: Logic of Conflict, Grammar of Commerce[J]. *National Interest*, 1990（20）.

[21] Scott, D. The Geoeconomics and Geopolitics of Japan's 'Indo-Pacific' Strategy[J]. *Journal of Asian Security and International Affairs*, 2019（8）.

[22] Li, M. J. The Belt and Road Initiative: geo-economics and Indo-Pacific security competition[J]. *International Affairs*, 2020（1）.

[23] Shahriman Lockman. The 21st Century Maritime: Silk Road and China-Malaysia Relations[J]. *ISIS Focus*, 2015（1）.

[24] G. John Ikenberry and Micheal Mastanduno. The United

States and Stability in East Asia[J]. *International Relations Theory and the Asia-Pacific*, 2003（1）.

[25] Uveroi, P. The BCIM Economic Corridor: A Leap into the Unknown?［J］. *Institute of Chinese Stuties*, 2014(12).

[26] Gong, X. , The Belt & Road Initiative and China's influence in Southeast Asia[J]. *The Pacific Review*, 2018（4）: 644.

[27] Liu, H. Opportunities and Anxieties for the Chinese Diaspora in Southeast Asia[J]. *Current History*, 2016（1）.

[28] Yates, R. ASEAN as the "Regional Conductor": Understanding ASEAN's Role in Asia-Pacific Order[J]. *The Pacific Review,* 2017（4）.

外文书籍:

[1] Chirathivat, S. B. Rutchatorn & A. Devendrakumar. China's Rise in Mainland ASEAN: New Dynamics and Changing Landscape［M］, Singapore: Word Scientific, 2019.

[2] Deepak, B. R. China's Global Rebalancing and the New Silk Road[M]. India: Springer Nature, 2017.

[3] Phyrum, K. V. Sothy, & K. S. Horn,. Social and economic impacts of GMS Southern Economic Corridor on Cambodia［M］. Thailand: Research and Learning Resource Center, 2017.

[4] Wolf, S. O. *The China-Pakistan Economic Corridor of*

the *Belt and Road Initiative: Concept, Context and Assessment*[M]. Berlin: Springer, 2019.

[5]　Luttwak, E. N. *The Endangered American Dream: How to Stop the Suited State from Becoming a Third World Country and How to Win the Geo-economic Struggle for Industrial Supremacy* [M]. Simon and Schuster, 1993: 34.

[6]　Baldwin, D. A. & Harris. *War by other means*[M]. USA: Belknap Press, 2016.

[7]　Wigell, M. , Sören. S, & Mika. A, . *Geo-economics and Power Politics in the 21st Century*[M]. New York: Routledge, 2019.

[9]　Kunaka, C. & Robin. C. Trade and Transport Management Toolkit[M]. Washington, D. C. : The World Bank, 2014: 16.

[10]　Lainé, E. -X. Transnational dynamics in Southeast Asia : The Greater Mekong Subregion and Malacca Straits Economic Corridors [M]. Singapore: Institute of Southeast Asian Studies, 2014.

[11]　Michael, M. The Road to Global Prosperity[M]. New York: Simon and Schuster, 2014.

[12]　Arvis, J. F. Robin. C, . Graham. S. & Christopher. W, . *Connecting Landlocked Countries to Markets* [M]. Washington, D. C. : The World Bank, 2010.

[13]　Anderson K, Domosh M, Pile S, and Thrift N. *Handbook of Cultural Geography*[M]. Washington. D. C. : SAGE Publication Ltd, Abridged edition, 2002.

外文报告:

[1]   Iyer, R. BCIM Economic Corridor Facilitating Sub-Regional Development[R]. IPCS Special Report, May 2017.

[2]   De, P. & Kavita. I,. Developing Economic Corridors in South Asia[R]. Asian Development Bank, 2014.

[3]   Mun, T. S., Hoang. T. Ha., ect. The State of Southeast Asia: 2020[R]. Singapore: ISEAS-Yusof Ishak Institute, 2020.

[4]   Aizawa, N. Japan's Strategy toward Southeast Asia and the Japan-U. S Alliance[R]. CSIS Report, 2014-4, http:// csis. org/files/publication/140422_Aizawa_Japans Strategy Southeast Asia. pdf? crazycache=1.

[5]   Derudder. B, X. J. L, &C. Kunaka. Connectivity Along Overland Corridors of the Belt and Road Initiative[R]. *Word Bank Group*, 2018.

[6]   Indo-Pacific Strategy Report[R]. U. S: Department of Defense, 2019.

[7]   Nazarko, J., Kararzyna. A. K., & Katarzyna. C. F,. The New Silk Road-Analysis of the potential of New Eurasian Transport Corridor[R]. [9th] International Scientific Conference "Business and Management 2016", 2016.

[8]   Isono, I. Economic Impact of New Sub-corridor Development in the Mekong Region, in Ishida, M. (ed.), Cross-border Transport Facilitation in Inland

ASEAN and the ASEAN Economic Community, ERIA Research Project Report FY2017 no. 18[R]. Jakarta: ERIA and IDE-JETRO, 2019.

[9]   Nogales, E. G. Making economic corridors work for the agricultural sector[R]. US: Food and Agricultural Organization of The United Nations, 2014.

[10]   Asian Development Bank. The Greater Mekong Subregion Economic Cooperation Program Strategic Framework 2011 - 2012[R]. ADB, 2011.

[11]   Frielink, b. Shunsuke, B. Increasing Benefits Through Economic Corridor Development in the Lao People's Democratic Republic[R]. ADB Southeast Asia Working Paper Series. 2018.

[12]   De, P. & Kavita. I, . Developing Economic Corridors in South Asia[R]. Asian Development Bank, 2014.

[13]   Brunner, H. P. What is Economic Corridor Development and What Can It Achieve in Asia's Subregions? [R]. ADB Working Paper Series on Regional Economic Integration, 2013.

[14]   Cabolis, C. IMD World Digital Competitiveness Ranking 2020[R]. IMD World Competitiveness Center, 2020: 20.

[15]   Srivastava, P. Regional Corridors Development in Regional Cooperation[R]. Asian Development Bank Economics, Working Paper Series no. 258, July 6, 2011.

网站：

[1] 推动共建丝绸之路经济带和 21 世纪海上丝绸之路的愿景与行动 [EB/OL]. 人民网, 2015-03-28, http: //finance. people. com. cn/n/2015/0328/c1004-26764666. html.

[2] 张高丽出席亚欧互联互通产业对话会开模式 [EB/OL]. 新华网, 2015-5-27, http: //www. xinhuanet. com/ politics/2015-05/27/c_1115424921. htm.

[3] 共建中国－中南半岛经济走廊倡议书, 中国一带一路网, 2016-06-01, https: //www. yidaiyilu. gov. cn/zchj/ sbwj/10456. htm.

[4] "一带一路"基础设施缺口巨大 10 年约需 4 万亿美元 [EB/OL]. 和讯网, 2015-5-27, http: //news. hexun. com/2015－05－27/176228297. Html.

[5] 刘金鑫. 中老柬经济走廊建设优先发展沿线交通物流基础设施互联互通建设 [EB/OL]. 云南省社会科学院中国(昆明)南亚东南亚研究院, 2018-06-27, http: //www. sky. yn. gov. cn/zgsd/8873399024276123338.

[6] 习近平在第十七届中国－东盟博览会和中国－东盟商务与投资峰会开幕式上致辞 [EB/OL]. 人民网, 2020-11-28, cpc. people. com. cn/big5/n1/2020/1128/c64094-31947886. html.

[7] 翟崑. 东博会上习近平谈"一带一路"背后的深层含义 [EB/OL]. 中国一带一路网, 2020-12-01, https: //www. yidaiyilu. gov. cn/ghsl/gnzjgd/156682. htm.

[7] 习近平．共担时代责任，共促全球发展 [EB/OL]．中华人民共和国中央人民政府，2020-12-15，http：//www. gov. cn/xinwen/2020-12/15/content_5569594. htm.

[8] 推动共建丝绸之路经济带和 21 世纪海上丝绸之路的愿景与行动 [EB/OL]．新华网，2015-03-28，www. xinhuanet. com/world/2015-03/28/c_1114793986. htm.

[9] 第二届中国-中南半岛经济走廊发展论坛成功举办 [EB/OL]．人民网，2018-5-24，http：//gx. people. com. cn/n2/2018/0524/c179430-31623039. html.

[10] 中国-中南半岛国际经济走廊（南宁-新加坡）合作发展圆桌会举行 [EB/OL]．广西南宁市人民政府门户网站，2015-9-19，http：//www. nanning. gov. cn/ywzx/nnyw/2015nzwdt/t17336. html.

[11] 李克强在澜沧江-湄公河合作第三次领导人会议上的讲话 [EB/OL]．新华网，2020-08-24，http：//baijiahao. baidu. com/s?id= 1675918841316187985&wfr= spider&for=pc.

[12] 我国"13+1"省区市口岸部门合作支持西部陆海新通道建设 [EB/OL]．中国人民共和国中央人民政府，2020-11-17，http：//www. gov. cn/xinwen/2020-11/17/content_5562125. htm.

[13] 赵银平．中国+东盟，数字丝绸之路带来新机遇 [EB/OL]．中国一带一路网，2020-06-16，www. yidaiyilu. gov. cn/xwzx/gnxw/131963. htm.

[14] 老挝国家概况 [EB/OL]．外交部，2020-09，www. fmprc.

gov. cn.

[15] 六大经济走廊建设面面观，一次获取超全资料 [EB/OL]. 中国一带一路网,2019-04-26, https://www. yidaiyilu. gov. cn/sy/zlbw/87693. htm.

[16] 中国共产党和老挝人民革命党关于构建中老命运共同体行动计划 [EB/OL]. 新华网, http://www. xinhuanet. com/2019-05/01/c_1124440753. htm.

[17] 何立峰诸如何缅甸计划与财政部部长吴梭温签署政府间共建中缅经济走廊的谅解备忘录 [EB/OL]. 中华人民共和国国家发展和改革委员会,2018-09-10, https://www. ndrc. gov. cn/fzggw/wld/hlf/lddt/201809/ t20180910_1166926. html.

[18] 中华人民共和国和缅甸联邦共和国联合声明 [EB/OL]. 人民网,2020-1-19, world. people. com. cn/ n1/2020/0119/c1002-31554590. html.

[19] 中新"一带一路"合作前景广阔 [EB/OL]. 中华人民共和国国家发展和改革委员会,2020-10-12, https://www. ndrc. gov. cn/fggz/gjhz/zywj/202010/t20201012_1244093. html.

[20] 韩正同新加坡副总理王瑞杰举行视频会见并共同主持中新双边合作机制会议 [EB/OL]. 新华网,2020-12-08, http://www. xinhuanet. com/politics/leaders/2020-12/08/ c_1126837147. htm.

[21] 互利共赢 云南参与 GMS 合作不断深化 [EB/OL]. 云南网. 2020-11-4, baijiahao. baidu. com/s?id=16823555370495

37942&wfr=spider&for=pc.

[22] 广西：规划建设出省出边出海通道 66 条 [EB/OL].
中国公路网, 2019-10-14, m. chinahighway. com/
article/65379923. html.

[23] "十三五"以来我省综合交通基础设施网络建设情况 [EB/
OL]. 云南省交通运输厅, 2020-11-30, www. ynjtt. com/
Item/261676. aspx.

[24] "十三五"广西初步建成现代立体交通格局 [EB/
OL]. 广西日报, 2020-12-22, www. gxnews. com. cn/
staticpages/20201222/newgx5fe13010-20014095. shtml.

[25] 2018-2025 年中国 - 东盟信息港建设总投资将超 750 亿
元 [EB/OL]. 中华人民共和国中央人民政府, 2019-07-
31, www. gov. cn/xinwen/2019/07/31/content_5417558.
htm.

[26] 孔子学院 / 课堂 [EB/OL], 国家汉办, 2020-2-1, http://
www. hanban. org/confuciousinstitutes/node_10961. htm.

[27] 澜沧江 - 湄公河合作第三次领导人会议万象宣言
——"加强伙伴关系，实现共同繁荣" [EB/OL]. 澜沧
江 - 湄公河合作, 2020-08-25, http://www. lmcchina. org/
n3/2020/0907/c416223-9757635. html.

[28] 中华人民共和国和缅甸联邦共和国联合声明 [EB/
OL]. 人民网, 2020-01-19, world. people. com. cn/
n1/2020/0119/c1002-31554590. html.

[29] 习近平在第三届中国国际进口博览会开幕式上的主
旨演讲 [EB/OL]. 新华网, 2020-11-05, http://www.

xinhuanet. com/politics/leaders/2020-11/04/c_1126698327.
htm.

[30] 俸正宏. 缅甸的电力短缺与中国的西电东送 [EB/OL].
缅华网, 2017-5-30, http://www. mhwmm. com/Ch/
NewsView. asp?ID=23500.

[31] The Belt and Road Initiative-the ASEAN Perspective[EB/
OL]. EGMONT Royal Institute For International
Relations, March 2019, https://www. egmontinstitute. be/
about-the-institute/.

[32] Shambaugh, D. The Southeast Asian Crucible [EB/
OL], Foreign Affairs, December 17, 2020, https://www.
foreignaffairs. com/articles/asia/2020-12-17/southeast-
asian-crucible.

[33] Southeast Asia's Competitive Sub-regionalism: overlap
and Superfluity? [EB/OL]. Asia Research Institute,
April8, 2019, https://theasiadialogue. com/2019/04/08/
southeast-asias-competitive-sub-regionalism-overlap-and-
superfluity/.

[34] Winter, T. The Cultural aspect of the Belt and Road
could forever reshape regional politics and security[EB/
OL]. THE DIPLOMAT, March 29, 2016. https://
thediplomat. com/2016/03/one-belt-one-road-one-
heritage-cultural-diplomacy-and-the-silk-road/.

[35] Doing Business 2019[EB/OL]. *World Bank Group*,
January15, 2019, https://www. doingbusiness. org/en/

reports/global-reports/doing-business-2019.

[36] Vladimir Putin. Speech at the 43rd Munich Conference on Security Policy[EB/OL]. President of Russia, February 10, 2017, http://en. kremlin. ru/events/president/transcripts/24034.

[37] ASEAN Outlook on the Indo-Pacific [EB/OL]. Association of Southeast Asian Naitons, 2019-6-23, https://asean. org/asean-outlook-indo-pacific/

[38] Christos Cabolis, IMD World Digital Competitiveness Ranking 2020[EB/OL]. IMD World Competitiveness Center, https://www. imd. org/wcc/world-competitiveness-center-rankings/world-digital-competitiveness-rankings-2020/

[39] The Global Competitiveness Report 2019[EB/OL], World Economic Forum, 2019-01-15, http://www3. weforum. org/docs/WEF_TheGlobalCompetitivenessReport2019. pdf.

中老经济走廊建设：
进展、挑战与推进路径

"中老经济走廊"是中国"一带一路"倡议和老挝变"陆锁国"为"陆联国"战略对接的重要抓手，也是"中国—中南半岛经济走廊"进入重点区域、重点领域建设阶段，由多方合作到双方合作的先驱。2017 年 11 月，中国与老挝联合发表《中老联合声明》，率先开始共同探索经济走廊在中南半岛落地的双方合作模式，正式提出要共建起自中国云南，以中老铁路为依托，途经若干重要节点地区，抵达老挝南部的中老经济走廊。[1]

中老经济走廊是中老命运共同体建设的重要抓手、载体和实质性体现。中国与老挝借由中老经济走廊的建设，改变两国之间互联互通的不利地缘要素，对中老两国现有合作机制进行整合与完善，更好地务实对接两国发展战略和规划，使两国形成更高水平的贸易、投资、产能及文化教育等多领域合作，实现共同发展与繁荣，最终构建中老命运共同体。习近平指出，

"（中老）双方要深化发展战略对接，以中国加快构建新发展格局和《区域全面经济伙伴关系协定》（RCEP）正式签署为契机，稳步推进中老经济走廊和中老铁路建设，拓展文教、青年、旅游等领域合作，并加强在国际和地区事务中的协调，推动中老命运共同体建设走深走实，更好造福两国人民。"[2]新任老挝人民革命党中央总书记、国家主席通伦·西苏里也表示，老方愿同中方密切高层交往，加强战略沟通，最大程度发挥好老中铁路的经济效益，推动老中经济合作取得更多成果。[3]

目前，中国与老挝关系正处于历史最好时期，在中老两党两国最高领导人的关心与推动下，中老命运共同体建设正扎实稳步推进。随着 2021 年 12 月 3 日中老铁路顺利建成通车，中国—东盟战略合作伙伴关系的提出和 RCEP 正式生效，中国与老挝之间的合作将带来更高水平的开放、更广阔的市场和更多的发展机遇。作为中老命运共同体载体的中老经济走廊建设，不论是对"一带一路"倡议在老挝和中南半岛的持续推进，还是对促进中老两国及中南半岛国家实现联动发展都具有重要的现实意义。

一、中老经济走廊建设的进展

　　中老经济走廊建设是中国与老挝基于既有的地缘要素禀赋开展的地缘经济合作。地缘经济理论认为,"地缘"不只是"地理",它强调的"缘"既起于地理,但又超越了静态的、强调空间位置和自然资源的地理。它包括气候、自然地貌、自然资源、区位以及在此基础上形成的历史、文化等地缘要素。作为睦邻友好的两国,中国和老挝在两国领导人重要共识的引领下,率先从"地缘"上发掘和巩固两国的合作基础,发挥两国经济合作的比较优势,减少基础设施互联互通与产能合作等方面的掣制因素,以共建经济走廊的形式,在中南半岛开展双边地缘经济合作。四年多来,建构于"四好"地缘比较优势基础上的中老经济走廊在基础设施、商贸投资、减贫、传统医药、公共卫生等领域合作成果丰硕,呈现出"强联通"的合作态势,经济效益不断辐射扩大,渐次惠及泰国、越南、柬埔寨等中南半岛国家。

(一)"四好"地缘基础上的中老经济走廊

　　习近平提出:"中方始终珍视中老传统友谊,高度重视同老挝关系，愿同老方携手努力，不断丰富和发展高度互信、互助、互惠的中老全面战略合作伙伴关系，使两国永远做好邻居、好朋友、好同志、好伙伴。"[4]"四好"涵盖了中老两国之间的地理、政治和经济关系，可视为两国的重要地缘特征，是中老经济走廊建设的重要地缘基础。顾名思义，"四好"之"好邻居"意指两国的邻里关系。邻里关系由近而疏通常有三个层次："远亲不如近邻"、"各人自扫门前雪"以及"以邻为壑"。用"好邻居"来形容两国间关系，反映出地理空间位置相邻的中老两国希望睦邻友好的共同愿望。"好朋友"在国际关系研究中通常用于描述关系友好、牢固的两国。"好同志"一词主要用于意识形态相似且关系亲近的人们，中老两国用这个称谓描述两国间关系，表示双方拥有相似的意识形态和共同的价值追求。"好伙伴"则常用于表示互不为敌、平等尊重、寻求共同利益的个人、组织或国家之间的关系。正是这四个方面的关系，使得中老经济走廊建设最终达成共识并得到迅速推动。

四年多来，中老两国先后签订了《关于共同推进中老经济走廊建设的谅解备忘录》《关于共建中老经济走廊的合作框架》《构建中老命运共同体行动计划》，落实了共建中老经济走廊的共识。2020 年 6 月，云南省作为中国参与中老经济走廊建设的主体省份，印发了《云南省服务和融入中老经济走廊建设实施方案（2020 — 2025）任务分解》，把本省参与中老经济走廊建设的任务细分落地。2021 年 11 月，中老两国克服新冠肺炎疫情带来的障碍，召开经济走廊合作视频会议，签署了部门间《关于建立中老经济走廊合作联合委员会的谅解备忘录》和《关于确认并共同推动产能与投资合作第三轮重点项目的协议》，进一步落实中老经济走廊建设的具体事宜，推动经济走廊建设继续走深、走实。

（二）"强联通"的中老经济走廊

中老经济走廊是有别于传统区域经济合作的新型地缘经济合作。传统的区域经济合作通常囿于自然地理障碍和国家间利益竞争，无法进行全方位的"强联通"合作。而中老经济走廊始于中国提出的合作、包容、开放、共赢的新型地缘经济观[5]，建设于中老之间"四好"基础之上，合作基础扎实。建设项目启动后，中老两国迅速开展了多领域、广空间的深度合作，在传统和新兴领域都呈现出了"强联通"的地缘经济合作特点。

首先，传统基础设施互联互通建设成效突出。老挝是东南亚唯一的内陆国，没有出海口，不具备海洋港口贸易的禀赋，是名副其实的"陆锁国"。因封闭的地理位置造成的高昂交通物流成本成为制约老挝经济发展的主要障碍。[6] 老挝迫切希望突破"封锁"，加强与其他东盟国家的联通。中老经济走廊的建设极大改善了老挝与周边国家进行经贸往来的不利自然地理条件，促使老挝加快实现从"陆锁国"向"陆联国"的转变。2021 年 12 月 3 日，"一带一路"的标志性工程中老铁路正式建成通车，打破了老挝境内没有现代化铁路的历史，使该国成为"陆联国"的梦想变成了现实，对提升中老互利合作和中南半岛区域的互联互通都具有重大意义。公路建设方面，沿着老挝境内唯一贯穿全境的柏油公路——13号公路修建的磨万高速公路一期工程（万万高速）已建成通车，结束了老挝境内没有高速公路的历史，极大改善了老挝交通现状和投资环境。近年来，随着旅游业的发展，老挝的国际航空业也得到了发展。为了满足日益增长的航空客运需求，老挝政府通过扩建、新建机场，增开直航中国的航线，为老挝与中国间的商贸往来和交流合作提供了极大便利和新的机遇。随着铁路、公路、航空基础设施互联互通情况的改善，老挝在中南半岛及东南亚的区位优势也渐显，"强联通"的中老经济走廊地理空间结构逐步成型。

其次，经贸与产能合作硕果累累。中国是老挝第一大外资来源国、第一大出口国、第一大援助国和第二大贸易伙伴。在疫情肆虐的背景下，中老双边贸易额仍然实现了逆势增长。2021 年 1—7 月份，中老双边贸易额达到了 26 亿美元，同比增长 40.5%[7]，充分体现了两国双边贸易巨大的韧性和潜力。截至 2021 年 9 月，中国企业对老挝投资超过 100 亿美元，涵盖工业园区、基础设施、农业和服务业等领域，为老挝经济发展不断注入新动能。为了进一步为中老两国间的跨境物流贸易提供便利，2021 年 11 月底，两国签订了第一个铁路领域的政府间合作文件《中华人民共和国政府和老挝人民民主共和国政府国境铁路协定》，明确双方开展铁路跨境运输的基本规则，为两国间的跨境运输奠定了坚实基础。老挝是以农业为主的国家，为了帮助老挝发展农业优势产业，中国通过与老挝地方政府合作建设农业园区、开展替代种植等形式，向老挝人民介绍中国农业科技新成果、传授先进的农业种植技术，提高老挝现代农业科技水平，为老挝脱贫致富助力。此外，中国还积极协助并支持老挝大米、肉牛等农畜产品对华出口，为老挝人民带来实实在在的好处。在经贸产业合作园区建设方面，中老铁路连接的磨憨—磨丁经济合作区和赛色塔综合开发区的建设"防疫稳产"、稳步推进，波罗芬全区综合开发项目、金三角经济特区数字产业基地等项目则为中老经济走廊建设增添了新的活力。这些经贸产业合作园区将凭借优越的区位条件、完善的基础设施建设和税收减免、财政支持等优惠政策，吸引优质经济要素向经贸产业合作园区聚集，形成区域经济增长极。通过发挥贸易投资的倍增效应，带动老挝产业转型升级，改善当地居民的就业、生活状况，给所在区域带来综合经济效益。在能源合作方面，中国通过与老挝共建首个现代化炼油厂，改变了老挝成品油全部依靠进口的历史，为其工业化发展发挥了重要作用。老挝拥有丰富的水电资源，是东南亚的"蓄电池"。但是其国家电网建设却很落后，大大制约了电力输送效率。为了解决老挝电网建设落后的问题，中老两国政府、企业也加强了在电力能源领域的合作。2021 年 9 月，由中国电建投资开发的南欧江第七级水电站机组正式并网发电，标志着老挝南欧江水电站实现了全流域投产发电。

再次，人文交流持续深入。近年来，中国"援老八大工程"顺利推进，减贫示范村完成建设。中国依托中国—东盟传统医药交流合作中心，与老挝合作建设国家药用植物园，合作编写了《老挝草药典》，推进中老传统医药合作。在过去新冠肺炎疫情全球蔓延的背景下，中老两国共克时艰、携手抗疫，深化了两国在疫情防控、医疗卫生和教育等领域的合作，进一步丰富了中老经济走廊、中老命运共同体的内涵。新冠肺炎疫情在中国暴发之初，老挝第一时间通过领导人致电，向中国提供援款和物资援助，支持中国抗疫；中国则及时向老挝伸出援手，在最短时间内派出医疗专家组、提供防疫物资援助。[8] 截至 2021 年 12 月，中国先后向老挝援助了六批新冠肺炎疫苗，并援建了核酸检测实验室，为协助老挝抗击新冠肺炎疫情作出了积极贡献。2021 年 11 月，中国将援建的玛霍索综合医院一期工程项目正式移交老挝，进一步提升了该国的医疗水平，切实缓解了当地百姓就医难的问题。中老两国在共同抗击新冠肺炎疫情下开展的抗疫、医疗等领域的合作再次加强了两国民心的"强联通"，生动诠释了中老两国的"四好"精神和守望相助、同舟共济的命运共同体精神。

最后，除了在传统领域加强"强联通"外，中老两国还加强了在生态环境、廉洁建设和数字经济等新兴领域的合作。两国以"中国—东盟数字经济合作年"为契机，积极探索中老双方在数字化防疫抗疫、传统产业数字化转型和5G、物联网、人工智能、智慧城市建设等方面的合作，加快释放中老数字经济合作的新动能，力图把中老经济走廊建设成为立体多维的"强联通"经济走廊。

（三）对第三国的地缘经济增益渐显

习近平指出，"（中老）双方要加快发展战略对接，推进经济走廊建设，拓展中老铁路等大项目的辐射和示范效应，为实现本地区互联互通、共同发展繁荣发挥更大作用。"[9] 国际政治功能主义理论认为，某一领域的合作成功会不断向外进行辐射，刺激其他领域的合作需求，激发其他领域的合作意愿，从而使合作在更大范围和更深层次上展开，最终实现全方位和全领域的合作。[10] 建设于"四好"地缘基础之上的中老经济走廊，不仅产生了良好的地缘经济效益，使中国与老挝间的基础设施互联互通更紧密、产业结构更合理、民心更加相通，同时也对周边国家和区域产生了明显的溢出效应，使其获得了诸多地缘经济增益。中老经济走廊对沿线以及附近国家的地缘经济增益主要体现在以下两个方面。

第一，在基础设施互联互通方面。作为中老经济走廊的重要依托，中老铁路还是泛亚铁路中线的一部分。未来，中老铁路可与中泰铁路相连，形成纵贯中南半岛的中老泰交通大动脉，南下可同马新铁路网联通，北上可同中欧班列对接，不仅能把老挝的"陆锁"劣势转化为"枢纽"优势，而且可以通过与泰国、柬埔寨境内的铁路相连接，间接促进泰国、柬埔寨和越南等东南亚国家的交通物流网络的发展。泰国总理巴育表示，中老铁路全线开通运营将有助于推动泰国边境贸易和跨境贸易，有力提升中南半岛地区经贸合作水平。柬埔寨旅游部长也表示，"中老铁路全线开通运营后，柬埔寨与老挝和中国之间的交通往来将更加便捷，这有助于增强柬埔寨与周边国家的贸易与投资联系，加速地区之间的旅游和人员往来，带动周边国家共同发展。"[11] 此外，中老经济走廊还可通过与中缅经济走廊、国际陆海贸易新通道相连，作为中国—中南半岛经济走廊的重要支撑，形成中国西南地区通往中南半岛及印度洋的新经济通道，推动中国与中南半岛及东南亚国家的合作继续走深走实。

第二，在经贸产业合作园区建设方面。中老经济走廊自启动以来，已建成并运营磨憨—磨丁经济合作区、万象赛色塔综合开发区等跨境经济合作区、境外经贸合作区，旨在提升中老整体商贸的便利度和自由度。这些经贸产业合作园区秉持开放、包容、合作的理念，除了向中老两国企业开放外，也同时向有参与意愿的第三方投资者开放。截至2020年6月，万象赛色塔综合开发区已签约入驻来自中国、日本、老挝、泰国、马来西亚、新加坡以及中国的香港七个国家和地区的企业80家。[12]入驻经贸产业合作园区的第三方企业和人员均能使用园区的各种便利基础设施，享受园区的优惠营商政策，分享中老经济走廊带来的地缘经济增益。

二、中老经济走廊建设面临的挑战

中老经济走廊经过四年多的建设，已取得了一些令人欣喜的先期成果，为后续的深入推进奠定了扎实的基础。但是，当前，世界百年未有之大变局正在加速演进，气候变化等全球性问题层出不穷，建设中老经济走廊面临的环境日趋复杂。在中老经济走廊继续推进的过程中，仍然会面临着来自以下几个方面的风险挑战，需妥善分析应对。

（一）基础设施互联互通掣制

基础设施是经济走廊建设的优先项目。基础设施的互联互通合作在一定程度上可以克服自然地理障碍，促使地缘经济合作实现"强联通"。但在实际建设过程中，中老经济走廊基础设施的建设仍然会受到当地自然环境、老挝现有落后基础设施和现行多种标准制式等方面的制约。

一是流行性疾病、当地恶劣自然环境等不可抗力的制约。过去，新冠肺炎疫情肆虐全球，多个国家和城市不得不"封国""封城"，全球供应链产业链价值链断裂。人类生命安全和经济社会发展遭到了巨大威胁，中老基础设施互联互通工程项目进度也同样受到了严重阻碍。此外，作为湄公河贯穿全境的国家，老挝国内河网密集，其经济发展极易受洪水、干旱等自然灾害影响。旱季来临时，湄公河下游部分河段会出现干涸，造成水资源短缺，影响当地居民的生产和生活，易引发地区局势不稳。老挝境内 80% 都是山地和高原，地质条件复杂险峻，给交通基础设施的互联互通建设造成了不少困难。中老铁路建设就面临着这方面的巨大挑战：全线只有 38% 的工程在地面修建，其余部分由 170 座桥梁和 72 条隧道组成，修建难度较大。再者，由于老挝位于赤道和北回归线之间，终年气温较高。即使在春季，老挝的最高气温有时也会飙升到 40 摄氏度，给户外基础设施建设带来极大的不便。

二是老挝现有基础设施落后，空间可达度低。目前老挝国内主要的运输方式是公路、水运和航空运输，但这三种交通运输方式的基础设施均不完善。老挝大部分公路是石子、黄土路，路况不理想且多是境内通达，境外不畅或者不通，除了刚新建通车的中老铁路外，缺少与周边国家连接的铁路通道。此外，老挝的国际航运还很落后。由于国力有限，老挝大部分国际航班都是与外国航空公司合作，或者租用外国飞机进行营运。这些公路、铁路、航空运输的"堵点"不仅增加了基础设施互联互通的成本和难度，同时也严重制约了生产要素的自由流动，难以吸引优质国际资本进入。贯穿老挝全境的湄公河内河航运通行能力有限，老挝向欧美国家出口的货物需先经陆路运输到泰国或越南的港口，再海运到目的地，运输量有限且费用高昂，让外资企业望而却步。此外，老挝虽然水电资源丰富，但是国家电网建设却较为滞后，全国约有 1/6 的村庄不通电[13]，严重影响了中老经济走廊基础设施建设的效率。

三是中老经济走廊周边诸国公路、铁路的标准制式不统一。由于中国和泰国地理上不相连，两国驾驶方式和交通规则不同，每次由中国运输至泰国的货物都要在老挝境内进行换装，单次货物运输需要办理出入境手续四次，再加上中、老、泰三国并未就通关手续达成统一的标准，通关流程繁琐，货物损耗大，增加了物流费用。此外，中南半岛五国的铁路都使用米轨，而中国使用的是标准轨，货物经由中国在中南半岛国家间流通需要在换装站完成换轨。公路、铁路标准制式不统一，增加了物流成本，对生产要素自由流动、基础设施互联互通项目的开展形成了一定程度的制约。

（二）产能合作掣制

中老经济走廊建设于"四好"的地缘比较优势之上，

在破除地理空间障碍以及政策约束方面取得了不少成就。但是就中老产能合作来说，仍然受到以下几个方面的掣制。

首先，在产业基础上，老挝产业科技含量低，产业基础不完善，增加了产能合作难度。老挝支柱产业为农业，农业人口约占全国人口的80％。虽然农业产值在老挝国民生产总值中占据主要地位，但是由于资金和技术投入不足，使农业发展受到影响。老挝主要农作物品种少，农业生产、农产品加工业经营方式落后，农业机械化水平低，农田水利设施不配套，缺乏农业科研以及农业技术推广服务体系。此外，虽然旅游业在老挝日渐兴旺，但旅游产业基础却依旧薄弱，供需矛盾突出。[14] 老挝最大的旅游目的地 —— 万象五星级酒店稀少，与其遍布全境的旅游资源并不匹配；老挝旅游景点的开发与推广能力比较薄弱，旅游交通安全事故仍时有发生，旅游商品市场也不时出现贩卖野生动物的非法交易。老挝产业基础的不完善，加大了中老产能合作的难度。

其次，在生产要素方面，劳动力和资本要素质量不高、数量不够，产能合作动力不足。老挝大部分大学、大专和师范学校的专业设置都以农学、服务业为主，理工科专业设置少；加之作为佛教国家，重视文史哲方面的佛寺教育，职业培训较为薄弱。目前老挝大多数从业人员都没有受到过正规的职业技能培训，管理型和技术型员工较为缺乏。老挝政府也意识到，随着中老铁路的建成通车，将给老挝的物流、旅游和农业等行业带来更多的发展机遇。但是，只有提高老挝人力资源的质量，才能最大化发挥中老铁路带来的政治、经济效益。[15] 当前，老挝本地劳动力的技能和教育水平根本无法满足外资企业的用工需求。在老中资企业只能雇佣来自中国、泰国、越南等地的外籍员工，不仅增加了用工成本，而且也无益于帮助当地政府解决就业问题。此外，资本要素也是制约中老经济走廊产能合作的主要因素之一。老挝的金融体系不健全，外资企业在老挝普遍很难获得信贷，在某种程度上减少了老挝市场对外国企业的吸引力，降低了中老两国产能合作的动力。

最后，在"软环境"方面，老挝营商环境较差，外商贸易成本高企。老挝法律法规不完善，腐败现象普遍，使得外资企业隐性成本增加。中老两国之间签订有避免双重征税的税收协定，但老挝国内税法并未就税法与税收协定冲突时的优先情况进行说明，实际操作中是老挝当地税务机关根据自身对税收协定的理解，选择性执行，其执行过程带有一定的主观性和任意性。此外，老挝国内税法规定所有境外承包商及分包商在老挝从事商业活动之前，必须要取得纳税证明。但在现实中，中资企业很难自行申请该证明，只有通过向老挝当地代理机构付费代为申请，增加了企业的隐性成本。老挝总理潘坎·维帕万说："腐败现象在老挝很严重。法律不起作用，各个层级的官员都会贪污腐败。他们滥用职权，简直是在抢劫国家。"[16]由腐败现象导致的政府行政效率低下，政策透明度低等现象也隐形中增加了在老外资企业的运营成本，抑制了他们到老挝投资贸易的热情。

（三）来自第三国的地缘政治经济掣制

区域关系也是影响地缘经济合作的一个重要因素。区域关系通过直接影响区域发展与合作的秩序及效率，进而影响地缘经济合作效果，塑造地缘经济格局。[17]区域关系分为区域内和区域外两个方面。就中老经济走廊来说，老挝位于中南半岛中心，与中国、越南、柬埔寨、泰国、缅甸毗邻，地缘战略地位重要。因此，中老经济走廊的建设不可避免地会受到经济走廊沿线区域内邻国及域外大国的地缘政治经济影响。

从区域内来看，首先会受到来自越南政治方面的影响。老挝和越南关系比较特殊，两国同属社会主义国家，曾共同抵抗法、日、美殖民主义者的入侵，有相同的政治基础和历史遭遇。在 1955 年之前，老挝人民的革命斗争一直由印度支那共产党领导；1955 年，在越南共产党的帮助下，老挝成立了自己的政党"老挝人民革命党"。老挝独立后，其经济、社会改革均受到越南经济、社会发展的影响。1977 年，老越两国签订了《老越友好合作条约》，把这一特殊关系以法律的形式机制化。老挝与越南之间这种特殊的关系难免会影响到老挝对中国"一带一路"倡议的态度。越南对"一带一路"倡议的认知处于不信任与疑虑之中。**18** 他们虽然深知加强与中国合作有利于自身经济发展，但同时又怀疑中国力邀越南参与"一带一路"建设是为解决中越南海争端增加砝码，对安全的考量使其对进一步参与"一带一路"疑虑重重。在越南官方媒体对"一带一路"的宣传中，还多次通过西方视角来表达自己对"一带一路"的看法，如越通社《美欧媒体谴责中国的"领土野心"》一文提出，"一带一路"倡议将"对在南海海域的安全和航海航空自由造成威胁"，是"帮助中国独占南海的举措"[19]；《日媒揭露中国独占南海的企图》的报道认为，"中国欲在'21世纪海上丝绸之路'沿线扩充军力、增加影响力。而该区域正是中国与菲律宾、越南、马来西亚、文莱等国家有关的南海争端地区。"[20]

其次，可能会受到来自泰国经济和文化方面的影响。泰国是老挝持续多年的第一大贸易伙伴，且泰国和老挝拥有共同的历史和文化遗产，老挝能接收到泰国的广播和电视，老挝青年人特别喜欢看泰国"肥皂剧"，其语言也受到泰语的影响。因此，"一带一路"倡议、中老经济走廊建设在老挝的推进，或多或少会也会受到来自泰国的影响。泰国对"一带一路"倡议总体上持积极态度。泰国政府多次提出希望通过"泰国4.0"和"东部经济走廊"建设等国家战略与中国"一带一路"倡议对接，加强泰国在各领域与中国的合作。但是泰国在与中国进行经济合作的过程中又表现得十分谨慎，他们既希望借由参与"一带一路"经济合作倡议，搭上中国经济发展的快车；同时又担忧深入广泛的经济合作会对本国民族工业产生冲击，形成对中国经济的过度依赖。[21] 这种复杂的心态可能会通过民间交往、文化交流等非正式渠道

传播到老挝国内，间接影响老挝民众对中老经济走廊和
"一带一路"倡议的看法。

从域外来看，可能会受到以美国为首的一些西方国家的影响。在当前美国对华战略竞争加剧的背景下，以美国为代表的一些西方国家通过贸易、科技、舆论等方式，加紧在各领域对中国进行围堵。与中国水陆相连、兼具海洋性和大陆性地缘特征的中南半岛的地缘战略地位也随之上升，成为中美两国地缘竞争的核心区。而位于中南半岛中心的老挝则是"美国重返亚太和东南亚，与中国博弈，围堵中国发展的'棋子'"。[22] 对于中老经济走廊这一中国与老挝共同实施的、落实"一带一路"倡议的重大项目，美国自然不会忽视。近年来，美国通过对老挝进行开发援助、利用媒体和非政府组织妄言中老铁路、南欧江流域梯级水电站等中老经济走廊项目会给老挝带来巨额债务[23]；渲染采矿、水电站等基建项目会对老挝自然生态造成破坏，散布中国工人抢占老挝人就业机会等谣言，污蔑中国"一带一路"倡议，试图降低中国在该区域的影响力；此外，美国还通过与越南、泰国进行频繁的安全互动，有意拉近和提升美越关系，欲将越南打造成在东南亚抗衡中国的桥头堡。泰国作为

美国的盟友，其政治立场在一定程度上也会受到美国影响。越南和泰国受美国影响而形成的对中国的负面认知，也会传导到老挝，影响中老经济走廊的建设。

除美国外，日本、韩国、澳大利亚和新西兰等国都在老挝拥有"长线利益"，但因各自国家利益诉求不同，与老挝合作侧重点也不同，"但所有国家都积极致力于平衡中国在老挝的影响力，它们的方式正好也符合美国的利益"。[24]

三、推进中老经济走廊建设的实施路径

四年多来，建设于"四好"地缘优势基础之上的中老经济走廊已取得了良好进展，但也面临着一些功能性的挑战及掣制。在中老经济走廊建设的过程中，应主要从基础设施互联互通、产能合作和第三国地缘政治经济利益等方面，探寻继续推进的可行性路径。

（一）以区域共建强化基础设施互联互通的辐射效应

基础设施建设是经济走廊建设的重要内容。基础设施建设滞后，势必会影响经济走廊沿线相关产业聚集和经济走廊效用的发挥。而完善的基础设施建设，则将为相关产业的发展提供优质的硬环境基础，辐射带动诸多周边产业兴起，最终使整个经济走廊沿线区域实现经济社会全面发展。

从基础设施的地理空间辐射效应来看，经济走廊的建设通常是始于基础设施建设，最初是由一条道路或高速公路把两个或多个节点连接起来，成为交通走廊。[25]在交通走廊沿线区域再实施促使商品、人员流动的贸易便利化措施，那么商品、人员、技术、信息等要素便会向走廊沿线聚集，产生更多的经济活动，形成增长极。按照区域经济学的"点－轴"理论，增长极会产生规模经济效应。经由极化效应和扩散效应的发挥，增长极的规模经济效应会逐步辐射扩散至走廊周围区域，带动增长极周边区域实现经济社会全方面发展。此外，在区域一体化尚不具备充分条件及生产要素流动受到阻碍的时候，也可以通过创办经济特区或经贸产业合作园区的形式，吸引生产要素聚集，使经济、社会制度不同的国家均能在这一小区域内寻求到经济合作和利益结合点。[26]在资本和政策的双重推动下，经贸产业合作园区的经济发展往往快于周边区域，并对周边区域产生辐射效应。这就要求合作方要进行区域共建，合理规划，选取地理位置良好、发展潜力巨大的关键节点来建设经贸产业合作园区，培育区域经济增长极，由点及面，形成区域经济增长带，带动经济走廊沿线区域经济联动发展。

从基础设施的产能辐射效应来看，根据产业联动发展的特性，基础设施建设能够直接带动诸多配套产业发展。譬如中老铁路建设项目，就涵盖了轨道、隧道、桥梁、列车、车站建筑等下游产业，拉动了上游的土方、钢筋、混凝土、工程机械、水电铺设等相关产业，带动了周边的运输、通信、餐饮旅游以及房地产等服务业的发展，辐射周边区域的农业和制造业等其他产业。中老铁路建成后，也将延伸运力扩大带来的市场空间。只有合作各方在既定区域内共同进行合理和完备地规划，才能使这些产业得到协同发展、共同繁荣。因此，区域共建是最佳途径。

区域共建需要破除不利地缘约束，继续推进基础设施互联互通。应进一步加强中老经济走廊与国际陆海新通道的对接，开展多式联运合作，加强中国与老挝乃至中南半岛其他国家之间的互联互通；继续加强和改善中老经济走廊沿线地区、城市的交通基础设施建设；提升老挝国家公路等级，提高公路运输效率，推进实现中老铁路、公路与泰国、越南等国铁路、公路的对接与联通；增开与周边国家直飞航班，新建数字化基础设施，搭建立体多元的互联互通网络[27]，提高"硬件"联通水平。应当统一中老经济走廊沿线区域道路、铁路的设计和建造标准，简化口岸检验检疫、过境手续审批流程；推动建立"中老贸易单一窗口"，实现中老两国之间的信息互换、规则标准对接互认，提高通关效率。此外，还可通过与老挝共建无水港的方式，让货物在无水港内"一站式"完成报关、报验和签发提单等一系列通关手续，缩短货物进出口时间，降低企业通关成本和综合物流成本。

区域共建必须界定好基础设施的产权属性，保护基础设施投资者收益。基础设施建设属资本密集型行业，具有资本密集、投资回报率低的特性，很多基础设施的投资需要十年以上才能获得资本收益，这就要求合作方需要对产权进行清晰地界定和保护；此外，基础设施建设通常还具有占地面积较大的特性。因此，相关合作方需要有较为长远的用地规划，对投资方的土地权益进行充分保障。

区域共建应当加强系统谋划，优化经贸产业合作园区布局。经贸产业合作园区是推进产业合作的重要平台。为更好发挥经济走廊的聚集效应与扩散效应，中老两国应遵循"点—线—面"的过程逻辑来进行经贸产业合作园区布局。其中，"点"包括中老经济走廊中的一些关键节点城市和经贸产业合作园区；"线"指的是中老铁路经济带；而"面"则意指随着中老经济走廊扩散效应的发挥，走廊的资本、产业会辐射到周边区域，使得周边区域的经济开发活动增加、经济发展水平提高，从而使整个区域实现"面"的均衡发展。因此，在老挝境内，由北至南应以磨憨—磨丁经济合作区、琅勃拉邦、万象赛色塔综合开发区、沙湾拿吉和占巴塞省四千美岛经济特区为重要节点，统筹布局相关经贸产业合作园区，带动中老两国产业合作和能源合作。

（二）推进从产能合作到要素互通的转变

基于地缘比较优势而开展的"强联通"的产能合作将使商品、资金、技术、人员等要素能更便利地流通和优化配置，形成完备的产业链和产业集群，使得经济合作地区逐渐突破区域边界对经济往来的限制并不断融合，最终实现区域经济一体化。[28]

"强联通"的产能合作将形成完备的产业链。根据大卫·李嘉图的比较优势理论，国际贸易的基础在于优势产能的交换，而优势产能的最直接体现在于成本。成本的构成体现在各项生产要素中，包括土地、劳动力、技术、金融和物流成本等。通畅的市场会将各项资源优化配置，使各项成本趋向最优，最终形成完备的产业链。经济走廊的产业链，可视为一国产业链的外溢，也可视为两国甚至多国产业链的互补。产业链的形成，将使得经济走廊沿线国间的经济依存度加大，对生产要素互通要求更高。如若产业链中的某个关键技术被一国封锁，下游的产业发展必将受到严重打击。

"强联通"的产能合作将促成产业集群的形成。如果说产业链是产业发展的纵向维度，那么产业集群则是产业发展的横向维度。邻国之间形成的产业集群一般始于边境贸易，然后逐渐扩大区域，拓展产业边缘，最终形成具有特色的产业集群。产业集群将吸引大量的金融资本以及人力资源，从而推动该区域的经济得到快速增长。创造和发展一个要素流通顺畅的环境，是产业集群持续发展的必要条件。

促进要素流通，需要抓住时机，为产能合作松绑。产业链和产业集群的形成，均要求要素能自由流通、优化配置。而促进要素自由流通，则需要松绑产能合作约束、增强经济走廊流通动能。而此时，促进要素流通恰逢其时。2021 年 11 月初，东盟秘书处收到了来自老挝、柬埔寨、泰国、越南等十个 RCEP 成员国提交的核准书，2022 年 1 月 1 日 RCEP 正式生效。2021 年 11 月，习近平在中国—东盟建立对话关系 30 周年纪念峰会上正式宣布建立中国-东盟全面战略伙伴关系。RCEP、中国—东盟战略合作伙伴关系和中老铁路的顺利建成通车三者叠加，协同增效，将给中国和老挝带来更高水平的开放、更广阔的市场和更多的发展机遇。中老铁路将从交通物流层面增强两国乃至中老与周边国家的往来程度，打通中老之间的物流局限；而中国—东盟战略合作伙伴关系和 RCEP 的生效将助力打通中国与老挝、乃至东南亚国家之间的贸易壁垒，将更有效促进中国与老挝及东南亚之间经济互联互通，加速区域一体化，为地区经济复苏注入新动力。中老双方应抓住这一良好时机，从资本、劳动力等生产要素方面着手，扫清产能合作的障碍。资本要素方面，中老两国的商业银行应加强金融合作，提供基普和人民币清算和支付服务，畅通双边本币结算渠道，促进投融资便利化，以此促进经济走廊沿线"软件"的互联互通；协助老挝营造良好营商环境，吸引更多中资企业参与中老经济走廊建设。劳动力要素方面，中老两国政府应与企业共同努力，开展定向职业技能培训，提高老挝本土人力资源素质，为中老经济走廊建设提供本土化人才支持。针对老挝当地劳动力素质无法满足中资企业用工需求的情况，建议采取"政府组织网络、企业出资、企业受益"的政府—企业联合发展模式来解决。通过中国政府、工商联等相关部门与老挝教育主管部门牵头，召集有筹资、集资意愿和用人需求的中资企业在老挝当地建立短期职业技能培训学校，招收老挝当地学员，为中资企业定向精准培养所需专业技术人才，为中老经济走廊的建设输送合格的技术、管理人员，帮助老挝政府解决当地就业问题，为老挝的社会稳定发展作贡献。此外，应鼓励更多的中国优质教育资源走进老挝，开展海外办学。可依托老挝政府批准设立的第一所外资大学——老挝苏州大学，增设铁路、机械自动化、医疗等理工科专业，增开职业技术培训项目，以中资企业运营和老挝国家发展需求为导向，弥补老挝现行教育体系中职业教育欠缺的短板，为中老经济走廊的建设提供优质技术人才支持，为老挝教育体系的健全、国家发展贡献力量。

促进要素流通，需要进行顶层设计、优化经济走廊产能布局。老挝作为世界最不发达国家之一，可以享受发达国家和部分发展中国家给予的优惠市场准入和商品贸易优惠等特许权。[29]其中，欧盟对进入其市场的老挝商品免除关税和无配额限制。可利用老挝原产地规则，结合区位优势和中国东部企业需求，吸引中国东部产业转移至中老经济走廊沿线，形成产业集聚，与老挝产业互补协同发展；可发挥中国（云南）自由贸易试验区在资金、技术、人才方面的优势，加快推进中老磨憨—磨丁经济合作区建设；可依托琅勃拉邦位于中老经济走廊中部节点的区位优势和资源禀赋，重点发展文化旅游和商贸物流产业；可发挥万象赛色塔综合开发区和万象现代农业产业园的平台作用，重点发展清洁能源和科技农业产业。此外，还应以中老铁路经济带为核心轴线进行开发，通过发挥外溢效应，联通泰国，辐射越南和柬埔寨，促进中国、老挝与周边国家沿线地区的经济发展和民生改善，进一步推动澜湄流域国家在产业、贸易、金融、文化、人文等领域的交流与合作，实现澜湄区域"面"的发展，提升区域经济一体化水平。

（三）推动从第三国增益到命运共同体的构建

在区域层面上，经济走廊的空间溢出效应亦相当显著。研究发现，人均 GDP 较低的"穷国"在与人均 GDP 较高的"富国"进行区域经济合作时，所获得的综合收益是比较高的，长期来看，在环境参数相对稳定的假设中，"穷国"的发展水平将无限趋近于"富国"。[30]因此，中老经济走廊建设对第三国体现出无比的开放性和包容性。展望通过经济走廊平台，扩宽合作领域，实现区域的利益共享，促进多个国家共同发展，最终形成广域的利益共同体、命运共同体。

首先，中老经济走廊应在地缘经济合作的基础上继续拓展合作领域，深化中老两国在公共卫生、媒体等非经济领域的合作。随着经济合作不断取得新成效，区域内各国对经济走廊的功能将会提出更高的要求，使得合作领域向环境卫生、人文等非经济领域过渡，经济走廊将会从各参与方的"利益"平台向"共同体"平台演变。[31]

我们应与老挝加强媒体合作，发挥中老跨境民族语言、文化优势，讲好中国故事[32]，消除误解和偏见，精准回击来自部分西方国家的恶意诋毁言论，引导老挝国内形成对华正向舆论，塑造中国良好国家形象，增进中老人民之间的身份认同和价值认同，为中老经济走廊及中老命运共同体的持续发展系紧民心相通的纽带。

其次，应当以政党合作为纽带，澜湄合作机制为平台，加强与区域内国家合作，共建澜湄命运共同体。中国、越南、老挝同为社会主义国家，应以政党合作为纽带，增进三国政党之间的联系，加强三国在提高政党执政能力、治国理政经验方面的交流，促进政党间的互信互助，帮助越南、老挝两个社会主义国家发展具有各自特色的社会主义事业。让政党间的合作促进彼此间的战略互信，减轻越南对中国"一带一路"倡议和中老经济走廊的战略疑虑。此外，还应以澜湄合作机制为平台，加强与泰国、越南等湄公河次区域国家在政治安全、经济和可持续发展、社会人文等领域的合作，扩展共同利益，增进彼此互信。加强"一带一路"倡议与"泰国4.0"和"东部经济走廊"等泰国国家战略的对接，释放中国改革开放发展红利，使中国的发展更好惠及泰国等湄公河流域国家，让泰国支持并融入到中国"一带一路"倡议实践中来，支持中老经济走廊的建设，使中国与越南、泰国等湄公河流域国家形成利益相关、休戚与共的澜湄命运共同体。

最后，还应当同发达国家第三方市场合作，开展科技外交，与域外大国形成经济利益共同体，共同应对自然环境、流行疾病等不可抗力对经济走廊建设造成的影响。中老经济走廊的建设进度和建设成本均受老挝当地自然环境和新冠肺炎疫情等不可抗力的影响。老挝人民革命党十一大也提出了在未来五年内要继续开展环境保护、维护自然生态平衡，降低自然灾害风险。[33] 在当今数字技术和人工智能日趋普及的背景下，可运用高科技数字技术来缓解这些不可抗力带给人类生产生活的不便，助力老挝实现"九五"规划目标。中国在数字化领域已处于领先地位。[34] 倘若将中国的先进数字技术、产能优势和发达国家成熟的生态保护技术以及老挝的发展需求有效结合在一起，优化全球资源配置效率，就可以达到既能发挥中国技术、产能优势，又可以为发达国家寻找到新的经济增长点，还可以应对自然环境给中老经济走廊建设带来的不便，促进老挝工业化进程的"三赢"

甚至"多赢"效果。由此，在中老经济走廊建设过程中，中国与老挝可联合美国、日本、韩国等第三国市场力量，把科技作为合作工具，从共同的生存利益出发，开展科技外交，共同应对洪涝灾害、高温、流行疾病等不可抗力对中老经济走廊建设项目造成的影响，帮助老挝解决提高农业科技含量、能源与跨境水资源开发利用、流行性疾病等国家发展问题。通过联合发达国家的企业或研发机构，利用商业合作机制，与其建立利益捆绑式关系、契约式关系，形成经济利益共同体，可部分消弭域外大国的恶意诋毁言论，助推中老经济走廊建设。

中老经济走廊建设是中国与老挝两国基于特定的地缘空间环境而开展的地缘经济合作。中老两国之间特定的地缘空间环境在很大程度上使得基础设施和产能合作成为合作的主要内容。这些地缘经济合作不仅给中老双方带来了良好的地缘经济效益，也使周边国家和地区获得了诸多地缘经济增益。中国与老挝需开展区域共建，突破区域地理边界和制度束缚，促进生产要素互联互通；与第三国合作寻找利益共同点，共同推动中老之间形成强联通的基础设施和产能贸易关系，并且外溢到文化、社会等方面，惠及中南半岛次区域各国。中老两国应以中老经济走廊为载体,加速中老命运共同体的构建,为早日建成周边命运共同体、人类命运共同体提供先行先试的榜样力量。

本文是江苏高校国际问题研究基地项目"老挝 – 大湄公河次区域国家研究"(50102002)的成果。

注释

1 外交部网:《中老联合声明》,https : //www. mfa. gov. cn/web/zyxw/201711/t20171114_342693. shtml。

2 中国一带一路网:《习近平同老挝人民革命党中央总书记、国家主席本扬通电话》,http : //www. yidaiyilu. gov. cn/xwzx/xgcdt/159190. htm。

3 人民网:《习近平同老挝人民革命党中央总书记、国家主席通伦举行视频会晤》,http://www. politics. peo-ple. com. cn/BIG5/n1/2021/1203/c1024-32299219. html。

4 中国新闻网:《习近平访问老挝:打造命运共同体"四好"关系进入新时代》,http://www. chinanews. com/gn/2017/11-14/8376497. shtml。

5 潘忠岐、黄仁伟:《中国的地缘经济战略》,载《清华大学学报（哲学社会科学版）》2008 年第 5 期。

6　VientaineTimes，"Lao-China Railway Delivers Hope, New Development Opportunites,"https：//www. vientianetimes. org. la/freeContent/FreeConten_laochina_opinion_237_21. php.

7　《聚焦中老建交 60 周年，2021 中老经贸合作论坛在南宁举办》，载《中国—东盟博览》2021 年第 9 期。

8　任珂瑶等：《共建中老命运共同体路径探析》，载《和平与发展》2020 年第 4 期。

9　新华网：《习近平同老挝人革党中央总书记、国家主席本扬举行会谈》，http：//www. xinhuanet. com/politics/leaders/2019-04/30/c_1124440346. htm.

10　秦鹏、刘焕：《成渝地区双城经济圈协同发展的理论逻辑与路径探索 —— 基于功能主义理论视角》，载《重庆大学学报（社会科学版）》2021 年第 2 期。

11　中国共产党新闻网：《中老铁路全线开通运营 ——"老挝人民期盼已久的发展之路"》，http：//cpc. people. com. cn/n1/2021/1204/c64387-32299359. html。

12　赛色塔综合开发区：《万象赛色塔综合开发区招商手册》2020 年版，第 6 页。

13　[老]李好、苏立坡：《在困境中成长：中资企业在老挝》，载《中国—东盟博览》2019 年第 3 期。

14　孔志坚、寸佳莅：《中国—老挝经济走廊建设中的旅游合作》，载《东南亚纵横》2019 年第 2 期。

15 Vientaine Times, "Lao-China Railway Delivers Hope, New Development Opportunites，" https：//www. vientianetimes. org. la/freeContent/FreeConten_laochina_opinion237_21. php.

16 Radio Free Asia, "Corruption Still Rifein Laos Despite Continued Crackdown Efforts，" https：//www. rfa. org/english/news/laos/laos-corruption-12212018133115. html.

17 渠立权、骆华松：《中国沿边地区地缘经济格局的建构：一个理论分析框架》，载《世界地理研究》2019 年第 2 期。

18 吕晓莉、黎海燕：《越南对中国"一带一路"倡议的认知——基于对越南官方媒体报道的分析》，载《和平与发展》2019 年第 6 期。

19 越通社：《美欧媒体谴责中国的"领土野心"》，https：//www. vietnamplus. vn/bao-my-va-chau-au-to-tham-vong-lanh-tho-cua-trung-quoc/318611. vnp。

20 越通社：《日媒揭露中国独占南海的企图》，https：//www. vietnamplus. vn/bao-nhat-dang-bai-vach-tran-y-do-doc-chiem-bien-dong-cua-trung-quoc/370657. vnp。

21 渠立权、骆华松：《中国沿边地区地缘经济格局的建构：一个理论分析框架》，载《世界地理研究》2019 年第 2 期。

22 方文：《中老经济走廊建设论析》，载《太平洋学报》2019 年第 3 期。

23 The Diplomat, "China Digs Deep in Landlocked Laos，" https：//thediplomat. com/2019/04/china-digs-deep-in-landlocked-laos/.

24 ［美］弗兰克·艾伯特：《世界聚焦中的老挝：东亚峰会和美国－老挝关系的前景》，载《南洋资料译丛》2018 年第 1 期。

25 Lainé, E. -X, "Transnational Dynamicsin Southeast Asia: The Greater Mekong Sub-region and Malacca Straits Economic Corridors, " *Singapore : Instituteof Southeast Asian Studies*, 2014, p. 310.

26 刘稚：《GMS 大湄公河次区域经济走廊建设研究》，云南大学出版社 2009 年版，第 35 页。

27 Vientiane Times, "Huawei fully Supported Laos-China Railway Launch, Received Appreciation from the President of Laos, " https://www. vientianetimes. org. la/freeContent/FreeConten_Huawei_239. php.

28 谢宝剑、朱小敏：《地缘经济研究进展》，载《社会科学》2019 年第 10 期。

29 秦磊、熊彬：《跨合区利用原产地规则承接东部加工制造业转移研究—以中国磨憨—老挝磨丁经合区为例》，载《学术探索》2018 年第 6 期。

30 梁双陆、申涛：《中国—中南半岛经济走廊沿线国家经济关联与增长的空间溢出效应》，载《亚太经济》2019 年第 5 期。

31 吴本健、肖时花等：《中国—中南半岛经济走廊》，中国经济出版社 2018 年版，第 23 页。

32 吴海南：《在中老经济走廊中讲好中国故事——基于拟态环境视角》，载《中国出版》2021 年第 13 期。

33　方文、方素清：《从老挝人民革命党十一大看老挝革新趋势》，载《当代世界社会主义问题》2021年第1期。

34　《"德国马克龙"在党代会用中文喊出"与时俱进"，赢得党内支持》，载《环球时报》2019年4月28日。

破局"马六甲之困"

任珂瑶　著

责任编辑　黄嗣朝
装帧设计　郑喆仪
排　　版　黎　浪
印　　务　刘汉举

出版　开明书店
　　　　香港北角英皇道 499 号北角工业大厦一楼 B
　　　　电话：(852) 2137 2338　传真：(852) 2713 8202
　　　　电子邮件：info@chunghwabook.com.hk
　　　　网址：http://www.chunghwabook.com.hk

发行　香港联合书刊物流有限公司
　　　　香港新界荃湾德士古道 220-248 号
　　　　荃湾工业中心 16 楼
　　　　电话：(852) 2150 2100　传真：(852) 2407 3062
　　　　电子邮件：info@suplogistics.com.hk

版次　2023 年 11 月初版
　　　　© 2023 开明书店

规格　32 开（195mm×140mm）
　　　　字数：250 千字

ISBN　978-962-459-335-8